Verena Fiebiger mit Sina Haghiri

Die Lösung für alle deine Probleme

Gibt's nicht

Verena Fiebiger mit Sina Haghiri

Die Lösung für alle deine Probleme

Gibt's nicht

Was du trotzdem für deine Psyche tun kannst

Mit Illustrationen von Martin Burgdorff

BELTZ

FSC www.fsc.org
MIX
Papier | Fördert gute Waldnutzung
FSC® C089473

Dieses Buch ist erhältlich als:

ISBN 978-3-407-86797-1 Print
ISBN 978-3-407-86798-8 E-Book (EPUB)

1. Auflage 2024

Lektorat: Julia Matthias, Dorothea Bühler
Umschlaggestaltung: Anja Kappes, anjagrimmgestaltung.de
Illustrationen: Martin Burgdorff

Herstellung und Layout: Sarah Veith
Satz: Publikations Atelier, Weiterstadt
Druck und Bindung: Beltz Grafische Betriebe, Bad Langensalza
Beltz Grafische Betriebe ist ein Unternehmen mit finanziellem Klimabeitrag (ID 15985-2104-100).
Printed in Germany

Weitere Informationen zu unseren Autor:innen und Titeln finden Sie unter: www.beltz.de

Für meine Familie

Inhalt

Deine Psyche ist politisch

**»Es geht im Leben darum,
dass man ein bisschen zu sich passt,
nur ein bisschen.«[1]**

In diesem Buch steht nicht *die* Lösung und auch nicht das Rezept für dauerhafte Zufriedenheit im Leben. Auch wenn es genau das ist, was viele von uns suchen: Lebensregeln, an die wir uns halten können, um nie wieder Rückschritte, Scheitern und Verlust erleben zu müssen. Gewissheiten, als wären wir aus Stein, Tricks und so etwas wie eine »finale Selbsterkenntnis«, um Schmerzen zu vermeiden, die unser Dasein zwangsweise mit sich bringt.

Leider kommen wir nicht auf diese Welt und können einfach unseres Glückes Schmied sein. Es kommt schon auch auf die Beschaffenheit des Hammers an, der uns in die Hand gedrückt wird, ob es überhaupt eine Glut gibt, in der wir das Eisen erhitzen können und ob uns jemand zeigt, wie das eigentlich geht: ein Schmied sein. Um das Bild dieses Sprichworts nicht weiter auszureizen: Es ist nicht egal, wo wir herkommen. Da unsere Kindheit viele Jahre dauert, sind wir über einen langen Zeitraum von unseren frühen Bezugspersonen abhängig und durch unsere gemächliche emotionale wie mentale Reifung überaus anfällig für Verletzungen, an deren Narben wir unter Umständen ein Leben lang kratzen.

Wie wir uns entwickeln, ist abhängig von unserer Persönlichkeit, aber auch davon, in welchem Wertesystem und in welchen gesellschaftlichen und politischen Rahmenbedingungen wir aufwachsen, ob im Krieg oder Frieden, und ob unsere Eltern und Großeltern Krieg oder Frieden erlebt haben. Ob wir Armut oder Wohlstand kennen, ob uns als Kind auf Augenhöhe und mit Fürsorge oder mit Abwertung und Härte begegnet wurde. Wie psychisch reif die Umwelt war, in die wir geboren wurden und welche familiären Aufträge wir erhalten haben. Familiäre Aufträge sind eher die Regel als die Ausnahme, sie werden dann problematisch, wenn sie uns dauerhaft überfordern, nicht altersgerecht sind, nicht flexibel an unsere Fähigkeiten angepasst werden und uns in eine Rolle zwingen, die dazu führt, dass wir nicht zu uns selbst passen.

Im Umkehrschluss bedeutet das nicht, dass Kinder chronisch unter solchen Umständen leiden. Und auch die von uns mit einer von Gewalt und Entbehrungen geprägten Kindheit müssen nicht zu gewalttätigen Erwachsenen werden. Sie haben aber ein erhöhtes Risiko, psychisch zu erkranken und sind womöglich ein Leben lang auf der Suche nach ihrem verschütteten guten Kern. Fest steht auch, wenn wir auf die Extreme schauen: Despoten blieb, so zeigen es die Erkenntnisse der psychohistorischen Forschung, eine Kindheit mit liebevoller Zuneigung versagt.[2] Gewalt wurde in diesen Biografien oft mit Liebe verwechselt. Eine Erkenntnis, die Taten weder relativieren noch entschuldigen soll, sondern verdeutlichen, wie relevant psychische Gesundheit für den Frieden ist.

Die Idee zu diesem Buch entstand kurz vor Beginn des Ukrainekriegs und lag dann lange Zeit brach, weil ich zwischenzeitlich über dem Gedanken verzweifelt bin, dass all die sehnlichen Versuche von Gesellschaften, psychisch gesünder zu werden, immer vergeblich sein müssen, wenn zeitgleich an einem anderen Ort der Welt Menschen sich abermals für Generationen traumatisieren. Traumatisierte und auch sehr gestresste Erwachsene haben weniger Ressourcen für die Nöte ihre Kinder. Sie und ihre Nachkommen können sich in zwei gegensätzlich wirkende Richtungen entwickeln: Sie reagieren sehr sensibel auf Stress, können situationsabhängig aber auch besonders resilient erscheinen. Vom sogenannten Post Traumatic Growth, also posttraumatischem Wachstum, spricht man in der Wissenschaft bei Menschen, die extremen Stress und lebensbedrohliche Krisen erlebt haben und danach erstaunlich gut durchs Leben kommen.

Dies ist aber von vielen Faktoren abhängig, da Resilienz, also psychische Widerstandsfähigkeit, auch viel damit zu tun hat, was *vor* einem schrecklichen Ereignis in Form von genetischen Vorteilen und zwischenmenschlichen Erfahrungen in der Waagschale lag und ob wir nach dem Ereignis auf Unterstützung trafen. Wenn die Aufarbeitung solcher Traumata nicht gelingt, ziehen sich die psychischen Folgen des Krieges, das belegt die deutsche Geschichte des 20. Jahrhunderts, noch Generationen nach Kriegsende fort. Die Kinder und Enkel:innen sind es, die in Psychotherapien ihre unter der kollektiven Schuld und Verdrängung vergrabenen Familiengeschichten und transgenerationalen Traumata aufarbeiten.

Somit gibt es zwei Enden, von denen aus wir das Streben nach psychischer Gesundheit angehen können. Das eine: Wir ändern grundlegend alle Strukturen, die uns physisch und psychisch krank machen, bekämpfen Armut und soziale Ungerechtigkeit. Entwickeln Werkzeuge gegen die sogenannten Ismen, also Sexismus, Klassismus, Antisemitismus, Antiziganismus und Rassismus und beenden Ausbeutung und kriegerische Konflikte. Wir setzen uns für die körperliche und seelische Unversehrtheit von Kindern ein, indem wir uns mit Entwicklungspsychologie auseinandersetzen, bevor wir Eltern werden oder spätestens dann. Junge Familien bekommen automatisch in den ersten Lebensjahren ihres Kindes unkomplizierte psychologische Beratung und Familienhilfe, auf Wunsch eine längere Elternzeit bei gleichzeitiger Jobgarantie. Das Schulsystem wird revolutioniert.

Dazu müsste definiert werden, was Wachstum auch bedeuten kann: Wie kann eine Gesellschaft aussehen, in der innere Entwicklung, wie z. B. die Fähigkeit, sich ohne ständiges Kaufen regulieren zu können, auch Wachstum bedeutet? In der wir zur Ruhe kommen, Entspannung und Leichtigkeit empfinden können, auch ohne Kurztrip mit dem Flugzeug. Ideen zu einer gerechteren Zeitkultur, wie die Abkehr von der 40-Stunden-Woche hin zu einer standardmäßigen kurzen Vollzeit, veranschaulichen, mit was wir unsere Zeit auch füllen könnten, wenn wir den Schwerpunkt unseres Lebens wieder mehr zu den zwischenmenschlichen Begegnungen verschieben. In der während einer Arbeitswoche ausreichend Zeit für Sorgearbeit, soziales wie politisches Engagement bliebe.[3] Mit was könnten wir uns dann befassen, welche konkreten Pläne würden wir umsetzen, um diese Welt zu einem lebenswerteren Ort zu machen? Viele Einzelpersonen, politische wie überparteiliche Gruppierungen und Vereine nehmen sich längst all dieser Themen an. Unzählige Menschen arbeiten in jeder freien Minute ehrenamtlich, um gesellschaftliche Missstände positiv zu beeinflussen. Auch wenn sich dies oft vergeblich anfühlen mag, da politische Akteure gegenteilige Entscheidungen treffen, ist diese Perspektive absolut notwendig, wenn wir psychische Gesundheit als systemisch eingebettet und beeinflussbar verstehen und psychische Erkrankungen damit als Folge eines kranken Systems betrachten.

Das andere Ende, von dem aus wir zu mehr psychischer Gesundheit gelangen können, ist mit dem Blick auf uns als Individuen. Wie fühlen, denken und verhalten wir uns innerhalb einer Gemeinschaft? Wie können wir, vielleicht auch mithilfe einer Fachperson, verstehen und bearbeiten, was da als Schmerz in uns bohrt? Was uns daran hindert, die Person zu sein, die wir sind. Auch wenn unsere Probleme weniger individuell sind, als wir glauben, müssen wir sie allein in unserem Zimmerchen ertragen. Dabei will ich auf den Vorwurf gegenüber der Psychoanalyse und anderer Psychotherapieformen eingehen, dass der hyperindividualistische Blick, das Behandeln der Probleme des Individuums eigentlich nur Nabelschau und ein Herumdoktern an Symptomen seien, *#psychoprivilege* eben, und die wissenschaftlich messbaren Erfolge zudem weder groß

noch langfristig genug. Man darf berechtigterweise die Frage stellen, ob das Suchen nach der inneren epikurischen Mitte nicht doch in den Schrank der Privilegien wandern sollte angesichts der Weltlage und der Menschen, die keine Wahl haben und keine Möglichkeit, sich Hilfe zu holen. In diesen Zeiten können Menschen doch nicht ernsthaft darüber sprechen, wie man jetzt eine gesunde Morgenroutine hinbekommt. Oder wie man lernen kann, sich leichter zwischen zwei Sorten Joghurt zu entscheiden.

Unter dieser trüben Lampe empfinde auch ich es als logische Konsequenz, dass unsere Spezies einfach noch nicht weit genug ist, dauerhaft ihren Platz auf diesem Planeten einzunehmen. Was bringt all die Psychoedukation in aufgeräumten Vorgärten angesichts unserer nicht enden wollenden Fähigkeit zu hassen, zu rächen, zu morden und unsere Gefühle zu betäuben, um nicht durchzudrehen? Wir löschen uns eben selbst aus, da wir es nicht schaffen, uns global und friedlich zu organisieren, wir brauchen die Gemeinschaft und ertragen sie doch nicht, da wir ihr gleichzeitig auch immer ausgeliefert sind. Unser individueller Einfluss auf unser Lebensglück genauso wie auf die politische Weltlage ist begrenzt und gleichzeitig schlägt da ein kleines Metronom in uns, das uns daran erinnert, dass es weitergeht, weitergehen muss, solange wir ein Bewusstsein haben, denken und fühlen können. Zwar prägen uns unsere frühen Erfahrungen maßgeblich, dank der Neuroplastizität unseres Gehirns sind wir aber zum Glück über unser gesamtes Leben hinweg fähig, dazuzulernen und uns zu verändern. Deshalb wirkt Psychotherapie und deshalb sind wir unserem frühen Schicksal nicht komplett ausgeliefert, auch wenn es sensible Phasen gibt, die wir nicht nachholen können und Zeitfenster, die sich schließen. Deshalb gibt es nicht *die* Lösung, aber dieses Buch.

Und darin plädiere ich für die Konzentration auf das große Ganze *und* auf das Individuum. Wir müssen unbedingt zweigleisig fahren, denn auch wenn es für die Verbesserung der Situation vieler Menschen politische und gesellschaftliche Bewegungen braucht: Das Leid jedes einzelnen Menschen zählt und verlangt jetzt sofort nach Linderung. Auch in der vermeintlich idyllischen Reihenhaussiedlung geben Eltern unverarbeitete Anteile an ihre Kinder weiter und je angespannter und bedrohter die eigene Existenz ist, je mehr Druck im Kessel, das haben die Corona-Lockdowns mit dem Anstieg häuslicher Gewalt auf drastische Weise gezeigt, desto schwerer wird es für uns, Mitgefühl uns selbst und anderen gegenüber zu empfinden. Wenn ich an so manchen Bürokonflikt denke, dem ich beiwohnen durfte, erstaunt es mich fast schon, dass sich nicht noch viel mehr Menschen auf der Welt gegenseitig umbringen und aus Rachegefühlen auslöschen wollen. Und wenn ich an meine eigene Wut denke, wundert es mich, dass friedliches Zusammenleben überhaupt so oft gelingt.

Wenn wir auch zu uns selbst freundlich sein können oder zumindest bemerken, dass wir uns gerade innerlich auspeitschen, wenn wir unsere eigene Existenz mehr vom »etwas werden müssen« hin zu »schon immer etwas sein« verschieben, wenn wir wahrnehmen, was in uns vorgeht und uns darin ernst nehmen und wenn wir lernen, nicht nur nach irgendwelchen Regeln und Vorgaben zu leben, nach dem »was eben von uns verlangt wird«, sei es von unseren Eltern oder der Firma, wenn es in unserem Leben nicht nur um das Zurechtzimmern eines vermeintlich idealen Lebenslaufs geht, sondern auch um die Zeit, in der wir nicht einer Erwerbsarbeit nachgehen, dann besteht zumindest die Möglichkeit, dass wir unser Dasein als reich und nicht als vertane Chance empfinden. Und auch wenn wir dabei immer wieder Rückschläge erleben, wir nicht das erreichen, was wir uns erträumt haben, wir es wieder nicht geschafft haben, für unsere Bedürfnisse einzustehen oder statt sachlich zu argumentieren, mit dem Fuß aufstampfen – auf was es ankommt, ist der Umgang mit uns selbst, genau in den Situationen, in denen wir nicht wie Maschinen laufen, sondern scheitern. In denen wir nicht die perfekten Leistungsträgerinnen und unsere eigenen Pressesprecher sind, sondern in denen unsere Unzulänglichkeit, der Zweifel und das ganze Konzert des menschlichen Versagens zu Tage treten und wir rufen: »Sorry dude, can't hear you with my head in the toilet.«

Auch ich wollte jahrelang einfache Rezepte für ein gelingendes Leben, aber komme immer mehr zu dem Schluss, dass es *die* Lösung nicht gibt, für niemanden von uns. Wir straucheln eben alle nur, so gut wir eben können, aber: Jeder Schritt dabei zählt. Der Weg bleibt steinig und es sind maximal ein paar gemütliche Pausen auf einer Berghütte am Schliersee drin und wenn wir Glück haben, gibt es Kaiserschmarrn zum Nachtisch. Und klar, die richtig dunklen Momente, das Erleben von Verlust, Trauer und Tod, die Erfahrung, nicht so geliebt zu werden, wie ich es mir erhofft habe, und nicht so angesehen zu werden, wie ich glaube, es verdient zu haben – diese bitteren Erfahrungen würde ich gerne für immer in einem Ordner ganz hinten ins Regal schieben und ausschließlich museal betrachten. Ich empfinde es als großes Geschenk, beruflich wie privat mit Menschen sprechen zu dürfen, die einen großen Teil ihres Arbeitslebens der menschlichen Psyche widmen, die auf dem neuesten Stand sind, dazu wissenschaftliche Texte veröffentlichen, die sich mit unseren Befindlichkeiten, den Tücken des Zusammenlebens und -arbeitens, Studien und Theorien beschäftigen und dabei selbst alles andere als perfekt oder etwa »fertig« sind. Und ich bin auch dankbar für all die weisen Leute in meinem Umfeld, die es nicht »studiert« haben, sondern die das Leben gelehrt hat und die mich mit ihrem Erfahrungsschatz inspiriert und geprägt haben.

Dieses Buch soll Denkmuster und Verhaltensweisen erklären, die unserer psychischen Gesundheit schaden können, und Bereiche zeigen, um die wir uns kümmern dürfen. Lassen und Machen eben – eine Aufteilung, die uns das ein bisschen mehr verdeutlichen soll.

Ich schöpfe dabei aus Gesprächen mit Expert:innen, aktuellen Erkenntnissen aus den kognitiven Neurowissenschaften, der Verhaltenstherapie, Bindungsforschung und systemischen Familientherapie. Dieser Ratgeber kann eine therapeutische Beziehung nicht ersetzen, aber eine Anregung für den Alltag sein und Impulse für mehr Selbstfürsorge und Selbstmitgefühl geben.

Du kannst ihn konsumieren, wie du eine Zeitschrift liest oder einen Podcast hörst, fang damit an, was dich gerade anspricht, die Reihenfolge der Kapitel ist zwar Absicht, sie müssen aber nicht chronologisch gelesen werden. Greif hinein wie in einen Werkzeugkasten. Es gibt so viele Tools aus der psychotherapeutischen Praxis und auch aus dem Coaching, die uns im Alltag helfen können. Oftmals stehen wir ratlos davor und wissen nicht, wo wir anfangen sollen. Deshalb möchte ich mit diesem Buch drei Bereiche zusammenbringen: Ich beleuchte wiederkehrende große Themen der menschlichen Psyche, die bei den meisten Menschen irgendwann im Lauf des Lebens akut werden und die auch bei vielen psychischen Erkrankungen relevant sind. Es sind die Themen, die auch bei mir in den vergangenen Jahren am meisten Resonanz hinterlassen haben. Am Ende jedes Kapitels gebe ich praktische »kleine« Lösungen mit, denn wir können jeden Tag anfangen, an Stellschrauben zu drehen. Da sich unsere Psyche nicht im luftleeren Raum entwickelt, versuche ich, auch die gesellschaftlichen Rahmenbedingungen zu beleuchten, die es uns schwer machen und denen wir unbedingt Beachtung schenken sollten. Und da ich oft Zuschriften bekomme, in denen steht, dass sich Menschen, die meinen Podcast hören, in den Geschichten wiederfinden oder das Gefühl haben, ich würde eigentlich aus ihrem Leben erzählen, glaube ich, dass wir gar nicht so verschieden sind, liebe Leserin, lieber Leser – vielleicht handelt es sich dabei um Themen, die auch dich ganz häufig umtreiben.

Lassen

Dauerstress

**»Wer ausbrennt,
der wird ausgemustert.«**[1]

Manchmal ist das Leben ein schlechter Scherz. Und auch wenn sich darüber rückblickend oft die besten Geschichten erzählen lassen, tut es meist richtig weh, wenn man gerade drinsteckt. So eine Geschichte ist die meines Burnouts, das ich am Ende eines Projekts bekommen habe, für das ich mich – wirklich wahr – mit Stress und seinen Auswirkungen befasst habe.

»Stressen Sie sich nicht, das ist nicht gut für Sie«, hatte mir damals der Stressforscher Mathias V. Schmidt mit freundlicher Stimme am Ende fast jedes unserer Telefonate gesagt. Eine Mahnung, die mir in den Ohren hallte, denn es gab schon länger Anzeichen, dass alles zu viel war, und meine Brachialstrategien – noch früher aufstehen, noch mehr arbeiten, noch weniger für mich selbst tun – nicht mehr funktionierten.

Zudem gehörte ich zu den Pandemie-Eltern, die ohne Kinderbetreuung arbeiteten, deren geplante Auszeiten sich durch Lockdowns immer wieder verschoben und die dann, als die Einrichtungen wieder öffneten, erst mal für Monate von einer massiven Krankheitswelle umgeworfen wurden. Viele Nächte ohne Schlaf, viele Wochen und Monate voller Ärger und Verzweiflung, in denen ich mich immer wieder aufgerappelt hatte, lagen hinter mir.

Als ich es endlich mit meiner Familie für ein Wochenende auf eine Berghütte in die oberbayerischen Alpen geschafft hatte, war es zu spät. Ich lag gerade auf dem Bett, als es Zeit wurde, runter in den Speisesaal zu gehen. Das Lagerfeuer loderte, es duftete nach Bratensoße und für den Nachmittag war eine Schneewanderung geplant. Eigentlich konnte es keinen besseren Ort für eine Auszeit geben. Wie gut ging es uns, an so einem schönen Ort zu sein!

Aber ich konnte nicht aufstehen. Ich hatte Angst vor den anderen Menschen im Haus. Irgendwas in mir war gekippt, irgendeine Sicherung rausgeflogen. Und so lag ich regungslos auf dieser Berghütte und ließ langsam den Gedanken zu, dass ich entweder kurz vor oder schon mitten in einem Burnout steckte. Ich war auf dem Zauberberg gefangen und die Welt um mich herum schien klein und eng zu werden.

Für meinen Podcast habe ich mit Menschen gesprochen, die ganz ähnliche Points of no Return erlebt haben. In der Regel auch in ihrer Freizeit, im Auto oder auf dem Weg zu einer Hochzeit. Menschen, die eben im Job noch große Verantwortung trugen, können sich morgens vor dem Kleiderschrank nicht mehr für ein Paar Socken oder im Supermarkt zwischen zwei Apfelsorten entscheiden. Viele versuchen bis zuletzt, im Berufsleben alles zu geben und die Erschöpfung zu verbergen. Im Privatleben sind die Risse jedoch meist längst sichtbar: durch ständige Gereiztheit, Partnerschaftskonflikte, sozialen Rückzug, einen ungesunden Lebenswandel oder Überforderung bei Unternehmungen, die eigentlich entspannen sollten.

Tiefe Erschöpfung liegt meist am Ende vieler Jahre im Dauerstress, wobei die physiologische Stressreaktion eine wesentliche Eigenschaft unseres Hormonsystems ist. In diesem Kapitel beschäftigen wir uns deshalb mit der wichtigen Funktion von Stress, damit, welche Phase der Stressreaktion wir immer stärker vernachlässigen und welche Folgen das hat. Es geht um individuelle, aber auch gesellschaftliche Ursachen für die heutige Stressbelastung und darum, wie es uns gelingen kann, körperliche und psychische Warnsignale frühzeitig wahrzunehmen.

Dieses Kapitel soll dazu beitragen, für sich selbst mehr Mitgefühl im täglichen Aufgabensturm zu entwickeln und zu verstehen, dass wir häufig Dauerstress damit verwechseln, endlos viel Energie zu haben.[2] So erleben wir im Alltag aktivierende Hochgefühle, obwohl wir eigentlich längst die letzten Reserven aufgebraucht haben. Uns nicht im Tätigkeitstaumel zu verlieren, hat enorme Vorteile, wir verhindern damit nämlich nicht nur unseren Zusammenbruch, sondern auch eine unvermeidliche längere berufliche Auszeit. Ist die Nadel aber doch vom Plattenspieler gesprungen, hat das zwar unter Umständen weitreichende Konsequenzen für unser Leben, es birgt aber auch eine enorme Chance. Und das ist nicht einfach nur dahingesagt. Menschen, die ein Burnout erlebt haben, bereuen in der Regel nicht ihren Zusammenbruch, da er sie zu sich selbst zurückgeführt hat, sondern sie bereuen die Zeit davor, in der sie es so weit haben kommen lassen.

Dauerstress als Diagnose?

Es gibt zwei Formen von Stress, die als maßgebliche Auslöser für die Entstehung von körperlichen und psychischen Erkrankungen gelten: unvorhersehbarer, aber nicht vermeidbarer extremer Stress, wie er z. B. durch einen Unfall oder den Tod einer nahestehenden Person entsteht, sowie chronischer Stress durch alltägliche dauerhafte Mehrfachbelastungen. Laut einer Erhebung der AOK sind Arbeitsunfähigkeitstage durch Burnout in den letzten zehn Jahren um mehr als 50 Prozent gestiegen. Hochgerechnet auf 40 Millionen Beschäftigte, die in Deutschland gesetzlich krankenversichert sind, heißt das allein für das Jahr 2022, dass rund 216 000 Menschen mit Burnout unfassbare 5,3 Millionen Tage krankgeschrieben waren.[3] Nach der Pandemie stieg, laut einer Befragung der Krankenkasse Pronova, die Angst vor dem Ausbrennen unter Beschäftigten noch weiter an, ein Fünftel sieht sich mittlerweile als burnoutgefährdet.[4]

Früher als Managermarotte abgetan, hat sich Burnout inzwischen zu den Hauptursachen für eine Arbeitsunfähigkeit entwickelt. Als Hauptsymptome gelten tiefe Erschöpfung, Müdigkeit und Antriebslosigkeit, eine innere Entfremdung zur Arbeit bis hin zum Zynismus und eine insgesamt verringerte berufliche Leistungsfähigkeit.[5] Sind wir einmal in einem völlig ausgebrannten Zustand, lässt sich frühere Belastbarkeit nicht durch zwei Wochen Urlaub wiederherstellen. Ein akutes Burnout bedeutet eine längere Auszeit von der Berufstätigkeit und braucht in der Regel therapeutische Unterstützung in Form einer ambulanten oder stationären Therapie.

Weil es lange keine klare Definition gab, wurden Betroffene häufig mit der Diagnose Depression krankgeschrieben. Die drei Hauptsymptome der Depression – Niedergeschlagenheit, Interesseverlust und Antriebslosigkeit – sind auch bei Burnout-Betroffenen zu finden, bei letzteren kommt durch die dauernde Überanstrengung aber noch Gereiztheit hinzu. Ein Burnout erhöht das Risiko, an Depressionen oder Angststörungen zu erkranken. Im derzeit geltenden ICD-11, also dem internationalen Manual zur Klassifikation von Krankheiten und gesundheitlichen Problemen, das wir auch in Deutschland zur Diagnostik psychischer Erkrankungen nutzen, wird Burnout zum ersten Mal klarer umrissen: als »berufliches Phänomen«, das durch »Stress am Arbeitsplatz, der nicht erfolgreich verarbeitet werden kann« entsteht.[6] Nach wie vor gilt diese Beschreibung nicht als Diagnose, aber als ein Syndrom mit eindeutig definierten Dimensionen.

Die Weltgesundheitsorganisation begrüßt, dass auf dieser Grundlage evidenzbasierte Leitlinien zum psychischen Wohlbefinden am Arbeitsplatz entwickelt werden könnten. Es gibt aber auch Kritik an dieser neuen Positionierung im ICD-11: Gerade Burnout-Fachleuchte bemängeln an der WHO-Definition, dass relevante Faktoren wie Doppel- und Mehrfachbelastungen in der Familie und im Beruf genauso unerwähnt blieben wie mangelhafte Organisationsstrukturen in Unternehmen. Die jetzige Formulierung erwecke den Eindruck, als läge es ausschließlich an der Unzulänglichkeit des Einzelnen, dem Arbeitsstress nichts entgegensetzen zu können. Dabei deutet der immense Anstieg der Betroffenen in den letzten 20 Jahren auf ein strukturelles Problem in der Arbeitswelt hin.

Zum Teufel mit dem *Purpose*[7]

Rückblickend hatte sich auch bei mir schon lange angekündigt, was einem Ermüdungsbruch nach jahrelangem Raubbau gleicht. »Qualität kommt von Qual« hatte man mich in meiner Ausbildung gelehrt, und so beobachtete ich viele Jahre an mir selbst und meinen Kolleg:innen ein seltsames Verhalten: Da wurde sich lieber regelmäßig und über die Schmerzgrenze hinaus gequält, als am grundlegenden Projektmanagement zu schrauben.

Was ich in den Tagen nach dem Hüttenaufenthalt im Google-Selbststudium las, war für mich völlig neu. Leidenschaft und Begeisterungsfähigkeit für eine Sache seien die erste Umdrehung in der Burnout-Spirale. Dabei ging es doch überall um den *Purpose* und so hatte ich selbst vor Jahren die Losung vieler Millennials ausgerufen: Soweit es möglich ist, möchte ich einer Arbeit nachgehen, die mir sinnhaft erscheint, die einen vermeintlichen Mehrwert hat und verzichte dafür lieber auf mehr Gehalt oder Sicherheit.

Nun scheinen gerade die Menschen, die Sinnhaftigkeit in ihrem Job empfinden, zur Selbstaufopferung bereit, sie springen in die Lücken und übernehmen Aufgaben, für die sie eigentlich nicht zuständig sind. Mit der Folge, dass sie regelmäßig über die eigenen gesundheitlichen Grenzen gehen. Ein Sprint reiht sich an den nächsten, dabei bedeutet Arbeiten bis ins Alter, einen Marathon zu laufen. Je mehr wir uns mit unserer eigenen Arbeit oder einem Unternehmen identifizieren, desto unvorstellbarer und sinnloser erscheint uns das Leben ohne diese »Berufung«.[8] Dabei ist Sinn zu finden etwas Wunderbares. Er kann uns wirklich zufriedener machen und motiviert uns im Job oder in der Familie zu Höchstleistungen.

Doch unser menschliches Streben nach Sinnhaftigkeit und Wirkungsmacht kann leicht missbraucht werden, z. B. um den Umsatz eines Unternehmens zu steigern, ohne Rücksicht auf die Gesundheit der Mitarbeitenden. Hauptsache, sie verausgaben sich im Sinne einer vermeintlichen Bestimmung.

Die inneren Antreiber

Ob wir eher leistungsorientiert sind oder nicht, hat viel mit unserer persönlichen Prägung zu tun. In Job-Coachings kommen hier oft die fünf sogenannten inneren Antreiber ins Spiel, die auf Basis der Transaktionsanalyse des Psychiaters Eric Berne entstanden sind und von dem Psychologen Taibi Kahler entwickelt wurden. Die fünf häufigsten inneren Antreiber sind demnach:[9]

- Sei stark!
- Sei perfekt!
- Beeil dich!
- Streng dich an!
- Mach es allen recht!

Kahler bezeichnet die inneren Antreiber als »Mini-Skripte«, die in frühen Interaktionsmustern mit den Eltern bzw. engsten Bindungspersonen erworben werden und uns nicht bewusst sind. Sie prägen unsere Verhaltensweisen laut Kahler aber nachhaltig und sorgen in Stresssituationen dafür, dass wir noch rigider als sonst an diesen Antreibern festhalten, auch wenn andere Wege zielführender wären. Gerade in unsicheren, stressigen Zeiten verlässt sich unser Gehirn auf Altbewährtes und findet darin Sicherheit. Es ist auch energieeffizienter, unserem inneren Antreiber nachzugeben, als uns in chronischer Überforderung auch noch selbst zu kontrollieren und sich entgegengesetzt zum Antreiber zu verhalten. Und so kommt es, dass wir in einer akuten Stresssituation z. B. nicht nur pünktlich wie in ruhigen Zeiten sind, sondern panisch zum zehnten Mal die Abfahrtstafeln in unserer Bahn-App checken. Wir sind dann nicht nur genau beim Erledigen einer Aufgabe, sondern werden regelrecht kleinlich.

In Coachings füllen Teilnehmende in der Regel Fragebögen aus, um ihre inneren Hauptantreiber zu identifizieren. Damit sind diese aber noch lange nicht entschärft. Zunächst geht es darum, die eigene Wahrnehmung zu schulen, d. h. um ein besseres Kennenlernen der unbewussten Motive hinter den sichtbaren Motiven im Arbeitsleben.

Menschen, die auf Smartphones starren

Haben wir chronischen Stress, greifen wir oft auf Bewältigungsstrategien zurück, die uns kurzfristig belohnen, aber langfristig schaden. Dazu gehören z. B. allabendlicher Alkoholkonsum zum Abschalten oder Weiterarbeiten, Zigarettenpausen, aufputschende Drogen und Medikamente, der Verzicht auf Sporteinheiten und Bewegung, vermehrter Zucker- und Fast-Food-Konsum und natürlich: der routinierte Blick aufs Smartphone. Das, was wir immer dann tun, wenn wir eigentlich den Blick schweifen lassen und in die Ferne schauen sollten.

Der Informatiker Alexander Markowetz von der Universität Bonn bezeichnet den ständigen Blick aufs Smartphone als »selbst antrainierte Aufmerksamkeitsstörung«.[10] Auf der Ursachenliste für unseren chronischen Stress nimmt unser liebstes Objekt laut Markowetz einen Ehrenplatz ein. Er spricht vom »digitalen Burnout«, nachdem er das Smartphone-Verhalten hunderttausender Nutzer:innen mit einer eigens dafür entwickelten App untersucht hat.

Alle 10 bis fünfzehn Minuten unterbrechen wir eine Tätigkeit, um nachzuschauen, was nun wieder Wichtiges passiert ist. Wir schauen also rund 50- bis 80-mal am Tag auf unser Gerät, jüngere Nutzer:innen etwas mehr und ältere etwas weniger. Markowetz sieht darin eine Fragmentierung des Alltags und einen deprimierenden Produktivitätskiller. Erwachsene züchten sich damit ein Aufmerksamkeitsproblem, geraten seltener in einen Flow-Zustand und gieren beständig nach dem nächsten Tropfen Zuckerwasser. Schon die Erwartung, dass jemand zurückschreiben *könnte*, dass eine E-Mail eintrudelt oder in den sozialen Netzwerken Bahnbrechendes gemeldet wird, führt zur Ausschüttung von Dopamin, ein Zustand wie beim Bedienen eines Glücksspielautomaten. Das Freischalten der Bildschirmsperre ist längst nichts mehr, für das wir uns frei entscheiden, wir sind darauf konditioniert.

Schauen wir auf das Leben vor 20 Jahren, gab es natürlich auch schon Mikropausen, die wir gestalten mussten. Wir haben auf die Bahn gewartet, beim Arzt oder im Restaurant, bis unsere Verabredung eingetroffen ist. Wir haben aus dem Fenster gesehen und in der Nase gebohrt. Vielleicht hatten wir unterwegs Lesestoff dabei, häufig waren es aber Leerzeiten, in denen wir unser Gehirn nicht mit neuem Input füttern konnten und in denen kein Dopamin ausgeschüttet wurde. Vielleicht haben wir den Blick schweifen lassen – eine Tätigkeit, die nicht nur unsere Augen entspannt, sondern auch unseren Stresspegel senkt. Oder wir haben vor uns hin geseufzt.

Das sogenannte physiologische Seufzen ist nicht nur lebensnotwendig, da mit den tiefen Atemzügen eines Seufzers auch entlegenere Teile unserer Lunge belüftet werden. Seufzen wird von manchen Forschenden auch scherzhaft als »Stuhlgang der Seele« bezeichnet. So fand der Psychologe Karl Halvor Teigen heraus, dass wir mehr seufzen, wenn wir gerade an einer komplizierten Aufgabe sitzen.[11] Wir können uns dieses Seufzen bewusst zunutze machen, um unser Stresslevel zu senken, indem wir zweimal hintereinander einatmen und dann ausseufzen, wodurch sich die Bläschen in unserer Lunge wieder mit Sauerstoff füllen und ein Höchstmaß an überschüssigem Kohlendioxid ausgestoßen wird. Normalerweise seufzen wir ungefähr all fünf Minuten, sitzen wir aber vor einem Bildschirm, scheint diese Verhaltensweise unterdrückt zu werden.[12]

Wenn wir verstehen, wie unsere Lebensrealität die Stressregulationsfähigkeiten unseres Körpers nachhaltig beeinflusst und wie unsere physiologische Stressreaktion abläuft, fällt es uns in Zukunft womöglich leichter, regelmäßig und mit Absicht den Blick vom Bildschirm weg und in die Ferne schweifen zu lassen und dabei ausgiebig zu seufzen. Unsere Smartphones legen wir öfter in einen anderen Raum oder lassen sie zumindest in Erholungsphasen ganz ausgeschaltet.

Ein Hoch auf die Hormone

Wenn wir an Stress denken, denken wir meist an Stress bei der Arbeit oder unsere schiefe Work-Life-Balance. Für unseren Körper gibt es aber viel mehr Faktoren, die Stress auslösen. Auch unsere Grundbedürfnisse, die gestillt werden wollen, gehören zu diesen sogenannten physiologischen Stressoren: Hunger, Durst oder Müdigkeit genauso wie Kälte, Hitze oder eine Infektion. Sport ist ebenfalls erst mal Stress, auch wenn langfristig gut für unseren Körper.

Unsere physiologischen Systeme befinden sich grundsätzlich in Balance, der sogenannten Homöostase, wozu z. B. die Regulation unserer Körpertemperatur oder des Blutzuckerspiegels gehören. Indem unser Körper auf eine herausfordernde Situation, also einen Stressor, reagiert, wird eine Stressreaktion ausgelöst. Es kommt zu einer Ausschüttung von Stresshormonen wie Cortisol. Dies führt zu einem Ungleichgewicht in unserem Körper, das notwendig ist, damit wir den Stress bewältigen können.[13] Ohne Stressreaktion würden wir mit den natürlichen Anforderungen des Lebens nicht zurechtkommen. Sie ist lebensnotwendig für uns und absolut positiv, solange die Stressreaktion – und jetzt kommt's – zeitlich begrenzt und kontextspezifisch ist.

Was uns krank machen kann, ist Stress, den wir nicht verarbeiten können, also extremer Stress bei einem traumatischen oder einschneidenden Lebensereignis. Das geschieht z. B. bei Erfahrungen von Trennung, Tod, schwerer Krankheit oder dem Verlust der Lebenssicherheit. Die Nachrichten sind voll von Menschen, die durch Krieg, Flucht oder Folter so eine Form des extremen Stresses erleben müssen.

Was uns – natürlich in einem ganz anderen Ausmaß, aber doch spürbar – ebenfalls krank machen kann, ist chronischer Stress. Zu den Auslösern gehören u. a. eine zu hohe Arbeitsbelastung, aber auch Armut und Diskriminierung. Erfahren Menschen regelmäßig Mikroaggressionen und Ausgrenzung, sorgt dieser alltägliche Überlebenskampf pausenlos für Druck im System. Dieser chronische Stress kann zu einem dauerhaft erhöhten Cortisolspiegel führen, aber wie genau kommt es dazu? Jede Stressreaktion wird durch das Anspringen von Hormonkaskaden initiiert. Es gibt dabei mehrere Stresssysteme. Unser sympathisches Nervensystem, das Teil des vegetativen Nervensystems ist, springt sehr schnell an und es kommt zu einer Ausschüttung von Adrenalin. Und das bemerken wir umgehend: Wir fangen an zu schwitzen, der Puls steigt, wir atmen schneller – wir sind bereit, zu flüchten oder zu kämpfen.

Die Arbeit unseres anderen bedeutsamen Stresssystems merken wir dagegen nicht: Die Hypothalamus-Hypophysen-Nebennierenrinden-Achse, kurz HPA-Achse, spielt eine Schlüsselrolle bei der Stressregulation. Sie steuert die Ausschüttung des Hormons Cortisol, die zum einen langsamer geschieht und zum anderen einem Tag-Nacht-Rhythmus folgt. Am Morgen sind unsere Cortisolwerte am höchsten, damit wir aus dem Bett kommen, im Lauf des Tages fällt unser Cortisolspiegel dann wieder ab und nachts sollte er am Tiefpunkt sein.

Dieser komplexe Prozess ist störanfällig und wird von hormonellen, neuronalen sowie von Umweltfaktoren beeinflusst. Wie wir individuell und auch altersentsprechend Stress bewältigen können, hat Auswirkungen auf die HPA-Achse. So kann es bei chronischem Stress zu dauerhaft erhöhten Cortisolwerten, aber auch zu abweichenden Cortisol-Tagesprofilen kommen. Diese Menschen starten in den Tag mit einem abgeflachten Cortisolspiegel, der zum Nachmittag hin weiter ansteigt.[14] Das bedeutet, dass wir mit abgeflachtem Cortisolspiegel aufwachen und die Werte im Lauf des Tages nicht sinken, sondern immer weiter ansteigen. Diese abweichenden Cortisolwerte sind sowohl körperlich als auch psychisch ein Risiko, da Betroffene u. a. eher zu Herz-Kreislauf-Erkrankungen, Entzündungen, Depressionen und Angststörungen neigen.

Stress in der frühen Kindheit

An dieser Stelle ist es wichtig, auf die langfristigen Auswirkungen von chronischem Stress in der frühen Kindheit hinzuweisen. Wenn als Antwort auf eine »Burnout-Pandemie« von den Krankenkassen Entspannungsapps für Erwachsene konzipiert werden, um das allgemeine Stressmanagement zu verbessern und die Leistungsfähigkeit bis ins hohe Alter zu erhalten, erscheint es durchweg zynisch, dass es gleichzeitig gesellschaftlich akzeptiert ist, Kinder am Lebensanfang mutwillig chronischem Stress auszusetzen und zu riskieren, dass sie davon langfristig Schaden nehmen.

Unabhängig von den absolut notwendigen Gleichstellungsbemühungen am Arbeitsmarkt, der Forderung nach einer paritätischen Elternschaft, in der Väter ebenso selbstverständlich Fürsorgearbeit leisten, und der oft schieren Notwendigkeit von durchgängiger Berufstätigkeit, wird eines im derzeitigen öffentlichen Diskurs vernachlässigt: dass zu frühe und zu lange Trennungen von den engsten Bezugspersonen zu den stressvollsten Ereignissen in der frühen Kindheit gehören.[15] Von Fachleuten immer wieder zitierte Langzeituntersuchungen wie die NICHD-Studie[16] weisen auf diesen Umstand hin. Babys und Kleinkinder unter drei Jahren, die viele Stunden am Tag in mangelhaften Betreuungseinrichtungen mit großen Kindergruppen verbringen, wo sie nicht ausreichend von einem erwachsenen, verstehenden Gegenüber in ihren Emotionen begleitet werden, sind einer Stressbelastung ausgesetzt, die sich negativ auf die Entwicklung auswirken kann.

Messungen des Stresshormons Cortisol im Speichel der Kinder sind mittlerweile Standard in Erhebungen zu Wohlbefinden und Stressbelastung während der außerfamiliären Betreuung.[17] Je höher die Cortisolwerte, desto geringer das kindliche Wohlbefinden, wurde in einer norwegischen Studie im Rahmen eines Forschungsprogramms beobachtet.[18] Eine niederländische Metaanalyse zeigte bei den Kindern ausschließlich an Tagen, an denen sie außerfamiliär betreut wurden, einen stark erhöhten Cortisolspiegel mit ansteigenden Cortisolwerten zum Nachmittag hin.[19] Langzeitauswirkungen zeigte die sogenannte Quebec-Studie. Bei einer hohen Qualität der Einrichtungen wurde zunächst eine kognitive Leistungsverbesserung beobachtet, die ihren Effekt mit zunehmendem Alter aber wieder verlor. Was dagegen bestehen blieb, war eine Verschlechterung der Eltern-Kind-Interaktionen und ein Anstieg der sozioemotionalen Probleme bis ins Schulalter und darüber hinaus. Die negativen Effekte scheinen dabei Jungen signifikant stärker zu treffen als Mädchen.[20]

Nun kann man zu Recht einwenden, dass diese Studienergebnisse nicht ohne Weiteres auf Deutschland übertragbar sind. Die Cortisolwerte von außerfamiliär betreuten Kindern sind z. B. in den USA besonders hoch im Vergleich zu dort im häuslichen Umfeld betreuten Kindern.[21] Es gibt aber auch große Untersuchungen im deutschsprachigen Raum wie die NUBBEK-Studie, die Wiener Krippenstudie und die StimtS-Studie,[22] die ebenfalls auf die bestehenden Qualitätsmängel hinweisen. Schon zu Beginn des geltenden Rechtsanspruchs auf einen Betreuungsplatz ab Ende des ersten Lebensjahrs im Jahr 2013 wurden Missstände durch verschiedene Untersuchungen veröffentlicht. Die mittlerweile in der Berichterstattung angekommene »Kita-Krise«[23] wurde also verschleppt. Sie zeigt, dass Kindheit noch immer nicht hinreichend als schützenswerte und vor allem das spätere Leben prägende Zeitspanne betrachtet wird.[24] Auch der von zahlreichen Wissenschaftler:innen aus ganz Deutschland initiierte öffentliche Aufruf zum sofortigen Handeln im Jahr 2023 konnte dem nichts entgegensetzen.[25]

In den ersten drei Lebensjahren durchläuft der Mensch die bedeutendsten Entwicklungsschritte seines Lebens: Er lernt nicht nur laufen und sprechen, sondern auch, sich selbst als eigenständige Person zu begreifen. Wir lernen »am Du« unser »Ich« kennen, wie es der Philosoph Martin Buber formuliert hat, also in einer dyadischen Interaktion mit einer vertrauten Person, die für uns die Welt verstehbar macht und aufkommende Emotionen und Bedürfnisse übersetzt. Gerade das Gruppensetting, das stets als ausschließlich förderlich hervorgehoben wird – »Kinder brauchen Kinder« –, stellt für die Kleinsten eine Überforderung dar. Denn das ist leider ein grundlegendes Problem der Frühbetreuung: unabhängig von der Betreuungsqualität geraten Kinder unter drei Jahren, besonders aber U2-Jährige in Gruppen ohne die Anwesenheit ihrer engsten Bindungspersonen per se in Stress. Feinfühlige Betreuungspersonen können ihn nur abfedern. So haben zur Überraschung der Forschenden gerade die nach außen hin ruhigen, pflegeleicht wirkenden Kinder in Messungen extrem häufig hohe Cortisolspiegel. So wie bei uns Erwachsenen sieht man Kindern den Stress nicht unbedingt an.

Die Kindergruppe kann nur als anregend erlebt werden, wenn in einer Einrichtung zum einen ausreichend Rückzugsmöglichkeiten bestehen und zum anderen verfügbare und zugewandte Bezugspersonen aufkommenden Stress verlässlich erkennen und adäquat reagieren. Vor diesem Hintergrund ist die starke Personalfluktuation im U3-Bereich besonders kritisch zu sehen. Es ist keineswegs egal, wer dem Kind am Morgen die Tür öffnet und auch nicht, wer es durch den Tag begleitet. Der von wissenschaftlicher Seite geforderte Personalschlüssel liegt bei einer Fachkraft für drei U3-Jährige.[26] Dieser Betreuungsschlüssel wird in den meisten Einrichtungen und nach wie vor besonders im Osten Deutschlands signifikant überschritten, eine Fachkraft ist dann für doppelt oder sogar dreimal so viele Kinder verantwortlich, was wiederum ihren Stresspegel enorm erhöht.[27] Das Argument, manchen Kindern ginge es in Betreuungseinrichtungen besser als zu Hause, verpufft, wenn durch Personalmangel in vielen Einrichtungen nicht mal mehr die Aufsichtspflicht gewährleistet werden kann. Denn ja: Ein Viertel der Kinder in Deutschland gilt in den ersten Lebensjahren durch psychische und körperliche Einschränkungen der eigenen Eltern in ihrem Wohl gefährdet. Diese Kinder profitieren aber nur von qualitativ hochwertigen Betreuungseinrichtungen. Kindeswohlgefährdung kann durch Gewalt, Sucht und andere psychische Erkrankungen entstehen, wodurch den Eltern Pflege und Zuwendung schwerfallen. Es braucht außerfamiliäre Betreuung – keine Frage. Aber sie darf auch unter diesen sozial so relevanten Aspekten nicht zu einer Verwahrung verkommen und die psychischen Risiken für einen Großteil der Kinder erhöhen.

Forderungen aus entwicklungspsychologischer Perspektive

Damit außerfamiliäre Betreuung entwicklungsfördernd wirkt, müssen viele Bausteine passen. Kinder zwischen zehn und 18 Monaten reagieren aufgrund ihres Entwicklungsstands besonders stark auf die Trennung von ihren engsten Bindungspersonen.[28] In der außerfamiliären Betreuung wird es unweigerlich auf unbekannte Gesichter treffen, ob das nun andere Eltern sind, die Fachkraft aus der Sternengruppe oder der neue Praktikant. Häufig gelingt eine Eingewöhnung nach dieser sensiblen Phase leichter, ein generell späterer Zeitpunkt, nämlich frühestens nach Vollendung des 24. Lebensmonats, und eine kürzere Betreuungsdauer, nur für wenige Stunden am Tag, erscheinen sinnvoll.[29] Zum Ende des dritten Lebensjahrs ist das kindliche Gehirn schon etwas stressrobuster, Kinder entwickeln ein erstes Regelverständnis im Gruppengeschehen, können ein bisschen Warten und das Spiel mit Gleichaltrigen rückt langsam in den Mittelpunkt. Auch müssten Eltern darüber aufgeklärt werden, wie sie die Stressbelastung ihres Kindes nach einem Betreuungstag abpuffern können und was hinter dem gern dahingesagten Satz »Ein Kita-Tag ist ja wie ein Arbeitstag« steckt. Es ist eine Belastung, die – je nach Einrichtung, dem Zufall des Fachkraft-Roulettes und der individuellen Konstitution des Babys oder Kleinstkindes – zu einem Entwicklungsrisiko werden kann.

Eltern müssen außerdem wissen, wie wichtig dann zu Hause ein »Gegenprogramm« ist, also z. B. ein ruhiger Nachmittag, wo während der Eltern-Kind-Interaktion der Cortisol-Gegenspieler Oxytocin, auch Bindungshormon genannt, ausgeschüttet wird. Dies ist nämlich ebenso wichtig, wie die Studien übereinstimmend berichten: Den größten Einfluss auf das Gedeihen der Kinder hat das familiäre Klima, in dem sie aufwachsen, auch wenn sie täglich und lange eine Betreuungseinrichtung besuchen.

Mit dem Schlagwort »frühkindliche Bildung« werden von Politik und Wirtschaft möglichst frühe und lange Betreuungszeiten beworben. Was inhaltlich ankommt, ist aber ein Missverständnis: Lernen am Lebensanfang hat nichts mit Bildung im Sinne einer Schulbildung, dem Erwerb von Zahlen oder fröhlichen Krippenhits zu tun, es handelt sich dabei vor allem um emotionales Lernen. Und dafür sollten sich Erwachsene als Sparringspartner zur Verfügung stellen. Zu den zahlreichen Vorschlägen der entwicklungspsychologischen Expert:innen gehört, eine wirklich kinder- und familienfreundliche Politik zu finanzieren und auch von Unternehmensseite zu legitimieren, damit Sorgearbeit nicht Armutsgefährdung bedeutet und längere, väterliche Elternzeiten als Standard und nicht als Karriereknick betrachtet werden. Sie ermöglicht allen Müttern *und* Vätern, in Partnerschaft oder allein erziehend, eine mindestens 24-monatige Elternzeit.

Auch sollte verstärkt in die sogenannten Frühen Hilfen investiert werden, die Familien direkt und individuell unterstützen.[30] Es gibt genügend Kinder, die die ersten drei Lebensjahre zu Hause betreut werden und durch das inkonsistente Verhalten ihrer Eltern psychisch stark belastet sind. Damit ist ein widersprüchliches und für das Kind als unstimmig erlebtes Erziehungsverhalten gemeint. Umso wichtiger ist es, junge Familien am Lebensanfang zu unterstützen, die Feinfühligkeit der Eltern und ihre Interaktionsfähigkeiten mit den Kindern zu stärken und sie finanziell abzusichern.

Das ergibt in der aktuellen Betreuungskrise mehr Sinn als ein weiterer Krippenausbau, für den das Personal erst nachwachsen muss.

Außerdem muss Sorgearbeit als ein Thema verstanden werden, das die gesamte Gesellschaft betrifft.[31] Dazu zählen Ideen der allgemeinen Arbeitszeitverkürzung, die Etablierung von Teilzeitarbeit für alle und ein Lohnausgleich bei gleichzeitiger Job- und Rückkehrgarantie. Es existiert so lange keine Gleichberechtigung, wie die Doppelbelastung von Erwerbs- und Sorgearbeit weiter auf dem Rücken der Frauen und die Teilhabe der Frauen am Arbeitsmarkt auf dem Rücken der Kinder ausgetragen wird.

Deshalb an dieser Stelle ein persönlicher Appell: Dauerstress haben nicht nur Erwachsene, Dauerstress haben auch schon die Kleinsten. Ein »Augen zu und durch« kann manchmal der einzig sinnvolle Weg sein, aber nicht jeden Tag aufs Neue – und vor allem nicht in der frühen Kindheit.[32] Das Erinnern an unsere ersten Lebensjahre fällt uns schwer bzw. ist uns erst im Alter von drei bis vier Jahren durch den nur langsam reifenden Hippocampus möglich – wir alle unterliegen der kindlichen Amnesie und den sich erst entwickelnden kognitiven Strukturen. Treten im späteren Leben oder schon in der fortschreitenden Kindheit Symptome auf, können wir nur mutmaßen, was uns wohl am Lebensanfang massiv irritiert haben muss. Leider werden diese frühen Irritationen oft auch seitens der Eltern verdrängt – zum Glück ist diese anstrengende Zeit ja vorbei! Sie ist aber nicht verschwunden, sondern Teil der psychischen Struktur des Kindes geworden. Wenn wir davor die Augen verschließen, verdrängen wir genau die Jahre, die für uns Menschen am prägendsten sind und den Grundsound unseres Lebens ausmachen.

Die vier Phasen der Stressreaktion

Was passiert in unserem Nervensystem, wenn wir uns gestresst fühlen? Seit Beginn des 20. Jahrhunderts wurden zahlreiche Theorien entwickelt, die unterschiedliche Aspekte von Stress erfassen. Es gibt also kein allgemeingültiges Stressmodell, ich möchte hier aber ein bedeutsames kurz vorstellen. Wenn wir ein Verständnis dafür entwickeln, wie eine Stressreaktion in unserem Körper abläuft und wie es dazu kommt, fällt es uns womöglich leichter, präventive Verhaltensweisen in unseren Alltag zu integrieren. Schauen wir uns dazu das Transaktionale Stressmodell[33] der Psycholog:innen Richard Lazarus und Susan Folkman an, die Stress als Ergebnis der Interaktion eines Individuums mit seiner Umwelt verstehen. Sie beschreiben vier Phasen der Stressreaktion:

- **Phase 1 – Der Stressor:** Allen Stressreaktionen gemein ist, dass es einen Stressor gibt, der sie auslöst. Wie wir schon erfahren haben, können das innere Stressoren sein, wie z. B. hohe Ansprüche oder Erwartungen, Fieber oder schmerzhafte Erinnerungen. Für äußere Stressoren gibt es ebenso unzählige Beispiele, z. B. beschimpft uns jemand im Straßenverkehr, wir lesen in einem Zeitungsartikel über Klima-Kipppunkte, haben einen Konflikt mit der Partnerin oder ganz plakativ: Wir treten im Impro-Theater auf. Damit durch so ein inneres oder äußeres Ereignis Stress entsteht, braucht es:
- **Phase 2 – Die Bewertung:** Es ist die Art und Weise, wie wir Situationen bewerten. Sie entscheidet darüber, wie stark die Stressreaktion angestoßen wird. Sitze ich gerade an einem wichtigen Arbeitsprojekt, bedeutet eine Erkältung unter Umständen mehr Stress, als wenn es gerade ruhig läuft. Bin ich ohnehin schon völlig überreizt und werde im Straßenverkehr von einem übellaunigen Passanten angeraunzt, komme ich eher zu dem Schluss, dass

sich die ganze Welt gegen mich verschworen hat. Ich liebe es zu schauspielern und bin Impro-Theater-Fan? In diesem Fall wird mir ein Abend, an dem ich spontan auf der Bühne eine Show liefern soll, nicht den Angstschweiß ins Gesicht treiben. Habe ich allerdings zu einem Stressor, den ich negativ bewerte, auch noch Panik, zu versagen, dann entsteht aus der harten inneren Bewertung richtiger Stress. Wenn wir eine Situation potenziell gefährlich und herausfordernd empfinden, wird die nächste Phase eingeläutet.

- Phase 3 – Reaktion und Bewältigung: Unser Nervensystem wechselt vom Ruhezustand (parasympathisches Nervensystem) in einen Zustand von Aktivität und Anspannung (sympathisches Nervensystem). Unser Herz schlägt schneller, wir atmen schneller, aber auch flacher, der Puls steigt. Unsere Aufmerksamkeit ist außerdem erhöht, was uns hilft, im Moment präsent zu sein und besser zu reagieren. Vielleicht haben wir in unserer Kindheit Strategien gelernt, die damals sinnvoll waren, um in unserem Familiensystem zurechtzukommen, die sich aber bei der späteren Stressbewältigung im Erwachsenenalter als dysfunktional herausstellen. Wir bewerten dann innere und äußere Stressoren schneller negativ und reagieren prompt, d. h. die Reaktion folgt unmittelbar auf den Reiz (z. B. sofortiges Zuschlagen als Reaktion auf eine vermeintliche Bedrohung). Häufig agieren wir als Erwachsene noch in diesen primitiven Mustern. Denken wir z. B. an den unschönen Stressschiss bei großer Aufregung, falls wir keine Impro-Theater Fans sind, aber auf die Bühne müssen. Das ist eine körperliche Angstreaktion, die wir nicht beeinflussen können. Noch bevor uns die Angst bewusst ist, hat der Körper schon mit dem sympathischen Nervensystem reagiert.
- Phase 4 – Erholung: Das ist die letzte und sehr beachtenswerte Phase. Ist das als herausfordernd bewertete Ereignis überstanden, sinken Puls und Körpertemperatur wieder, der Herzschlag

verlangsamt sich, die Muskelspannung nimmt ab. Wenn wir uns ein bisschen bewegen, etwas trinken, mit einer vertrauten Person sprechen und an die frische Luft gehen, signalisieren wir unserem Nervensystem: Der Stress ist vorbei, du bist sicher und darfst dich nun entspannen. Und dann kehrt unser Nervensystem tatsächlich in den Entspannungsmodus zurück.

Die zentrale Idee des Transaktionsmodells ist, dass nicht die objektive Beschaffenheit eines Stressors für den Stress verantwortlich ist, sondern unsere individuelle Bewertung. Der eine interpretiert eine Situation positiv, ein anderer als neutral, wieder eine andere als potenziell bedrohlich. Das heißt aber nicht, dass wir selbst »schuld« sind, wenn uns etwas stresst, es ist nur die Beschreibung unterschiedlicher Reaktionsmuster auf ein und denselben Auslöser.

Zudem müssen wir den Umstand beachten, dass Phase 4 – die Erholungsphase – durch die Art, wie wir heute leben, zu wenig Raum einnimmt bzw. immer häufiger ganz wegfällt. In unserem modernen Leben reiht sich oftmals eine Stressreaktion an die nächste und abends liegen wir dann mit Herzklopfen im Bett und wundern uns, warum uns das Runterkommen so schwerfällt. Die Art, wie wir schlafen, wie wir essen, wie wir mit den Technologien verbandelt sind, stresst unsere Körper per se schon. Jedes Mal, wenn wir unser Smartphone freischalten, aktivieren wir unser Nervensystem. Wenn frühmorgens der Wecker klingelt, wenn wir die Kinder unter Zeitdruck aus dem Haus bringen, zur Arbeit hetzen, sich Termine aneinanderreihen, nicht genug Zeit zum Mittagessen bleibt und schon gar keine zum Verdauen. Wenn wir eigentlich einen Spaziergang machen sollten, aber der Tag uns längst weitertreibt – genau dann müssen wir immer wieder innehalten und uns bewusst machen: Vielleicht fehlt uns die nötige Resilienz für diesen täglichen Wahnsinn, vielleicht sind wir dank unserer Gene einfach verletzlicher als die, die ihr Leben mit glattgebügelter Bluse und Dauerlächeln wuppen. Vielleicht überreizen wir uns aber auch einfach am laufenden Band so stark, dass wir unweigerlich ein Leben mit dauerhaft leerem Akku führen.

Kleine Lösungen für weniger Stress

Wir werden den Stress nicht völlig aus unserem Leben verbannen können, selbst dann nicht, wenn wir es auf die einsame Insel schaffen und mit unserer Yogamatte verschmolzen sind. Und es ist auch gar nicht sinnvoll, von jetzt auf gleich alles hinzuwerfen. Es sind die kleinen, machbaren Schritte, die uns schneller motivieren und langfristig in unserem Alltag Platz finden. Unter extremem Stress neigen wir zu Schwarz-Weiß-Denken, Eskapismus-Fantasien und radikalen Entschlüssen. Die Bäckerei auf der spanischen Insel scheint nach einem Horrortag vielleicht eine willkommene Berufung zu sein – unter Tageslicht betrachtet halten solche Ideen nur selten stand.

Unbedingt sollten wir Maßnahmen ergreifen, wenn unser Körper bereits psychische Warnsignale sendet. Wenn wir also mit einem Auto unterwegs sind, bei dem schon mehrere Lämpchen des Armaturenbretts blinken und wir eigentlich vorhatten, auf der linken Spur weiterzubrettern. Die Werkstattleuchte zu ignorieren, kann bedeuten, dass uns während der Fahrt der Keilriemen reißt und wir nicht mehr anders können, als am Standstreifen stehenzubleiben.

Um die Autometapher nicht weiter auszureizen: Sind wir im Burnout gelandet, brauchen wir eine längere Pause. Dann hilft nur, sich per Krankschreibung rauszuziehen, Abstand zu gewinnen, auf null zu kommen und erst mal keine Entscheidungen zu treffen, die großen oder langfristigen Einfluss auf unser Leben haben. Dann ist es Zeit für eine begleitete Neuorientierung innerhalb eines therapeutischen Settings, wo wir Strategien lernen, mit Anforderungen anders umzugehen als bisher.

Wenn wir noch handlungsfähig sind, gilt es, sich auf die Prävention zu konzentrieren (weitere kleine Lösungen dazu findest du im Kapitel »Selbstfürsorge«):

- beobachten, wie sich Atmung, innere Anspannung, Herzschlag, etc. während eines stressigen Tages anfühlen, d. h. ein Verständnis für den Aufruhr in unserem Nervensystem entwickeln, immer wieder bewusst atmen und das physiologische Seufzen üben;
- sich strecken, den Körper in Bewegung bringen, aber auch mit vertrauten Menschen sprechen kann unseren Stresspegel senken; dabei die Erholungsphase nicht vergessen, sie ist kein Nice-to-have, sondern unbedingt notwendig, um gesund zu bleiben;
- während kleiner Wege auf dem Rad oder zu Fuß den Blick schweifen lassen, in den Himmel schauen und Achtsamkeit trainieren: Wie ist das Wetter heute? Wie fühlt sich die Luft an? Wie bewegen sich die Blätter am Baum? Was macht das kleine Insekt da für einen lustigen Handstand?
- so weit es geht die Smartphone- und Bildschirmzeit reduzieren; Bildschirmarbeitende sollten in Pausen bewusst etwas anderes machen, d. h. kein Onlineshopping o. Ä. betreiben;
- sich klarmachen, dass wir gestresster und unzufriedener sind, wenn wir weniger als zwei Stunden pro Tag freie Zeit zur Verfügung haben.[34] Zur freien Zeit zählen nicht: Arbeit, Haushalt, Kinderbetreuung oder Arztbesuche.

Perfektionismus

**»Stichwort: Mittelmäßigkeit.
Das ist für mich was ganz Schlimmes.
Eine Sache abzuliefern, die nicht positiv
heraussticht, bedeutet, versagt zu haben.«**[1]

Gefüllte Weinblätter und selbstgedrehte Pizzaschnecken, Mozzarellabällchen und Melonensalat. Es ist viele Jahre her, dass ich an einem Nachmittag im Frühsommer in der aufgeheizten Küche meiner WG ein Picknick in Tupperdosen verstaute, das locker für eine Großfamilie gereicht hätte. Verabredet war ich aber einzig und allein mit meinem damaligen Freund im Englischen Garten – und zwar schon seit 20 Minuten. Am Ende kam ich wegen meiner aufwendigen Speisenvorbereitung eineinhalb Stunden zu spät, die Enten watschelten quakend durch die schon anbrechende Dämmerung und mein Freund war – völlig zu Recht – genervt: Warum ich mein Streben nach Perfektion und Vollständigkeit mal wieder über seine und auch meine Bedürfnisse gestellt hatte, warum diese schräge Priorisierung, wenn wir doch auch am nächstgelegenen Kiosk etwas hätten kaufen können? Wie so oft hatte ich es besonders gut machen wollen und damit das Gegenteil erreicht.

Auf wen dieses Beispiel banal wirken mag: Gerade Menschen, die nicht ausschließlich in ihrem Job hohe Ansprüche an sich stellen, sondern deren Streben nach Perfektion sich durch viele Lebensbereiche zieht, kultivieren Verhaltens- und Denkweisen, die diverse psychische Erkrankungen wie Depressionen, Burnout, Angst-, Zwangs- und Essstörungen begünstigen.[2] Das rigide Streben, nur ja keinen Fehler zu machen, ist dabei kein Wesenszug, der uns allein im stillen Kämmerlein betrifft, auch wenn es erst mal so scheint, wie beim stundenlangen Feilen an der »besten« PowerPoint-Präsentation. Es perfekt machen zu wollen, spielt in unsere Beziehungen hinein, wirkt sich auf unsere Partnerschaft aus, darauf, wie wir mit unseren Kindern umgehen und beeinflusst, welche Rolle wir im Job einnehmen.

In den letzten 25 Jahren ist die Zahl der Menschen mit besonders hohen Ansprüchen rasant gestiegen.[3] Und diese Menschen gehen nicht deshalb in Therapie, weil sie ihren Perfektionismus für problematisch halten, sondern weil sie vollkommen erschöpft sind, chronisch überarbeitet, weil sie an Zwängen leiden oder andere Menschen lieber meiden. Sie haben eine starke Tendenz, Dinge aufzuschieben und leiden an ihren Schamgefühlen darüber.[4]

Der Mensch im vieldiskutierten »Anthropozän«[5] und der Spätmoderne[6] ist darauf programmiert, besser zu werden, sich beständig selbst zu optimieren und einem vermeintlichen Ideal anzunähern. Das zeigt sich auch im Hype um die sogenannte Fett-weg-Spritze mit dem Wirkstoff Semaglutid, medial bekannt geworden unter dem Namen »Ozempic«. Ein Medikament, das eigentlich Typ-2-Diabetes-Erkrankten helfen soll, aber immer wieder vergriffen ist, da gesunde Menschen es einnehmen, um Gewicht zu verlieren.[7]

Wer dem mittlerweile 50-jährigen Robbie Williams auf Instagram folgt und selbst gern ein paar Kilos weniger hätte, erblasst beim Anblick eines Mannes, der zwar die längste Zeit seines Lebens mit Gewichtsproblemen, Süchten und anderen psychischen Erkrankungen zu kämpfen hat, dessen Körper man dies aber kaum ansieht. Als Fan möchte ich jubeln über sein juveniles Aussehen, den schlankgespritzten Astralkörper, die gute Verfassung. Gleichzeitig setzt sich folgende ungeschriebene Botschaft in meinem eigenen Herzen fest: Auch du solltest »besser« altern, ohne diesen ganzen schambehafteten Verfallsprozess, die Rollen und Dellen.

In diesem Kapitel geht es darum, was wir unter Perfektionismus verstehen, wo die individuellen Ursachen eines klinisch relevanten Perfektionismus liegen, und mit welchen unliebsamen Verwandtschaften wir es zu tun haben, z. B. dem chronischen Aufschieben. Dafür grenze ich Perfektionismus von Gewissenhaftigkeit ab. Letztere ist nämlich in ganz vielen Jobs nicht nur notwendig, sondern sogar lebensrettend. Ein kurzer Ausflug in die Persönlichkeitspsychologie soll das verdeutlichen. Trotz aller Negativschlagzeilen möchte ich auch auf die Frage eingehen, ob es positive Aspekte von Perfektionismus gibt und wie unterschiedlich die wissenschaftlichen Lesarten und Abgrenzungen davon sind.

Wer Perlen sucht, muss tief tauchen

Menschen mit hohen Ansprüchen gelten nicht automatisch als perfektionistisch. Diese feine Unterscheidung ist wichtig, weiter unten gehe ich noch genauer darauf ein. Was hohe Ansprüche sind, dafür gibt es keine objektive Norm. Entscheidend ist, ob die jeweilige Person ihre eigenen Ansprüche als herausfordernd, womöglich als überfordernd erlebt. Ob sie so lange tief taucht, bis ihr die Luft ausgeht. Perfektionist:innen zeichnet aus, dass zu ihren hohen Standards eine starke Fehlersensibilität hinzukommt und im Fall des Zielverfehlens harsche Selbstkritik. [8] Bei nicht idealen Ergebnissen werden negative Konsequenzen erwartet und das eigene Verhalten wird nach allen möglichen Defiziten abgescannt.

Beim Therapieren von sogenannten dysfunktional-perfektionistischen Verhaltensweisen geht es meistens nicht darum, sich das eigene Streben nach Perfektion komplett abzugewöhnen, sondern vielmehr darum, sich zukünftig weniger zwanghaft selbst im Weg zu stehen.[9] Da perfektionistisches Verhalten häufig an unseren Selbstwert und damit an unser Gefühl, eine Daseinsberechtigung zu haben, geknüpft ist, versuchen Fachleute in der Regel, am eigentlichen Problem, dem niedrigen Selbstwert, anzusetzen, um zu einem gesünderen Umgang mit Leistung und Fehlertoleranz zu gelangen, statt nur das Symptom zu behandeln.

Viele Menschen werden mit dem unausgesprochenen Auftrag sozialisiert, die Talente, die in ihnen stecken, zum Vorschein zu bringen – und damit möglichst weit zu kommen. Es gibt an der Stelle kein »genug«, je mehr Talent, desto höher wird die Latte eben angesetzt. Viele missverstehen dabei auch Aussehen als Talent, als Eigenschaft, die es auszubauen gilt. Es wirkt lächerlich, dagegen anzuschreiben, werden Schönheitseingriffe doch mittlerweile sogar als feministischer Akt geframed. In einer Welt, in der Menschen nicht deswegen disqualifiziert werden, weil sie alt sind, sondern weil sie alt aussehen, ist optischer Perfektionismus reine Gegenwehr.

Gleichzeitig ist aber auch die Fähigkeit gefragt, mit den eigenen Ressourcen maßvoll umzugehen, intuitiv zu wissen, wann man mit dem Streben nach Perfektion aufhören und Pragmatismus walten lassen sollte, um Dinge schlicht fertig zu kriegen oder auch Lebensbereiche, die für das eigene Wohlbefinden auch von Bedeutung sind, nicht völlig zu vernachlässigen. Menschen mit dem Auftrag, Großes zu leisten, scheinen sich aber gerade dann innerlich zu wehren und sich nicht mit einem »bemüht« zufriedengeben zu wollen: Die Karriereleiter muss weiter erklommen werden, obwohl das Privatleben massiv leidet. So wird Perfektionismus zum Hemmschuh. Er führt dazu, dass wir bestimmte Lebensziele gar nicht erst angehen, weil sie keinen Platz neben unserem perfektionistischen Streben finden oder sich unsere hohen Ansprüche darauf weniger konzentrieren. Neben all den immensen Anstrengungen können wir uns dabei leicht selbst aus den Augen verlieren. Oder wir haben das Ziel zwar vor Augen, erreichen es aber nicht, weil wir uns in den Fußnoten verheddern.

Die Tugend des Samurais

Wenn Bewerber:innen in Vorstellungsgesprächen nach ihrer größten Schwäche gefragt wurden, sagten viele von ihnen lange Zeit diesen Satz: »Ich bin leider zu perfektionistisch, hihi.« Wir outeten uns mit der Eigenschaft, die wir am ehesten für sozial akzeptiert hielten. Denn perfektionistisch zu sein klingt zwar ein bisschen nervig, aber eben auch wie der heimliche Traum einer jeden Führungskraft: ein pedantischer Arbeitsesel im Team, der einfach alles im Blick hat und der Firma zu großem Erfolg verhilft. Ein Mensch, der seine ganze Kraft in ein Projekt steckt und so lange dranbleibt und schraubt, bis alle Rädchen perfekt geölt ineinandergreifen.

Auch wenn wir gehört haben, dass irgendwas daran unangenehm zu sein scheint, ist die Versuchung groß, sich damit zu schmücken, ohne genau durchdrungen zu haben, dass es einen gewaltigen Unterschied zwischen Perfektionismus und Gewissenhaftigkeit gibt. Und es sei hier ganz klar gesagt: Schön, dass es euch gibt, die ihr gewissenhaft Erbsen zählt, ihr seid für viele in eurem Umfeld von unschätzbarem Wert. Auch wenn ihr nicht hauptberuflich an Herzen oder Hirnen herumoperiert, braucht es in allen Teams die Akribischen, die verlässlich doppelchecken, in die Ecken wischen und bis zum Boden der Wurmkiste vordringen. Denn es lässt sich meiner tiefen Überzeugung nach nicht alles mal eben im Vorbeigehen erledigen. Qualität kommt zwar nicht von Qual, aber von einer Sorgfalt bis ins Detail und der nötigen Zeit, Ruhe und Konzentration dafür.

In der Welt des japanischen Samurai-Kriegers, dem Wortsinn nach »Diener« oder »Beschützer«, besteht die Vorstellung, dass sich die Aufmerksamkeit in den kleinen Dingen durchaus auf das Bewältigen von größeren Aufgaben auswirken kann. Frei übersetzt, den großen Aufgaben sollte man mit Leichtigkeit, den kleinen Aufgaben dagegen mit Ernsthaftigkeit begegnen.[10] Es muss nur nicht jede:r alles davon und zu gleichen Teilen machen. In einem Arbeitsteam oder auch innerhalb einer Beziehung kristallisiert sich häufig schnell heraus, wer sich den Details widmet, z. B. dem effizientesten Einräumen der Spülmaschine, und wer das große Ganze im Blick hat, also z. B. das nächste Projekt, das schon am Horizont wartet, während sich das Team noch aktuellen Aufgaben widmet.

Wichtig ist, die unterschiedlichen Tendenzen zu erkennen und wertzuschätzen, sich in diesen Aufgaben auch mal abzuwechseln, um gegenseitiges Verständnis zu fördern und den Hang zur Gewissenhaftigkeit nicht am Geschlecht festzumachen. Alle detailreichen Aufgaben, die beispielsweise den sogenannten Mental Load innerhalb eines Familiensystems betreffen, haben nur bedingt etwas mit

Gewissenhaft und Perfektionismus zu tun. Es sind einfach immens viele Aufgaben, die erledigt werden müssen, um das System am Laufen zu halten und die, falls vorhanden, immer von mehreren erwachsenen Schultern getragen werden sollten.

Nicht zuletzt liegt dem Persönlichkeitsmerkmal Gewissenhaftigkeit das Wissen zugrunde, dass wir am Ende oft Zeit sparen, wenn wir bestimmten Dingen gleich die nötige Aufmerksamkeit und Hingabe schenken. Sich diese Zeit akribisch einzuplanen, hat also nichts mit Perfektionismus zu tun.

Durch welche Brille wir die Welt sehen

Übergroße Erwartungen mit Vollkommenheitsanspruch gelten als eine Einstellung, die zur Entstehung, dem günstigeren oder weniger günstigeren Verlauf und der Aufrechterhaltung unterschiedlicher psychischer Beeinträchtigungen beiträgt.[11] Sie wurde als Risikofaktor für die Entstehung von Essstörungen wie Anorexia Nervosa und Bulimie identifiziert, sie kann womöglich die Behandlung von Depressionen erschweren und ist zentraler Bestandteil der zwanghaften Persönlichkeitsstörung. Das universell anerkannte Modell der Persönlichkeitspsychologie, die sogenannten Big Five, verdeutlichen, zwischen welchen beiden Persönlichkeitsmerkmalen die meisten von uns wandeln, wenn wir gerade hingebungsvoll eine Excel-Tabelle ausfüllen, nämlich zwischen Gewissenhaftigkeit und Neurotizismus.[12] Es gibt selten den Prototyp einer Perfektionistin – die meisten von uns, die sich in diesem Kapitel angesprochen fühlen, befinden sich irgendwo auf dem breiten Spektrum zwischen extrem gewissenhaft und extrem neurotisch.

Das Persönlichkeitsmerkmal *Gewissenhaftigkeit* beschreibt, mit welcher Genauigkeit und Zielstrebigkeit wir Aufgaben angehen und wie ausgeprägt dabei unsere Ausdauer und Disziplin sind, um eine

Sache zufriedenstellend zu erledigen. Das Smartphone z. B. mit all seinen ablenkenden Funktionen wirkt sich für viele Menschen mit niedrigen Werten im Faktor Gewissenhaftigkeit und schwacher Selbstkontrolle deshalb so fatal aus, da sie ohnehin Schwierigkeiten haben, konstant bei einer Sache zu bleiben. Ihnen hilft es, im Arbeitsalltag bewusst Stimuluskontrolle einzusetzen. Darunter versteht man in der Verhaltenstherapie das aktive Verändern der Bedingungen, innerhalb derer uns äußere Reize ablenken, indem wir unser zu beobachtendes oder verdecktes Verhalten beeinflussen.[13] Konkret: Push-Benachrichtigungen ausschalten, das Gerät während der Arbeit in einen anderen Raum legen oder zu gewissen Tageszeiten abschalten.

Neurotizismus als Persönlichkeitsmerkmal beschreibt unsere Anfälligkeit für Stimmungsschwankungen. Auch neurotisch sein bewegt sich auf einem Spektrum, und zwar zwischen grundlegender emotionaler Stabilität und Labilität. Wir alle tendieren in bestimmten Situationen mal mehr und mal weniger stark ausgeprägt dazu, souverän zu reagieren, wir alle haben bessere und schlechtere Phasen, je nachdem, wie viele Stressoren gleichzeitig auf uns einwirken und wie viel wir davon kompensieren können.

Menschen mit hohen Neurotizismuswerten[14] nehmen das Leben grundsätzlich schwerer. Sie reagieren stärker auf Stress und empfindlicher auf Kritik, sie klagen mehr, sind weniger zufrieden, neigen zu emotionalen Ausbrüchen oder Rückzug, haben Launen, sind reizbarer und schneller verärgert, traurig, angespannt oder ängstlich.

Wichtig ist an dieser Stelle zu sagen, dass die Ausprägung eines Persönlichkeitsmerkmals nichts ist, was wir uns aussuchen könnten. Durch welche Brille wir die Welt sehen, hat nichts damit zu tun, für welches Modell wir uns beim Optiker entscheiden. Zwillingsstudien haben gezeigt, dass 30 bis 60 Prozent unserer Persönlichkeitsmerkmale vererbt sind und die individuelle Umwelt dazu führt, dass sich Merkmale über die Lebensspanne hinweg entwickeln.[15]

Im Lauf unseres Lebens kommt es zu sogenannten Genom-Umwelt-Interaktionen. Die Gene, mit denen wir auf die Welt kommen, beinhalten bestimmte Potenziale – und gewisse Risiken. Was mit diesen Potenzialen und Risiken geschieht, hängt von Umweltfaktoren ab. Unser soziales Umfeld, also die engen Bezugspersonen, mit denen wir aufwachsen, soziale Bedingungen (z. B. ein Leben in Armut), aber auch das jeweilige Bildungssystem, unsere Ernährung und in welchem Teil der Erde wir aufwachsen, beeinflussen, wie wir uns entwickeln.

Wir selbst können also erst mal recht wenig für unsere Persönlichkeit. Doch wie wir die Welt wahrnehmen und uns zu ihr verhalten, ist nicht so unveränderbar, wie wir an schlechten Tagen glauben. Nicht von heute auf morgen, aber mit Geduld kann es gelingen, rigide Muster und Zwänge abzulegen. Darauf werde ich am Ende dieses Kapitels eingehen.

»Lass mich genug sein«[16]

Der deutsch-amerikanische Psychoanalytiker Erich Fromm bezeichnet Eltern als »die psychischen Agenten der Gesellschaft«.[17] Der »Gesellschaftscharakter« wirkt demnach durch die kindlichen Bezugspersonen immer auch prägend auf das Individuum. Noch bevor ein Kind mit der erweiterten Umwelt in Kontakt kommt, in der Zeit, in der seine engsten Bezugspersonen seine ganze Welt bedeuten und sein Zuhause die Bühne des Lebens ist, geben Eltern demnach bereits gesellschaftliche Prägungen weiter.

Kinder haben überaus feine Antennen für deren Erwartungen. Eine Perspektive, die mich sofort angesprochen hat, da viele Eltern davon ausgehen, dass sie vor allem individuelle Prägungen weitergeben. Bemühungen, es anders zu machen als frühere Generationen – bindungsorientierter, gefühlsbejahender, gewaltfreier zu erziehen –, verdienen Anerkennung und Zuspruch.

Sich gänzlich dem Sog des Müssens und Sollens unserer Selbstoptimierungsgesellschaft zu entziehen, dem finanziellen Druck und den nagenden Zukunftsängsten, scheint jedoch utopisch. Auch wer sich beliest und therapiert, handelt nicht im luftleeren Raum, sondern stets unter dem Einfluss von kulturellem Erbe und Zeitgeist.

Die britischen Psychologen Thomas Curran und Andrew Hill haben 41 000 Studierende aus den USA, Kanada und Großbritannien in regelmäßigen Abständen von 1989 bis 2016 zu drei Formen von Perfektionismus befragt: dem an sich selbst gerichteten Perfektionismus, dem erlebten Druck von außen und den hohen Ansprüchen, die wir an andere Menschen stellen. In allen drei Formen zeigte sich ein deutlicher Anstieg über die Jahrzehnte hinweg, besonders stark stieg der erlebte soziale Druck: um 33 Prozent.[18]

Wie ist dieser starke soziale Druck zu erklären? Wer beeinflusst Heranwachsende maßgeblich in der Entwicklung perfektionistischen Strebens? Sind es Eltern, die beständig mit der Peitsche knallen, das wettbewerbsorientierte Schulsystem oder die Vergleichsmaschinerie von Social Media?

Die Rolle der Eltern

Curran sieht zum einen die überfürsorglichen Eltern in der Verantwortung.[19] In seinem 2023 erschienenen Buch *The Perfection Trap* verwendet der Psychologe den Ausdruck »Helikoptereltern«, den ich ablehne, da er nicht trennscharf definiert ist und häufig alle über einen Kamm schert, die sich mehr als nur einen flüchtigen Gedanken um ihre Kinder machen. Elterliches Interesse, Fürsorge und Zugewandtheit sind zweifellos entwicklungsfördernd. Die Frage ist, ob in Familien bestimmten Aspekten zu viel Bedeutung beigemessen wird und sie dann – meist aus Angst – in Überfürsorge und Bevormundung kippen.

Curran schreibt, dass die Weichen für perfektionistische Ansprüche gestellt würden, wenn der Leistungsgedanke nicht nur in Bezug auf Schule und Hobbys im Mittelpunkt des Familienlebens steht, sondern es auch in der gemeinsamen Freizeit vor allem darum geht, besser zu werden und mitzuhalten. Eltern aufzufordern, solche leistungsorientierten Bemühungen einfach sein zu lassen, hält Curran angesichts der ökonomischen Lage, des sozialen Vergleichs und frühen Notendrucks jedoch für unrealistisch und wenig zielfördernd. Allein die Besorgnis der Eltern, nicht mithalten zu können, würde auf Kinder Druck ausüben. Außerdem sei elterliches Verhalten immer auch Vorbild und werde nachgeahmt. Das trifft übrigens auch auf die eigene erwachsene Rastlosigkeit im familiären Wettbewerb um das nächste Urlaubsziel, die tadellos saubere Wohnung trotz der täglichen Mehrfachbelastung und die harsche Beurteilung des eigenen Aussehens zu.

Ein weiteres Risikoverhalten überfürsorglicher Eltern ist die Tendenz, alle möglichen Gefahren vermeiden zu wollen, also übervorsichtig zu sein. Wenn Kinder früh lernen, dass jeder Luftzug zwangsweise zu einer Erkrankung führt, unpassende Kleidung und ein Fleck auf der Hose den sozialen Ausschluss bedeuten und der Weg zum Spielplatz mit Gefahren gepflastert ist, dann pflanzt sich der Gedanke ein, dass Fehler unter allen Umständen vermieden werden sollten, da sie unvermeidlich schlimme Folgen nach sich ziehen, für die man ganz allein die Verantwortung trägt.

Aber auch Kinder, die keinem nennenswerten Leistungsdruck ausgesetzt sind, können Perfektionsgedanken entwickeln, so die Berliner Psychologin Angelika Vandamme.[20] Vor allem dann, wenn sie eher Gegenteiliges erfahren, also ein Zusammenleben ohne feste Strukturen und Richtlinien. Perfektionismus kann in diesem Fall zu einer Strategie des Kindes werden, Kontrolle über das eigene

Handeln zu erlangen. Wenn jegliche Korrektur der Eltern ausbleibt und das Kind einen Mangel an Beziehung erlebt, werden z. B. eigene, zu hoch gesteckte Erwartungen nicht eingeordnet und angemessen begleitet. Gerade bei schulischen Bewertungen geht es immer wieder darum, realistische Rückmeldungen zu geben, die sich auf das Verhalten des Kindes und nicht auf seine Person beziehen.

Bleiben diese aus, kann diese frühe Strategie, die das psychische Überleben gesichert hat, im Erwachsenenalter zu dysfunktionalem Perfektionismus werden. Auch von Bedeutung – und das kommt leider häufig bereits in der frühen Betreuung, später dann in der Schule zu kurz – ist das Verschieben des Fokus auf das Ergebnis hin zum Prozess: Wenn es nur darum geht, ein »Kunstwerk« zu produzieren, ist das Scheitern an den großen Zielen vorprogrammiert. Wenn ausschließlich die Endnoten zählen, aber nicht die zugrunde liegende, jedem Kind innewohnende Motivation am Lernen und die individuellen Stärken, lernen Kinder ein defizitorientiertes Denken sich selbst gegenüber.

Der Druck auf Heranwachsende endet aber nicht mit dem Schulabschluss, so Curran und Hill. Eine Metaanalyse von Studien mit rund 24 000 US-amerikanischen, kanadischen und britischen Studierenden in den Jahren 1989 bis 2021 ergab, dass sich die Befragten seitens ihrer Eltern steigendem Druck, harscher Kritik und höheren Erwartungen ausgesetzt fühlten. Im Mittel zeigte sich ein Anstieg um 40 Prozent. Die beiden Psychologen nehmen an, dass der zunehmende Erfolgsdruck mit einer sich immer stärker individualisierenden Gesellschaft zusammenhängen könnte. Bei den Eltern, die weniger familiäre Unterstützung als früher erhalten, könnte dieser steigende Druck bewirken, dass sie wegen des drohenden sozialen Abstiegs strenger und besorgter werden und so den Erfolgsdruck an ihre Kinder weitergeben.

Es ist so verständlich, es als Elternteil möglichst gut machen zu wollen. Gleichzeitig können Eltern aber üben, sich wohlwollend in der eigenen Fehlerhaftigkeit zu begegnen. Vermeintlich »perfekte« Erwachsene haben häufig Probleme damit, ihren »unperfekten« Kindern mit Milde und Nachsicht zu begegnen. Wer sich aufrichtig um die Beziehung zum Nachwuchs bemüht, sollte sich auch immer wieder daran erinnern, dass Perfektion innerhalb eines Familiensystems nicht erstrebenswert ist. Eltern dürfen »gut genug« sein, ihre Wohnung darf »gut genug« sein, genauso auch die Speisen, der Medienkonsum, die Freizeitgestaltung. Pädagog:innen wie Eliane Retz betonen immer wieder, auf was es bei bindungssicherem Aufwachsen ankommt und warum es dabei eben nicht um Perfektion, sondern um eine Haltung geht.[21]

Perfekt sein auf Social Media

Soziale Medien sind Werbeunternehmen mit Milliarden von Umsatz und Milliarden von Nutzer:innen, die nicht nur die Inhalte für die Plattformen selbst produzieren, sondern sie sich auch noch gegenseitig vorsetzen. Und die Algorithmen sorgen dann dafür, dass wir das angezeigt bekommen, was wir vermeintlich dringend brauchen.

Auch wer glaubt, die Plattformen ausschließlich für eigene Zwecke zu nutzen, entkommt der Dopaminschleuder nicht, wie Influencerin Louisa Dellert mir nach ihrer Burnout-Erkrankung und Depressionsdiagnose im Interview erzählte: »Social Media ist eine Sucht, so sehr du es auch versuchst, du kannst es nicht gesund nutzen, eine Sucht ist niemals gesund.« Die Influencerin geht mittlerweile den Weg der radikalen Sichtbarmachung von Unvollkommenheit mit dem Hashtag #unshame, zeigt sich nach Gewichtszunahme im Badeanzug, filmt in Nahaufnahme ihr Doppelkinn und stellt eigene gephotoshoppte Ganzkörperbilder neben die Originalaufnahmen ohne Filter. Auch wenn es diese Gegenmodelle der sogenannten Bodypositivity- und Bodyacceptance-Bewegung auf TikTok und Instagram gibt, bleiben sie eher die Ausnahme. Laut Psychotherapieforscherin Katrin Giel von der Universität Tübingen ist die Forschungslage eindeutig: Je intensiver Menschen soziale Medien nutzen, desto unzufriedener seien sie mit ihrem Körper und desto anfälliger für Essstörungen. Darauf deuten auch zwei kanadische Studien hin.[22] Zwar ist die Entstehung von Essstörungen immer ein Zusammenspiel aus mehreren Faktoren, gerade die bildstarken Netzwerke können aber der eine Auslöser zu viel sein. Besonders ängstliche Mädchen und Frauen mit perfektionistischer Persönlichkeitsstruktur seien gefährdet, eine Essstörung zu entwickeln, so Giel. Ein Glaubenssatz sei, nur als dünner Mensch wertvoll zu sein. Der erlebte soziale Druck scheint aktuell der größte Risikofaktor für einen klinisch relevanten Perfektionismus zu sein.

Die verschiedenen Dimensionen von Perfektion

Mein Lieblingsleserkommentar unter einem *Zeit-Online*-Artikel lautet: »Ich bin nicht perfektionistisch, ich habe einfach nur scheiß viel Arbeit.« Wo die Trennlinie zwischen produktiver Leistungsbereitschaft und klinisch relevantem Perfektionismus verläuft, darüber gibt es diverse Sichtweisen und Konzepte. Eine objektive Richtlinie, wie hoch die eigenen Ansprüche sein müssen, um einen klinisch relevanten Perfektionismus bescheinigt zu bekommen, gibt es aber nicht.[23] Es geht vielmehr um die Kombination bestimmter Faktoren.[24] Die beiden kanadischen Pioniere dieses Forschungszweigs, Paul Hewitt und Gordon Flett, sprechen sich allerdings dagegen aus, Menschen, die hohe selbstgesetzte Standards haben, aber gut damit zurechtkommen, überhaupt Perfektionist:innen zu nennen.[25] Neuere Forschungsergebnisse weisen ebenfalls darauf hin, dass hohe Ansprüche nicht grundsätzlich ein Problem darstellen, sie sind erst mal nah beim Persönlichkeitsfaktor Gewissenhaftigkeit angesiedelt und werden als »perfektionistisches Streben« bezeichnet.[26] Das tun Menschen, die ihr Bestes geben, aber darauf verzichten, sich komplett zu verausgaben. Sie haben wegen ihrer Leistung weder prophylaktisch noch im Nachgang schlaflose Nächte und erleben bei Fehltritten keine Selbstwerteinbußen.

Kommt zu diesem Streben aber eine ausgesprochen starke Fehlerunfreundlichkeit und harsche Selbstkritik mit der Tendenz, sich abzuwerten hinzu, werden daraus »perfektionistische Bedenken«.[27] Dabei besteht häufig die Annahme, im Fall einer eigenen Unzulänglichkeit, von anderen weniger geschätzt und gemocht zu werden. Wir bewegen uns dann in Richtung des Persönlichkeitsfaktors eines ausgeprägten Neurotizismus. Stark vereinfacht könnte man sagen, dass es drei Gruppen gibt: Menschen, die nicht perfektionistisch sind, was nicht bedeutet, dass sie schlechtere Leistungen bringen. Aber sie streben nicht nach optimalen Ergebnissen. Menschen mit einem »gesunden« Perfektionismus, eben die Gewissenhaften, die das Optimum suchen und nicht gern über eigene und fremde Fehler stolpern. Für die aber auch irgendwann mal Schluss und Feierabend ist. Und es gibt die »ungesunden« Perfektionist:innen, für die Fehler eine Gefahr für ihren Selbstwert bedeuten. Letztere riskieren auf lange Sicht ihre Gesundheit.

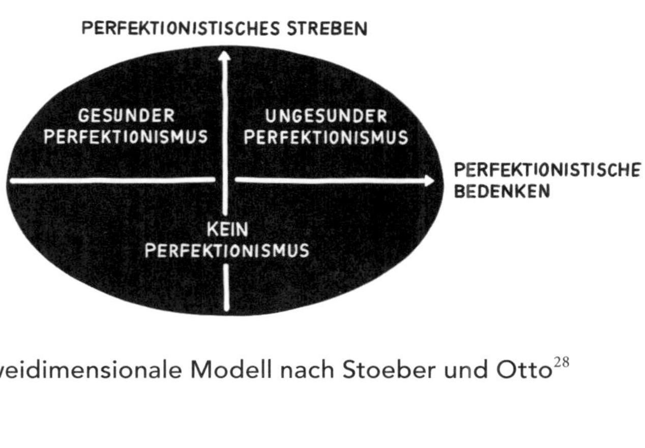

Das zweidimensionale Modell nach Stoeber und Otto[28]

Hohe Ansprüche in Kombination mit hoher Fehlersensibilität führen unweigerlich dazu, dass Realität und Idealvorstellung an irgendeinem Punkt nicht zusammenpassen, was zu einer Reihe unangenehmer Gefühle führt. Das Risiko, psychisch zu erkranken, erhöht sich zusätzlich, wenn zwei weitere Faktoren hinzutreten: Zum einen der Drang, in möglichst vielen Lebensbereichen perfekt zu performen, sodass z.B. aus der gemütlichen Schwimmrunde nach Feierabend ein Hochleistungshobby wird.

Zum anderen haben sehr perfektionistische Menschen häufig die Tendenz, sich selbst in die Überforderung zu treiben. Sie scheinen mehr auf dem Zettel zu haben als Menschen mit grundsätzlich weniger Ambitionen. Sie gehen freiwillig die Extrameile und haben ein Talent dafür, sich geschäftig zu halten. Die Psychologinnen Christine Altstötter-Gleich und Fay Geisler haben in ihrem Ratgeber Gefühle aufgelistet, die mit perfektionistischem Bedenken und den Gedanken darüber einhergehen:[29]

Perfektionistische Bedenken	**Gedanken**	**Gefühle**
Bei nicht-perfekten Ergebnissen kommt es zu einer Real-Ideal-Diskrepanz (d. h. reales und ideales Selbstkonzept klaffen auseinander)	*»Das hätte ich besser machen können.«*	Unzufriedenheit
Fehlersensibilität	*»Ich habe versagt.«*	Scham, Schuld
Zweifel an den eigenen Fähigkeiten	*»Ich schaff das nicht.«*	Angst

Altstötter-Gleich und Fay stellen auch gewissenhaftes Streben und neurotischen Perfektionismus nebeneinander auf, um die Unterschiede in den Zielen, der Motivation, Wahrnehmung und der dabei auftretenden Emotionen zu verdeutlichen.

	Gewissenhaftes Streben	**Neurotischer Perfektionismus**
Ziele	Anspruchsvoll, bei negativen Konsequenzen können Ziele flexibel verändert werden	Anspruchsvoll, gesteckte Ziele sind auch bei negativen Konsequenzen unveränderbar
Motivation	Erfolg erreichen	Misserfolg vermeiden
Wahrnehmung	Gelingen steht im Fokus, Defizite werden gesehen	Defizite stehen im Fokus, das Gelungene ist wenig relevant
Emotionen bei Erfolg	Freude, Stolz bis hin zur Euphorie	Erleichterung
Emotionen bei Misserfolg	Unzufriedenheit und Ärger, hält aber nur kurz an	Angst, Trauer, Schuld, Scham, es fällt schwer, sich davon zu lösen

Und auch hier gilt wieder: Vielleicht erfüllen wir nicht lehrbuchmäßig jedes Kriterium, aber erkennen wiederkehrende Tendenzen. Die meisten von uns sehnen sich in bestimmten Bereichen nach Erfolg, sie können dafür aber in anderen Bereichen eher den Stift fallen lassen, den Wäscheberg ignorieren, in Jogginghose das

Haus verlassen oder die rare Freizeit auf der Couch verlümmeln. Und das ist gut so. Kein Mensch sollte rund um die Uhr im Performance-Modus sein.

Makellos ins Burnout: Perfektionismus und Stress

Und dann passiert es doch wieder, obwohl solche Auswüchse eigentlich längst der unreflektierten Vergangenheit angehören. Kein Blatt passt mehr zwischen Sorgearbeit, ungelesene E-Mails und einen erneuten Gürtelrosenausbruch, als wir als Familie beschließen, zumindest ein bisschen Geburtstag zu feiern. Die Verwandtschaft ist für fünf Uhr nachmittags angekündigt und ich stehe in der Küche, um einen Kuchen zu backen.

Backen ist dabei der falsche Ausdruck, das wäre ja profan. Statt einen mittelmäßigen Rührkuchen auf den Tisch zu knallen und mich ein paar Stunden nett zu unterhalten, stürze ich mich, etwas zu spontan, um den Zeitaufwand richtig einzuschätzen, in die Errichtung einer Beeren-Schoko-Sahnetorte aus fünf verschiedenen Teigschichten, die am Ende durchaus mit der Tortenvitrine der preisgekrönten Konfiserie im Viertel mithalten kann. Die Konditor:innen dort bewerkstelligen so einen Aufwand aber in ihrer regulären Arbeitszeit, während ich nach Stunden des Feiertag-Werkelns einfach nur fix und fertig ins Sofa sinke und es wieder passiert ist: Der Besuch musste ganz schön lang warten, bis es etwas zu essen gab.

Bei der Zubereitung von Speisen ertrage ich kein Mittelmaß und damit erfülle ich schon mal eine der drei wesentlichen Annahmen im Perfektionismus-Modell von Paul Hewitt und Gordon Flett, die seit den 1990er-Jahren den Zusammenhang von Stress und Perfektionismus untersuchen. Bei meinem Tortenaktionismus handelt es sich um *selbstorientierten Perfektionismus*, kurz SOP, da niemand von mir Konditorinnenhandwerk erwartet hätte. Im Drei-Facetten-Modell der beiden Forscher geht es zum einen um die Richtung, also von wem der Perfektionismus ausgeht, das können eben wir selbst sein oder unsere Umwelt, wobei die Forscher vom *sozial vorgeschriebenen Perfektionismus* sprechen, kurz SVP. Und dann geht es noch darum, an wen sich die Ansprüche richten, also an uns selbst oder von uns selbst aus an andere Personen, was *fremdorientierter Perfektionismus*, kurz FOP, genannt wird.[30]

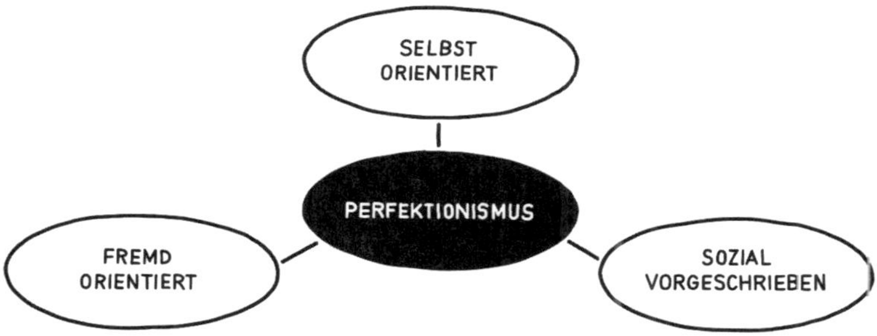

Das 3-Facetten-Modell nach Hewitt und Flett[31]

Im Selbstwert-Kapitel gehe ich auf das Grundgefühl des Nie-genug-Seins genauer ein. Perfektionist:innen erleben sich auch nach Höchstleistungen selten als genug, der innere Druck lässt maximal phasenweise nach, Unzufriedenheit und drohende Schande sind die dauerhaften Begleiter ihres Lebens, in dem sie beständig zwischen Erfolgshunger und Versagensängsten pendeln.[32]

Brothers in Crime: Perfektion und Prokrastination

Prokrastinieren, also eine wichtige Tätigkeit so lange hinauszuschieben, bis man in Zeitnot gerät, obwohl genug Zeit gewesen wäre, und negative Konsequenzen drohen,[33] wenn man es nicht schafft, sie rechtzeitig fertigzustellen, ist so alt wie die Geschichte des Abschlussarbeiten-Schreibens. Die meisten Auszubildenden und Studierenden können einen Schwank aus ihrer Prüfungszeit erzählen, in der sie lieber die Waschmaschine von innen gescheuert haben, anstatt mit dem Lernen zu beginnen. Bezogen auf Deadlines hat chronisches Aufschieben fast schon Comedycharakter, wenn sich darin überboten wird, wie viele Nächte jemand mit wie viel Gallonen von Energydrinks wach geblieben ist.

Bezogen auf unsere Lebensziele bringt Prokrastinieren aber viel Leid mit sich. Und weil im Großteil dieses Kapitels das Persönlichkeitsmerkmal *Gewissenhaftigkeit* so gut wegkommt, hier ein kleiner Downer: Gerade Gewissenhaftigkeit und verwandte Konstrukte wie Selbstkontrolle stellen zwar das logische Gegenstück zum Aufschieben dar, beinhalten aber gleichzeitig einen hohen Erklärungswert für das Nicht-in-die-Gänge-Kommen. Der Motivationsforscher Piers Steel schreibt, dass Prokrastination als »zentraler Aspekt der Gewissenhaftigkeit angesehen werden [kann], aber sie ist nicht die Gewissenhaftigkeit selbst.«[34]

Natürlich führen viele weitere Faktoren und auch eine Kombination daraus zu chronischem Aufschieben. So spielt z. B. der individuelle Grad an Impulsivität eine Rolle, da impulsive Menschen sich leichter von externen Reizen ablenken lassen, anstatt sich konstant auf eine Aufgabe zu fokussieren. Es gibt daneben auch eine Reihe von Studien und Theorien in der Motivationsforschung, in denen diskutiert wird, ob Menschen mit einem besonders hohen oder mit einem besonders niedrigen Selbstwert aufschieben. Wer von sich weiß, dass er oder sie perfektionistisch ist und gleichzeitig zum Aufschieben mit negativen Konsequenzen neigt, kann sich diese Fragen stellen:

- Habe ich mir schlicht zu viel vorgenommen? Also prokrastiniere ich eigentlich gar nicht, sondern mache nur wohlverdiente Pausen? In der Regel planen Menschen viel zu knapp und müssten auf jede ihrer Tätigkeiten zusätzliche 50 Prozent mehr Zeit zur Fertigstellung obendraufschlagen. Denn es ist ein Trugschluss, dass wir uns einen kompletten Arbeitstag konstant konzentrieren und jeden Tag voll ausschöpfen können.
- Wie hoch sind meine Ansprüche? Muss es perfekt sein oder erlaube ich mir, einfach mal mit der Tätigkeit in dem Wissen anzufangen, dass meine Arbeit mittelmäßig ist und dass ich später noch nachjustieren kann?
- Habe ich Angst vor der Tätigkeit, weil ich sie mir nicht zutraue oder weil ich das Ergebnis fürchte?
- Langweilt mich die Tätigkeit bzw. bin ich schnell frustriert? Dann geht es nicht darum, mich stärker zu peitschen, sondern um die Frage, was mich motivieren könnte.

Kleine Lösungen gegen Versagensangst

Sich als perfektionistisch zu beschreiben, ist leider keine Zauberkarte im Bewerbungsgespräch, sondern eher ein Hilfeschrei. Diejenigen von uns mit stark perfektionistischen Zügen sollten regelmäßig aktiv gegensteuern, wenn Angst und innere Anspannung steigen.

Gerade die große Begeisterung und Bereitschaft, sich für eine Sache zu engagieren, markiert oft den Beginn der Burnout-Spirale. Wer bereit ist, vermeintlich Großes zu leisten, die eigene Sache also wichtig nimmt und tagein tagaus alles gibt, läuft Gefahr, sich zu übernehmen. Das bedeutet keinesfalls, dass wir uns nicht mehr engagieren sollten und Lethargie die Lösung wäre. Aber ein erster Schritt wäre, dass wir uns im konstanten Einfordern hoher Maßstäbe beobachten.

Warum habe ich hier Angst, einen Fehler zu machen? Was würde im allerschlimmsten Fall passieren? Warum darf ich mir ein bisschen mehr Wurschtigkeit unter keinen Umständen erlauben, auch wenn ich gesundheitlichen Schaden nehme?

Für die Perfektionist:innen unter uns wird es eine Zeit dauern, die eigenen Verhaltensweisen zu analysieren und sich in eine andere Richtung zu bewegen. Nach dem Beobachten sollten wir ins Handeln kommen. Das geht sicher am leichtesten mit therapeutischer Begleitung. Aber nichts wird uns am Ende verändern können, außer wir uns selbst in den vielen kleinen Begebenheiten des Alltags. Die folgenden Interventionen können dabei helfen.

Fünf Fragen, um das Streben zu umzingeln

Wenn wir regelmäßig in starke Stress- und Erschöpfungszustände geraten, in denen wir uns selbst im Weg zu stehen scheinen, können wir uns als Erstes fünf Fragen stellen, um herauszukriegen, in welchen Bereichen unseres Lebens wir so viel Druck haben und aus welcher Richtung dieser Druck kommt.

- Wo will ich besonders gut sein? Sind es nur bestimmte Bereiche (z. B. Job, Familie, Aussehen) oder stelle ich mir mein gesamtes Leben wie eine Show mit Instagramfilter darüber vor?
- Welche konkreten Situationen lösen bei mir perfektionistisches Verhalten aus?
- Welche Gefühle und Verhaltensweisen treten in diesen Situationen auf?

- Welche Arten von Perfektionismus habe ich internalisiert? Stelle ich mir selbst die Ansprüche oder spüre ich sie von außen?
- Was wünsche ich mir ganz konkret? In großer Erschöpfung neigen wir nämlich z. B. zu Eskapismus-Fantasien. Auszuwandern und alles hinter sich zu lassen erscheint leichter, als an konkreten Stellschrauben im Hier und Jetzt zu arbeiten.

Aktives Begrenzen in der Miniatur

Es sind die kleinen alltäglichen Tätigkeiten, in denen wir üben können, unsere Toleranz gegenüber Imperfektion zu erhöhen und – so platt es klingen mag – Fehler als Chance zu begreifen, Unvollkommenheit zu üben. Es geht darum, uns immer wieder, auch in den kleinen Dingen, vor Augen zu führen, welche Einbußen wir in unserem Leben in Kauf nehmen, die durch innere Anspannung, Selbstabwertung und Angst entstehen. Hier zwei Beispiele einer Intervention im Kleinen:

- Aktives Begrenzen des selbstorientierten Perfektionismus (SOP): Wer mit mir in einem gemeinsamen Onlinedokument arbeitet, kann mich dabei beobachten, wie ich nonstop hinterher bin, die Kommasetzung meines Schreibpartners zu verbessern. Egal, ob dieses Dokument je veröffentlicht wird oder nicht. Mich stört es nicht, dass ein anderer Fehler macht, ich selbst will nur an keinem Schriftstück beteiligt sein, in dem Rechtschreib- oder Zeichensetzungsfehler vorkommen. Vielleicht, weil ich Germanistin und Journalistin zugleich bin. Dabei mache ich selbst häufig den pandemischen das/dass-Fehler. »So schwer kann *das* doch nicht sein!«, schallert es jedes Mal in meinen Ohren, wenn ich zu schnell eine Chatnachricht mit eben diesem Fehler verschickt habe. Und gerade weil ich hier so festgefahren und von meinen Ansprüchen völlig überzeugt bin, probe ich jedes Mal mein linguistisches Scheitern, wenn ich wenig Zeit habe und E-Mails verschicken muss. Ich versuche, mein perfektionistisches Verhalten aktiv zu begrenzen, indem ich die Mail schreibe, dann noch ein einziges Mal auf Rechtschreibfehler durchlese, um danach ganz schnell und mit geschlossenen Augen den Senden-Knopf zu drücken. Ein bisschen so, als ob ich meine Augen bewusst vor den möglichen Fehlern verschließe, die noch darin sei könnten. Auch wenn Rechtschreibfehler dadurch wahrscheinlicher sind, halte ich mich nicht unnötig lange damit auf.

- **Aktives Begrenzen des sozial vorgeschriebenen Perfektionismus (SVP):** »Bei euch müsste mal Marie Kondo durchfeudeln«, sagte einer meiner Freunde, als er spontan zu Besuch kam und über die Haufen in unserem Wohnzimmer stakste. Von guten Freund:innen kriegt man solche Sätze manchmal gratis und fast habe ich mich gefreut, dass meine Annahme über die gestellten Ansprüche zwar bestätigt wurde, ich diese schambesetzte Situation aber bewusst herbeigeführt hatte. Als er sich spontan mit Anhang zum fröhlichen Pfannkuchenessen angekündigt hatte, überflog ich kurz den Zustand der Wohnung und tat: nichts. Es gibt ihn nämlich durchaus, diesen Anspruch von außen. Kein Mensch, auch nicht unsere besten Freunde, werden uns in all den selbst- und fremdgestellten Ansprüchen entlasten, das können wir in der Regel nur selbst tun und unser Weltbild eigenständig zurechtrücken: Müssen wir eine Wohnung mit ausschließlich freien Flächen präsentieren, wo jedes Bücherregal dem Fingerstaubtest standhält? Oder reicht die Realität – Unordnung, aber keine, in der die Hygiene ernsthaft gefährdet ist? In keiner Wohnung muss 24/7 vom Boden gegessen werden können. Aber obwohl gerade Eltern sich immer wieder gegenseitig beteuern und zusichern, dass vor Besuchen nicht extra aufgeräumt werden muss, wird am Ende doch der Staubsauger angeworfen, das Kinderzimmer durchgepflügt und richtig schön Stress gemacht.

Damit wir diese Extreme unterscheiden lernen, können wir auch folgende Übung in unseren Alltag integrieren.

Worst-Case-Szenario und Schwarz-Weiß-Denken

Menschen mit sehr hohen Ansprüchen neigen zum Katastrophisieren. Eine Eigenschaft, die sehr hemmend sein kann. Oft verhindert sie, dass wir überhaupt ins Tun kommen oder dass wir jemals mit unseren Vorhaben fertigwerden. Beim aktiven Vorstellen des Worst-Case-Szenarios machen wir aus der Not eine Tugend und stellen uns bewusst die Frage, was im schlimmsten Fall passieren könnte, wenn wir eine Aufgabe nicht perfekt erledigen, sondern einfach Mittelmaß abliefern.

Werden sich unsere Freunde von uns abwenden, weil wir beim gemeinsamen Sonntagsfrühstück keine tadellose Wohnung samt ofenwarmer Brezen präsentieren? Werden unsere Vorgesetzten uns anschreien und herabstufen, weil wir nicht Tag und Nacht verfügbar sind? Werden wir sofort aus der Ausbildung fliegen, weil wir eine Aufgabe verpatzt haben?

Und noch ein Beispiel aus der Elternschaft, wo Gefühle häufig sehr extrem und plötzlich auftreten, und sich unsere Ansprüche, wie etwas zu sein hat, unweigerlich zeigen. Gerade Eltern mit Tendenz zur perfektionistischen Überfürsorge können einmal versuchen, ihr inneres Worst-Case-Szenario laut auszusprechen, am besten in Bezug auf eine wiederkehrende Situation, die im Alltag zu einem starken Handlungsimpuls und großem Verdruss führt.

Ein Beispiel: Das Kind will sich nicht nach den Vorstellungen der Eltern kleiden, z. B. viel zu kühl oder auch modisch gewagt. Dann geht es darum, die innere Befürchtung erst als Fakt und Aussagesatz, danach als Frage zu formulieren und sie sich selbst zu beantworten:

- *Mein Kind wird schwer krank werden, wenn es bei diesen Temperaturen ein paar Minuten lang keine Jacke anzieht.*
- *Wird mein Kind schwer krank werden, weil es bei diesen Temperaturen ein paar Minuten lang keine Jacke anzieht? Was wird im schlimmsten Fall passieren? Mögliche Antwort: Mein Kind könnte sich erkälten, was bedeutet, dass ich womöglich nicht zur Arbeit gehen kann. Das ist richtig blöd für mich, aber es wird nicht schwer krank werden. Ich werde meine Arbeitsstelle deshalb nicht verlieren.*

Das ist nur ein Beispiel, das Worst-Case-Szenario lässt sich auf sehr viele Situationen übertragen, z. B. wenn es um Schulnoten geht oder um unsere eigenen Arbeitsleistungen. Natürlich gibt es immer sehr gute Gründe, an unserem Verhalten unbedingt festhalten zu wollen. Das Faszinierende an dieser Übung ist aber: Wenn wir unsere schlimmsten Befürchtungen laut aussprechen und beim Namen nennen, besteht die Chance, dass sie ein bisschen ihren Schrecken verlieren. Das diffuse Gefühl der Anspannung wird leichter und wir können weniger rigide mit uns und anderen umgehen. Und auf perfektionistische Leistungen bezogen können wir versuchen, uns in die epikurische Mitte zu lenken: Wenn wir etwas nicht perfekt machen, ist es deshalb nicht absolut schlecht, sondern mittelmäßig oder fast richtig gut. Nur weil wir nicht 1000 Prozent gegeben haben, aber 100 oder 80, können wir eine passable Leistung abgeliefert haben. Womit wir zu einem Konzept aus der Wirtschaft kommen, das für klinische Perfektionist:innen eine echte Herausforderung ist.

Das Pareto-Prinzip

Arbeiten nach dem Pareto-Prinzip ist für Perfektionist:innen vielleicht aus dem Stand eine zu große Herausforderung. Sogar einen Kindergeburtstag nach dem Pareto-Prinzip auszurichten, erscheint erst mal unmöglich. Aber als Gedankenspiel kann dieses Konzept, benannt nach dem italienischen Ökonom Vilfredo Pareto, trotzdem inspirieren. Es wird auch das 80/20-Prinzip genannt und besagt im Wesentlichen, dass in vielen Situationen ungefähr 80 Prozent der Ergebnisse durch nur etwa 20 Prozent der Ursachen erzeugt werden. Mit anderen Worten: Eine kleine Menge von Aufwand (Input) ist für den Großteil der Ergebnisse (Output) verantwortlich.

Um ein paar Beispiele zu nennen: In vielen Unternehmen kommt etwa 80 Prozent des Umsatzes von nur etwa 20 Prozent der Kund:innen. Das können beispielsweise diejenigen sein, die regelmäßig große Mengen kaufen oder langfristige Verträge abgeschlossen haben. Das kann für Unternehmen jeglicher Größe gelten, von Autozulieferern bis zur kleinen Eckkneipe, die hauptsächlich von Stammkund:innen lebt. In vielen Städten wird beobachtet, dass etwa 80 Prozent des Verkehrs auf nur etwa 20 Prozent der Straßen stattfinden. Das sind oft Hauptverkehrsadern oder Autobahnen, die stark frequentiert sind. In vielen Gebäuden werden etwa 80 Prozent des Energieverbrauchs von etwa 20 Prozent der Geräte oder Anlagen, wie z. B. Heiz- und Kühlanlagen, verursacht. Es kann sich dann lohnen, Geld in die Optimierung der Energieeffizienz dieser Geräte zu stecken anstatt an anderer Stelle.

Aber auch in der individuellen, der persönlichen Zeitplanung kann uns das Pareto-Prinzip helfen. Konkret heißt das, dass wir bei der Präsentationsvorbereitung vielleicht nach zwei Stunden bereits eine brauchbare PowerPoint zusammengeschustert haben. Nach dem Pareto-Prinzip können wir dann versuchen, diese 80 Prozent »gute« Präsentation zu einer 100 Prozent »perfekten« Präsentation zu überarbeiten. Das könnte uns allerdings weitere acht Stunden kosten. Die Fragen, die wir uns jedes Mal stellen sollten, lauten also: Lohnt sich das? Ist es das wert? Und auch: Kann ich mir bei dieser Sache Perfektionismus erlauben? Ganz egal, ob ich eine Präsentation vorbereite, eine Fünf-Schicht-Torte backe oder eine Unterkunft für den Urlaub suche. Für Perfektionist:innen kann es ein erster Schritt sein, den Bereich in ihrem Leben ausfindig zu machen, in dem sie mal nur 20 Prozent geben – in der Vorbereitung zum gemeinsamen Picknick zum Beispiel?

Maximizer und Satisficer

Aus der Entscheidungstheorie stammt ein weiteres psychologisches Konzept, das beim Treffen von Entscheidungen helfen kann. Wie bereits beschrieben, ist das Treffen von Entscheidungen für Perfektionist:innen in der Regel ein sehr quälender Prozess, da die bestmögliche Entscheidung getroffen werden will. Das Konzept der sogenannten Maximizer und der sogenannten Satisficer beschreibt zwei unterschiedliche Herangehensweisen an Entscheidungsfindung und daraus resultierende Zufriedenheit.[35]

Maximizer sind Personen, die bestrebt sind, die bestmögliche Option aus einer Reihe von Alternativen auszuwählen. Sie suchen aktiv nach der optimalen Lösung und betrachten alle verfügbaren Optionen, um sicherzustellen, dass sie keine bessere Möglichkeit übersehen. Sie neigen dazu, hohe Standards zu haben und setzen sich selbst unter Druck, die bestmögliche Entscheidung zu treffen. Und jetzt kommt der tragische Part: Obwohl Maximizer möglicherweise am Ende bessere Entscheidungen treffen, neigen sie dazu, sich auch nach der Entscheidung immer noch unsicher oder unzufrieden zu fühlen, da sie befürchten, dass es irgendwo da draußen eine bessere Option geben könnte.

Satisficer sind dagegen Personen, die sich mit einer Lösung oder Option zufriedengeben, die die Anforderungen befriedigend erfüllt, also akzeptabel ist, anstatt nach der absolut besten Option zu suchen. Sobald sie eine Lösung gefunden haben, die ihren Kriterien entspricht, treffen sie die Entscheidung und betrachten die Suche als abgeschlossen. Sie priorisieren Effizienz und Zufriedenheit. Sie treffen schnellere Entscheidungen und sind im Nachhinein (selbst wenn sie objektiv »schlechtere« Entscheidungen getroffen haben als die Maximizer) oft zufriedener mit ihrer Wahl.

In der Praxis sind wir alle nicht entweder nur Maximizer oder immer Satisficer, sondern tragen beides in uns. Unsere Aufgabe besteht als darin, zu beobachten, wozu wir mehr tendieren, und dann zu entscheiden, ob wir das so weiterlaufen lassen möchten oder ob wir uns in Zukunft vornehmen, öfter mal anders zu entscheiden. Damit können wir unsere Tendenz langsam verändern. Natürlich wird das nicht bei jeder Entscheidung möglich sein. Aber erst, wenn wir es uns vornehmen, werden wir die Möglichkeiten entdecken, das neue Vorgehen zu üben.

Dilettantin und Müßiggänger

Viele Jahre hat die Fernsehnation sie ausgelacht, dabei ist der mutige Dilettantismus von Castingshow-Bewerber:innen eigentlich das Schönste, was es gibt. Aus vollem Herzen singen, am besten noch mit Stöpseln in den Ohren und dabei selbstvergessen die Augen schließen – genau das sollten Perfektionist:innen viel öfter tun (die TV-Kameras müssen dabei ja nicht laufen). Und ich spreche aus Erfahrung. Ich lerne gerade den Hit *Shallow* von Lady Gaga und Bradley Cooper und singe wirklich gern, aber wirklich nicht wie Lady Gaga. Beim dilettantischen Hobby, der Schweizer Erziehungswissenschaftler Roland Reichenbach bezeichnet es als »das vielseitige, unprofessionelle Liebhabertum«,[36] soll es um Spaß an der Freude gehen. Sobald es zu anstrengend wird, dürfen wir uns etwas anderem zuwenden. Der Fokus liegt auf der Leichtigkeit und dem reinen Unterhaltungswert, die eine Tätigkeit für uns hat.

Genauso aktiv wie die Dilettantin ist auch der Müßiggänger. Beide Figuren sind deshalb so spannend, da es dem perfektionistischen Menschen außerordentlich schwerfällt, die Füße still zu halten. Aber auch mit dem Müßiggang darf er in Bewegung bleiben. Wie lässt sich dieser Zustand nun beschreiben? Stellen wir uns vor, zu flanieren, so etwas wie Urlaub in der eigenen Gegend zu machen, die Dinge anzuschauen wie ein Tourist. Unsere Sinne sind wach, das Ziel ist unbestimmt, es könnte aber die nächste Eisdiele sein. Wir nehmen unsere Umgebung wahr, entdecken Kleinigkeiten wie die Malerei an einer Häuserwand, das frisch gestrichene Haus, den Aufkleber an einer Straßenlaterne, die Vögel im Garten der Nachbarn. Als Müßiggänger dürfen wir aufmerksam und zerstreut zugleich sein.[37]

Grübeln

»Ich mache mir viele Gedanken darüber, wie ich bei Menschen ankomme, ob ich Sachen richtig mache und wie ich mich verhalte. So lang, bis ich da richtig drin festhänge.«[1]

Die Geschichten meiner Podcast-Gäste katapultieren mich oft an Punkte in mein eigenes Leben zurück, wo ich ähnlich gefühlt und gedacht habe. Wie an den Küchentisch meiner alten WG. Es waren prägende Jahre für mich, mit diesen unterschiedlichen Charakteren, Temperamenten und Lebenseinstellungen auf engem Raum klarzukommen. Vor allem aber war es ein Geschenk, mit so guten Leuten so viel Zeit verbringen zu dürfen. Und ich bin mir recht sicher, dass ich den meisten von ihnen mehr auf die Nerven gegangen bin als sie mir, dass ich ihnen mehr weggefuttert und mehr schmutziges Geschirr hinterlassen habe.

Das Zusammenwohnen mit Menschen, egal ob man verwandt, verpartnert oder eine gecastete Zweckgemeinschaft ist, bringt die eigenen kauzigen Seiten schonungslos ans Licht. Wer viel Alltag gemeinsam bewältigt, der gerät unweigerlich in kleine oder größere Fehden, es wird gestichelt und sich verbündet. Im Idealfall erwachsen daraus später Einsichten, eine Familie auf Zeit und bleibende Freundschaften, obwohl man sich mal gegenseitig die Milch ausgetrunken hat.

In vielem habe ich mich wohl zum Besseren – oder sagen wir zum Sozialverträglicheren – gemausert, aber mit einer bestimmten Verhaltensweise bin ich weniger gut gealtert: »Du bist eine Grüblerin«, konstatierte mal meine frühere Mitbewohnerin in einem unserer vielen Küchentischgespräche, in dem es höchstwahrscheinlich um eine komplizierte Beziehung ging. Es ist dieser glasige Blick, den man von langsam malmenden Rindern auf der Weide kennt, der unweigerlich einsetzt, wenn grübelnde Menschen über eines ihrer zahlreichen Probleme nachdenken oder über alle gleichzeitig, während ihr Gegenüber glaubt, ein Gespräch zu führen. Ich kann mich noch erinnern, wie ich als Kind in die glasigen Augen meines Vaters sah – wie ich versuchte, zu ihm durchzudringen und spürte, dass er weit weg war und nicht nach außen, sondern nach innen zu schauen schien.

»Grübeln ist für mich wie ein Fisch, der im Meer schwimmt. Dann kommt ein größerer Fisch, der den Fisch auffrisst, dann kommt der nächste, der noch größer ist und den größeren Fisch auffrisst. Wie eine Endlosschleife, im Grunde passiert immer dasselbe und da hänge ich drin«, so beschrieb Protagonist Herrmann diesen Zustand einmal in meinem Podcast.[2] Man könnte das Bild auch umdrehen: Ein Fisch schwimmt im Ozean, der einen Fisch ausspuckt, der wiederum einen Fisch ausspuckt, der einen Fisch ausspuckt. Jeder Fisch steht für einen neuen trüben Gedanken, der sich aus dem alten entspinnt. Gedanken, die ohne Unterlass Gedanken erzeugen. Der Nachschub versiegt nie.

Warum Grübeln nicht produktiv, sondern eine echte Gefahr für unsere psychische Gesundheit ist, welches Topteam Grübeln und Schlaflosigkeit bilden und wieso wir unsere sozial-digitale Teilhabe in diesem Zusammenhang radikal überdenken müssen, darum geht es in diesem Kapitel. Ständiges Grübeln über eine grausame Welt macht uns nicht mitfühlender und handlungsfähiger, sondern lähmt unsere Fähigkeit, Probleme zu lösen und Engagement zu zeigen.

Was Grübeln (nicht) ist

Ich war lange Zeit der Ansicht, dass Menschen, die sich nicht regelmäßig ordentlich den Kopf zermartern, einfach nicht zu mir passen, zu wenig Tiefgang haben und ein Leben in seichter Oberflächlichkeit führen. Damit bin ich nicht allein. Auch in der Epoche der Romantik bekam die gequälte Seele Aufschwung, das Phänomen des Grübelns wird in der damaligen Kunst zu einem der Grundthemen und spiegelt die Sehnsucht nach Tiefsinn wider.

Grübeln wurde aber auch damals schon als pathologischer Zustand erkannt und erstmals im Jahr 1807 von dem Philosophen Johann C. Hoffbauer als »Grübelsucht«[3] beschrieben. Zwar bedeutet Grübeln im althochdeutschen Sinn das Graben in die Tiefe, was nach Akribie und Anspruch klingt, in der jüngeren wissenschaftlichen Debatte aber gesellt sich zum Grübeln der Begriff »Rumination«, also das Wiederkäuen kreisender Gedanken mit hohem Selbstbezug.

Das Phänomen des Grübelns wird in der klinischen Psychologie deshalb so intensiv beforscht, weil es sich dabei um einen sogenannten transdiagnostischen Faktor handelt: Grübeln tritt bei verschiedenen psychischen Erkrankungen als Symptom auf, z. B. bei Depressionen, Angststörungen oder Posttraumatischen Belastungsstörungen, und ähnelt sich dabei darin, wie die Betroffenen den Vorgang des Gedankenkreiselns erleben. Grübeln kann eine Begleiterscheinung einer psychischen Erkrankung sein, es kann sie aufrechterhalten und es kann sie sogar verursachen.

Mehrere Studien, darunter eine repräsentative Untersuchung der Depressionsforscherin Susan Nolen-Hoeksema, haben gezeigt, dass sich anhand des Ausmaßes von Grübelattacken vorhersagen lässt, ob und in welcher Schwere eine depressive Episode ein Jahr später auftreten wird.[4] Depressive Stimmungen und gewohnheitsmäßiges Grübeln verstärken sich gegenseitig, weshalb es wichtig ist,

Grübeln von Nachdenken zu unterscheiden. Letzteres ist zweifelsfrei sinnvoll: Wiederholtes Nachdenken über eine Sache kann uns zu neuen Einsichten verhelfen. Wir lernen dadurch, negative Ereignisse und Gedanken nicht einfach wegzudrücken, sondern zu reflektieren und Lösungen zu finden. Es kommt aber stark darauf an, *wie* wir nachdenken. Handelt es sich um »echte« Reflexion, also eine bewusste und zielgerichtete Fokussierung unserer Aufmerksamkeit nach innen, die ergebnisorientiert und damit stimmungsstabilisierend wirkt? Oder handelt es sich um unproduktives Brüten, bei dem wir uns auch dann noch auf uns selbst fokussieren, wenn uns dieser Hyperfokus längst stimmungsmäßig in den Abgrund zieht?[5]

Das Phänomen der übersteigerten und negativen Beschäftigung mit sich selbst beschreibt Angstforscher Jürgen Hoyer als »Dysfunktionale Selbstaufmerksamkeit«.[6] Wir schauen dabei durch eine pessimistische Brille auf uns, auf vergangene Ereignisse, und befassen uns sogar dann noch z. B. mit einer vermeintlichen Bedrohung oder negativen Informationen, die wir über uns selbst sammeln können, wenn klar ist, dass sich dadurch unsere Situation nicht verbessern wird.

Wenn wir uns darüber bewusst werden, dass Grübeln Zeitverschwendung ist, werden wir frei dafür, uns wirklich dem Lösen von Problemen zu widmen oder anzuerkennen, dass wir ein Problem gerade nicht lösen können. Sehr oft werden wir Probleme erst mal nicht lösen können. Das Grübeln darüber macht uns für weitere negative Einflüsse von außen verletzlicher, es programmiert unser Gehirn auf eine kritischere Sichtweise gegenüber uns selbst und der Welt und beeinträchtigt uns darin, den Widrigkeiten des Lebens mit Kreativität zu begegnen.[7]

Auf die Plätze, grübeln, los!

Zunächst ist es hilfreich, die Situationen, Orte und Tätigkeiten ausfindig zu machen, in denen wir grübelanfällig sind: eher morgens in der Bahn, auf Partys, während die anderen auf der Tanzfläche zappeln, beim Kochen oder abends, wenn wir allein im Bett liegen? Um das Ausmaß des Grübelns einschätzen zu können, braucht es eine ehrliche Bestandsaufnahme: Wie viele Stunden am Tag verbringe ich eigentlich in diesem Zustand? Grüble ich täglich oder nur an manchen Tagen? Und dann geht es um die entscheidende Frage – wie geht das Ganze eigentlich los? Wir denken ja pausenlos über irgendetwas nach, wir können nicht nichts denken und die meisten Gedanken sind eher flüchtiger Natur. Doch es gibt welche, die uns berühren, bei denen wir einrasten und Energie investieren und die eine Gedankenkaskade in uns auslösen. Wir stellen uns also drei grundlegende Fragen:

- Wann grüble ich?
- Wie lange grüble ich?
- Was sind meine Triggergedanken?

Ein Beispiel: Während eines Meetings bei der Arbeit schweifen meine Gedanken unwillkürlich zum Abendessen. Statt mit meinen Gedanken schnell wieder zurück zum Meeting zu kehren, bleibe ich daran hängen. Momentan bin ich mit meinem Partner im Dauerzwist darüber, wer abends das Essen für die Familie zubereitet. Und so begebe ich mich während des Meetings in eine innere Debatte über Gleichberechtigung, Partnerschaft und Mental Load: Warum ist meine Beziehung nur so kompliziert? Warum kann es nicht einfach so funktionieren, wie ich mir das vorstelle und wie es doch auch richtig wäre? Es fällt in solch einem Fall also schwer, zu der eigentlichen Tätigkeit zurückzukehren. Denn dafür ist es essenziell, dass wir unsere sogenannten Triggergedanken erkennen und verstehen. Der englische Begriff »Trigger« findet seit ein paar Jahren in der medialen Berichterstattung und auf Social Media inflationär Verwendung. In der Metakognitiven Therapie, auf die ich später noch genauer eingehen werde, sind Triggergedanken die Auslöser von stundenlangen, quälenden Grübelepisoden.

Die dänische Psychotherapeutin Pia Callesen widmet in ihrem Buch zur Metakognitiven Therapie den Triggergedanken ein ganzes Kapitel. Sie vergleicht darin unsere Gedankenströme mit einem Sushi-Laufband, auf dem die Teller mit Maki-Röllchen an uns vorbeifahren. Wir entscheiden, welchen Teller wir nehmen, heute lieber kein Tempura? Der Happen fährt an uns vorbei und ist schnell wieder ums Eck verschwunden. Er fährt vielleicht weitere Male an uns vorbei, wirkt irgendwann ein bisschen aufdringlich, aber wir können jedes Mal wieder entscheiden, ihn nicht zu nehmen.[8]

Triggergedanken sind die ersten Gedanken von Assoziationsketten, die ins Grübeln führen können, aber nicht müssen. Dabei unterscheiden wir uns stark darin, wer von uns auf welchen Gedankenzug aufspringt. Nach sozialen Interaktionen gerate ich z. B. oft ins Grübeln, ob ich mich angemessen verhalten oder zu schlecht »performt« habe.

Dieses Abscannen in Gruppen, das Beurteilen des eigenen Status, gehört zum Repertoire des menschlichen Sozialverhaltens. Lassen uns zwischenmenschliche Interaktionen aber regelmäßig mit einer Mischung aus Scham und Aufruhr zurück und fällt es uns schwer, diesen selbst gedrehten Film wieder zu verlassen, können wir darüber nachdenken, welche früheren Situationen ähnliche Gefühle ausgelöst haben könnten. So haben viele von uns in ihrer Schulzeit oder anderen Gruppenkontexten Mobbing erlebt oder dabei zugesehen, wie andere schikaniert wurden. Die Angst, nicht dazuzugehören, ist für uns Menschen eine lebensbedrohliche. Wir alle wünschen uns Beziehungssicherheit.

Hinter Triggergedanken stehen oftmals ganz reale Sorgen, die aus bestimmten Erfahrungen entstanden sind. Diesen Befürchtungen weniger Aufmerksamkeit zu schenken und sie ziehen zu lassen, bedeutet nicht, dass sie keine Berechtigung haben. Aber selbst wenn mich eine andere Person wegen meines vermeintlich peinlichen Verhaltens nun bescheuert findet, ändert mein stundenlanges Grübeln anschließend nichts. Es gibt Triggergedanken, die wie hier Scham und Schuldgefühle auslösen, aber auch solche, die mit Trauer, Wut, Angst, Hoffnungslosigkeit und sogar suizidalen Gedankenkaskaden assoziiert sind.[9]

Denke ich noch nach oder grüble ich schon?

Es ist, um das noch einmal zu betonen, völlig normal, trübe Gedanken zu haben. Gerade wenn viel Negatives in unserem Leben passiert, wir uns um einen kranken Angehörigen sorgen, wir finanzielle Probleme haben oder uns trennen wollen. Wir müssen deshalb nicht zwangsweise psychisch erkranken. Deshalb ist es wichtig, dass wir den Unterschied zwischen Nachdenken und Grübeln kennen.

Bemerken wir also, dass wir wieder einmal in Gedanken sind, machen wir folgenden Test: Wir stellen einen Timer auf zwei Minuten. Wem zwei Minuten sehr kurz vorkommen, kann ein paar Minuten dranhängen. Nach Ablauf der Zeit stellen wir uns folgende Fragen:

- Bin ich nun näher an der Lösung meines Problems?
- Habe ich etwas verstanden, was ich davor nicht verstanden hatte?
- Fühle ich mich besser als vorher, also z. B. weniger selbstkritisch, weniger niedergeschlagen oder innerlich angespannt?[10]

Nach dieser sogenannten Zwei-Minuten-Regel der beiden Depressionsforscher Michael Addis und Christopher Martell lässt sich Nachdenken leicht von Grübeln unterscheiden.[11] Wenn ich keine dieser Fragen mit Ja beantworten kann, handelt es sich bei dem, was ich gerade mache, wahrscheinlich um Grübeln. Wir können uns nun noch genauer anschauen, auf welche Art wir uns mit uns selbst unterhalten. Nachdenken ist ein konkreter Prozess mit konkreten Fragen zu konkreten Situationen, während Grübeln abstrakt bleibt. Es geht also darum, die Art zu verändern, *wie* wir über Dinge nachdenken.

Nehmen wir als Beispiel: Das Vorstellungsgespräch für einen neuen Job, für den sich viele Leute beworben haben und den wir unbedingt haben möchten. Wir halten uns selbst für geeignet und wahrscheinlich sind wir das auch. Dennoch haben wir im Hinterkopf, dass es Absagen geben wird, da nur eine Person den Job bekommen wird. Tritt der Fall ein, dass wir abgelehnt werden, führt dies erst mal zu einer negativen Grundstimmung. In diesem Zustand sind wir wesentlich anfälliger für Grübeleien.[12] Womöglich kommen uns all die Situationen im Leben als Triggergedanken in den Sinn, die unseren Selbstwert angekratzt haben. Dann ist die Wahrscheinlichkeit hoch, dass wir über abstrakte Fragen nachdenken, z. B.: Warum immer ich? Warum klappt es nie bei mir? Warum habe ich versagt? Warum werde ich so bestraft?

Reflektiertes Nachdenken dagegen geht mit der Enttäuschung der Ablehnung anders um: Wir beleuchten beim Nachdenken u. a. den Prozess, innerhalb dessen sich das unglückliche Ereignis abgespielt hat, die konkrete Situation und den Kontext. Es geht dabei nie um »alle Bewerbungsgespräche, die ich jemals geführt habe«, sondern eben um das eine spezifische. Rückblickend denken wir dabei auch über unsere Wahrnehmung in der Situation, die dabei aufgetretenen Gefühle, Gedanken und Handlungen nach. Die Fragen, die wir uns dabei stellen, fördern einen konkreten Verarbeitungsstil. Typischerweise handelt es sich dabei um Was- oder Wie-Fragen wie die folgenden:

- Wie viele meiner Mitbewerbenden hatten ein ähnliches Profil? Wie groß waren meine Chancen bei diesem Bewerbungsgespräch wirklich?
- Was für ein Gefühl hat die Frage des Recruiters nach meinen Stärken in mir ausgelöst? Wie habe ich dann darauf reagiert? Wie viel Übung habe ich eigentlich darin, meine Stärken plausibel und selbstbewusst darzulegen? Wie leicht fällt es mir überhaupt, positiv über mich zu sprechen?
- Wie sehr hatte ich die Entscheidung selbst in der Hand? Wie sehr ist mir bewusst, dass mein eigener Einfluss beschränkt ist, wenn andere über mich entscheiden?

Langsam lernen wir uns besser darin kennen, wann und an welchen Orten wir zum Grübeln neigen, ob es nächtliche Einsamkeit, morgendliche Tristesse oder soziale Interaktionen sind, die im Nachgang starke Grübelattacken auslösen. Wir beobachten, welche Fragen wir uns dabei stellen und erkennen an, dass es Triggergedanken gibt, durch die wir zwar in katastrophisierende Gedankenschleifen rutschen können, die wir aber auch fortschicken dürfen. Wir müssen unseren Gedanken keinen Stuhl anbieten, sondern dürfen sie schon an der Tür abweisen.

Grübeln vs. Sich-Sorgen

Lag es an den späten 1980ern? Ich denke ja, weil ich mir nicht vorstellen kann, dass Eltern heutzutage zum Abschied einer Grundschullehrerin auf dem Sommerfest *Don't Worry Be Happy* von Bobby McFerrin grölen. Das Lied belegte 1988 Platz 1 der US-amerikanischen

Billboard Charts und ist für mich Erinnerung und Beweis, dass diese Zusammenkunft damals wirklich so stattgefunden hat. Ich konnte noch kein Wort Englisch, so war das in den späten 1980ern, aber ich verstand trotzdem, dass es in dem Lied darum ging, sich nicht so einen Kopf zu machen, sich halt einfach mal des Lebens zu erfreuen.

Als ich zum ersten Mal darüber las, dass es unterschiedliche Grübeltypen geben soll, fielen mir sofort diese beiden Songs ein: *No Regrets* von Robbie Williams und eben der Bobby McFerrin-Klassiker. Forschende fanden heraus, dass Grübel- und Sorgenprozesse ähnlich schwerwiegende Auswirkungen auf unsere Psyche haben können: Grübler:innen erhöhen ihr Risiko für eine Depression, während Menschen, die sich dauernd sorgen (engl. *to worry*), eher Gefahr laufen, eine Angststörung zu entwickeln. Therapeutisch kann man beiden Verhaltensweisen vergleichbar begegnen, sie unterscheiden sich aber inhaltlich voneinander.

Grübeln ist demnach vor allem in die Vergangenheit gerichtet oder gegenwartsbezogen. Bereits eingetretene Situationen werden in bedrückter Stimmung zerdacht und mit Warum-Fragen im Kreis gewendet. Es geht um Bedauern und Reue. Menschen, die sich chronisch sorgen, tun das dagegen zukunftsgerichtet, sie fragen sich in quälenden Horrorszenarien, wann nun das Unglück über sie hereinbrechen könnte, und die schlimmsten Befürchtungen kriechen in quälenden Nächten ganz nah an ihre Bettkante.

Die Unterscheidung in Menschen, die sich nachträglich, und in Menschen, die sich prophylaktisch den Kopf zerbrechen, war für mich ein Aha-Erlebnis. Mittlerweile bin ich keine so starke Grüblerin mehr, wie meine frühere Mitbewohnerin mir mal richtigerweise diagnostiziert hatte, sondern mit den Jahren wurde ich zu einer Frau, die lieber mit Bobby McFerrin in den Tag starten sollte. Ein banaler Tipp, mit dem ich nicht bis zum Ende dieses Kapitels warten kann: Sind die Sorgen zu laut, mach dir Musik an, z. B. *Feel It Comin'* von Lady Blackbird mindestens 10-mal hintereinander.

Ich bin Meisterin darin, mir in der Stille den Ernstfall auszumalen. Meine zukunftsbezogenen Sorgen gehen sogar so weit, dass ich bestimmte Dinge gar nicht erst anpacke, bereits gefasste Pläne gerne rückgängig machen würde, weil »es könnte ja etwas passieren« und dass ich sehr oft sehr traurig bin, weil ich jetzt schon um Menschen weinen kann, die noch am Leben und aktuell pumperlgesund sind. Und nein, ich fühle mich nicht besser, wenn ich mir reihenweise Beerdigungen vorstelle, ich hoffe einfach nur, dass die Nacht vorbeigeht.

Doch warum machen wir Menschen das – grübeln und uns sorgen –, obwohl diese Verhaltensweisen uns nicht die Lösung für unsere Probleme bescheren?

Ich grüble, also bin ich

Zu der Frage, warum wir Verhaltensweisen nicht lassen können, die uns nur vermeintlich helfen, gibt es eine Reihe von Modellen und Theorien. Die beiden Verhaltenstherapeuten Tobias Teismann und Thomas Ehring erklären sie in ihrem Arbeitsheft zu pathologischem Grübeln. Drei davon möchte ich hier genauer beschreiben: Grübeln als Gewohnheit, Grübeln als Vermeidungsverhalten und Grübeln als Metakognition.

Die erste Theorie versteht Grübeln als erlernte, stabile Eigenschaft, die automatisiert und eben als Gewohnheit auftritt. Als Gewohnheit wird hier »eine erlernte Disposition zur Wiederholung vergangener Reaktionsmuster«[13] verstanden. Das bedeutet, dass unter bestimmten, wiederkehrenden Bedingungen (z. B. allein zu Hause sein, nachts aufwachen und besonders im Nachgang von negativen Erlebnissen) Betroffene gewohnheitsmäßig beginnen, zu grübeln und sich Sorgen zu machen. Ein Beispiel, der üblichen Reihenfolge nach aufgelistet:

- Meine Arbeitskollegin treibt mich in den Wahnsinn.
- Sobald ich zu Hause alleine zur Ruhe komme, denke ich darüber nach, warum sie so grässlich ist.
- Immer, wenn sie mich bei der Arbeit ärgert, denke ich anschließend nach Feierabend am Küchentisch mit großem Gram darüber nach, warum ich mit so einer schrecklichen Person zusammenarbeiten muss.

Diese Verhaltensweise wiederholt sich dann weder absichtlich noch strengt sie sonderlich an. Sie erscheint sogar leichter und alternativlos. Betroffenen kommt gar nicht in den Sinn, anders zu reagieren. Und das, obwohl der Gesundheit das genaue Gegenteil zuträglicher wäre: mich nach Feierabend bewusst gedanklich von meinem Ärger verabschieden, statt weiter innerlich bei meiner Kollegin, der Arbeit und dem damit verbundenen, wiederkehrenden Ärger zu verharren.

Viel mehr noch: Es ist gut für meine Motivation, Leistungsfähigkeit und vor allem für meine psychische Gesundheit, das Zerdenken aufzuschieben, wenn ich gerade keine Ressourcen für eine genaue Analyse habe. Diese Situationsanalyse kann ich nämlich bewusst gestalten: Möchte bzw. muss ich für mein psychisches Wohl die Arbeitssituation kurz- oder langfristig ändern? Ergibt es mehr Sinn, sich dafür ein Fenster freizuräumen und dann geplant Strategien für eine Veränderung zu erarbeiten? Es ist nicht einfach, dieses automatisierte Grübeln zu durchbrechen, da wir erst lernen müssen, anders zu reagieren. Alternative Strategien müssen durch viele Wiederholungen zu einer neuen Gewohnheit werden.

Eine zweite, für mich sehr erhellende Erklärung ist die Annahme, dass Grübeln eine Vermeidungsfunktion haben könnte. Erscheint mir ein Problem wirklich unlösbar und meine Bemühungen sowieso aussichtlos, kann ich das Problem durch Grübeln hübsch weiterbeackern und mir einreden, doch etwas zu tun, da ich ja zumindest darüber nachdenke: Ich grüble, also bin ich doch aktiv!

Damit vermeide ich höchstwahrscheinlich eine reale und fruchtlose Auseinandersetzung, deren Ergebnis noch frustrierender als der zermürbende Grübelprozess sein könnte. Nolen-Hoeksema vermutet daneben, dass Grübeln innere Anspannung und Unsicherheiten reduzieren kann, wenn ihm die vermeintliche Sicherheit innewohnt, ohnehin nichts an einer Situation ändern zu können. Grübeln rechtfertigt damit Rückzug und Passivität. Es erscheint uns erträglicher, nichts zu versuchen.[14]

Auch wenn es bislang keinen sicheren Beweis dafür gibt, dass Grübeln selbst Vermeidungsverhalten ist, lohnt es sich im therapeutischen Setting, aber natürlich auch, wenn wir selbst unser Grübeln verstehen wollen, auf dessen Funktion zu schauen und zu fragen, welches Bedürfnis sich dahinter verbergen könnte.[15] »Falsche Gedanken bringen dich um dein Glück«, sangen Die Lassie Singers auf ihrem 1991 erschienenen Über-Album *Die Lassie Singers helfen Dir*, eines der besten Frauenalben in deutscher Sprache, musikalisch zwischen Hamburger Schule und Neuer Deutscher Welle. Dieser von Funny van Dannen geschriebene Song handelt von der menschlichen Fähigkeit, über das eigene Denken reflektieren zu können. Womit wir beim dritten, schon erwähnten und für die verhaltenstherapeutische Praxis nach wie vor sehr bedeutenden Erklärungsmodell wären: der Metakognitiven Theorie des britischen Psychologen Adrian Wells. Im Kern geht es ebenfalls um die Annahme, dass nicht entscheidend ist, was wir denken, sondern wie wir über etwas nachdenken.[16] Die meisten Menschen glauben an manchen Tagen, jämmerliche Zwerge unter Riesen zu sein, aber nicht alle bekommen daraufhin ein psychisches Leiden. Bei den einen bleibt es bei nützlicher Selbstanalyse, bei den anderen kommt es zum Überanalysieren, was zu depressiven Symptomen führen kann.[17]

Nicht unsere vielen negativen Gedanken sind also das Problem, die sind völlig normal, sondern die Aktivierung von fehlgeleiteten, kognitiven Strategien, mit denen wir uns in psychische Erkrankungen hineinmanövrieren. Das soll auf keinen Fall heißen, dass wir selbst schuld sind, wenn wir psychisch erkranken. Wir Menschen neigen dazu, Strategien anzuwenden, die wenig hilfreich sind und uns auf Dauer sogar schaden. Folgende Verhaltensweisen werden in der Metakognitiven Therapie unter dem Sammelbegriff des kognitiven Aufmerksamkeitssyndroms (CAS) zusammengefasst:[18]

- Chronisches Grübeln
- Sich-Sorgen
- Stimmungscheck
- Ungünstige Bewältigungsansätze

Stimmungscheck bedeutet in dem Zusammenhang, dass wir mehrmals täglich bei uns »einchecken«, um herauszufinden, ob es uns noch genauso schlecht geht, ob wir immer noch traurig sind, ob uns das Leben noch immer übel mitspielt. Es geht nicht darum, dass wir ab und an in uns hineinhorchen, sondern um eine Hyperfokussierung auf die eigene negative Stimmung.

Unser Gefühlsleben kann sich von selbst regulieren, wenn wir ihm nicht übertrieben viel Aufmerksamkeit schenken. Was wir aber stattdessen machen, ist das Lenken der eigenen Aufmerksamkeit auf mögliche Bedrohungen und Gefahren. Dass wir Menschen dafür sehr empfänglich sind, liegt an unserem evolutionären Vermächtnis – der Zeit mit dem Säbelzahntiger. Als Dauermodus schadet es unserer Psyche aber massiv. *Angst essen Seele auf* – so heißt einer der bekanntesten Spielfilme des Münchner Kultregisseurs Rainer Werner Fassbinder. Darin geht es um die Mechanismen sozialer Unterdrückung, um rassistische Diskriminierung und Klassismus zur Zeit der ersten »Gastarbeiter«-Generation in Deutschland. Ich habe den Titel aber auch im Kopf, wenn es darum geht, dass Sorgen und Furcht beginnen, unseren Radius zu verkleinern und unsere Welt einzuengen.

Es gibt zudem noch eine ganze Reihe von ungünstigen Bewältigungsansätzen, die unter dem letzten Punkt zusammengefasst sind. Dazu gehören Gedankenunterdrückung, also sich selbst zu befehlen, nicht an den lila Elefanten im Raum zu denken, was genau dann nicht funktioniert. Und die bereits beschriebene Gedankenvermeidung, Verhaltensweisen wie Substanzmissbrauch oder zu viel Schlaf zählen dazu.

Warum wir das Grübeln nicht aufgeben wollen

All diese Strategien wenden wir in der Regel automatisiert an. Laut Wells kommt es nun darauf an, *wie* wir diese kognitiven Strategien bewerten, also welche Metakognitionen wir darüber anstellen. Was wir über unser eigenes Denken denken, hat maßgeblichen Einfluss darauf, wie wir kognitive Prozesse steuern und verändern können. Das klingt erst mal gut, weil es bedeutet, dass wir unseren Gedanken nicht ausgeliefert sind, aber: Sie können uns ein ganz schönes Schnippchen schlagen. Wir Menschen neigen nämlich zu Denkverzerrungen und schätzen die Sinnhaftigkeit unserer eigenen Gedanken unter bestimmten Umständen falsch ein. Unterschieden werden vor allem zwei Arten von Metakognitionen, die für die Aktivierung der oben aufgelisteten Verhaltensweisen verantwortlich sein sollen: *positive* und *negative Metakognitionen*.

Positiv bedeutet in diesem Fall, dass wir bestimmte Denkprozesse als hilfreich bewerten und es sogar für sinnvoll halten, uns in Gedankenschleifen zu verlieren oder die Nächte mit Schreckensszenarien zu verbringen. Mir ist erst beim Lesen zu den positiven Metakognitionen bewusst geworden, dass ich als Person, die schon vor langer Zeit der Astrologie, Horoskopen und generell der Esoterik abgeschworen hat, wohl doch noch einen kleinen Rosenquarz mit mir herumtrage und dass mein sorgenvolles Denken auch eine

Art *magisches Denken* ist: Ich mache mir auch deshalb präventiv Sorgen, weil ich glaube, dass »der Ernstfall« dann nicht eintreten wird – schließlich habe ich ja schon daran gedacht.

Das funktioniert natürlich nicht. Auch wenn wir nahe Menschen begleiten, die unheilbar krank sind und uns ihr Ableben in exakten Monatsangaben übermittelt wurde, kann es passieren, dass ihr Tod uns plötzlich vorkommt oder wir im entscheidenden Moment nicht da waren. Auch vorsorglich Trauernde müssen mal eine Pause machen. Wir alle werden sterben, Menschen, die wir lieben, werden sterben, egal wie viele Sorgen wir uns jeden Tag um sie gemacht haben. Wir dürfen uns erlauben, den Tag mit Frohmut zu beginnen, das Ende ist uns sowieso gewiss, unabhängig davon, wie wir die Zeit bis dahin verbringen.

Auch was das Grübeln betrifft, glauben Betroffene unterschwellig, dass es sie vor Enttäuschungen beschützt oder ihnen hilft, Dinge besser zu verstehen, zu verarbeiten, Menschen nicht zu vergessen oder dass es richtig sei, sich damit zu bestrafen oder doch noch irgendwann eine Lösung zu finden. Und was ich leider auch zu einhundert Prozent unterschreiben kann, ist der Satz: Es ist besser, pessimistisch zu sein, als enttäuscht zu werden. Diesem Satz mag eine abgeklärte Wahrheit innewohnen, er tut aber auch Gefühle wie Vorfreude und Optimismus als naiv ab, verurteilt Leichtfüßigkeit als Leichtsinn und gibt ein Grundgefühl vor, mit dem man sich in Tarnkappe vermeintlich sicherer durchs Leben schlägt. Diese positiven Metakognitionen gegenüber Grübeln sind dafür verantwortlich, dass wir eher in negative Gedankenschleifen abdriften, obwohl wir schlafen sollten. Sie lassen uns lieber im ewig gleichen Saft schmoren, anstatt mutig Neues zu wagen. Aber auch negative Annahmen über die eigenen kognitiven Verarbeitungsprozesse können problematisch sein, wenn sie einen Strudel aus schlechten Gefühlen auslösen.

Als negative Metakognitionen gelten Glaubenssätze, die das Grübeln katastrophisieren: Gedanken darüber, dem Grübeln hilflos ausgeliefert zu sein, sich dahingehend nicht mehr kontrollieren zu können, davon psychisch krank zu werden oder dadurch nicht mehr klar denken zu können. Besonders die Annahme, das eigene Grübeln nicht mehr kontrollieren zu können, hat zur Folge, dass wir gar nicht erst versuchen, unser Grübeln zu stoppen oder dass – wie oben erwähnt – Bewältigungsstrategien zum Tragen kommen, die uns kurz erleichtern, aber langfristig schaden, wie Gedankenunterdrückung, regelmäßiger Alkohol- oder anderer Drogenkonsum.

Im Metakognitiven Modell zur Depression wird auf einfache Weise gezeigt, wie sich der Grübelprozess durch zunächst positive und darauffolgend negative Metakognitionen zu einem depressiven Teufelskreis ausweitet:[19]

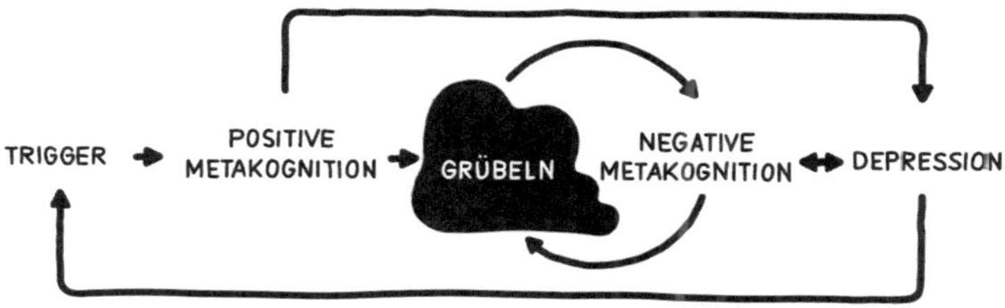

Metakognitives Modell der Depression[20]

Das Ziel ist, die Kontrolle über unsere Zeit zurückzugewinnen. Worauf wollen wir unsere Aufmerksamkeit und Energie in Zukunft richten? Dürfen wir unsere Gedanken Gedanken sein lassen, können wir akzeptieren, dass wir vieles in unserem Leben erst mal oder auch auf längere Sicht hin nicht lösen werden und dass es keine Versicherung vor den Ungerechtigkeiten des Lebens gibt? Wenn wir uns darüber bewusst werden, dass wir die Zeit, die wir mit problematischen Strategien verbringen, verkürzen wollen, sind wir auf dem Weg, unser Wohlbefinden maßgeblich zu steigern. Und wir steuern vor allem auch in eine andere Richtung – weg vom Strudel aus Angst und Depression.

Bevor ich zu den sachdienlichen Hinweisen komme, was wir anstatt des Grübelns machen können, möchte ich noch auf ein Phänomen unserer Zeit eingehen, das es uns richtig schwer macht, all die guten Vorsätze umzusetzen. Es geht um den Zusammenhang von Grübeln und Schlafstörungen und um Geräte, die unseren Schlaf beeinflussen und Grübelneigungen befeuern. Menschen mit viel Sachverstand haben mit Erfolg daran gearbeitet, uns an ein Objekt zu binden, das sich als absoluter Grübelkatalysator erweist.

Doomscrolling oder Grübeln über den Weltuntergang

Ich mache mir vor allem nachts Sorgen. Und frage mich dabei, ob ich Schlafstörungen habe, weil ich mir grundsätzlich so viele Sorgen mache oder ob ich mir so viele Sorgen mache, weil ich Schlafstörungen habe. Nun gibt es in diesem Buch ein ganzes Kapitel über das Schlafen, weshalb ich an dieser Stelle nicht so sehr auf Schlafhygiene eingehe, sondern mehr auf das, was über den Zusammenhang von pathologischem Grübeln und Schlafstörungen bekannt ist. Von Personen, die schlecht schlafen, weiß man, dass sie meist daran glauben, ihr nächtliches Sorgental helfe ihnen tatsächlich beim Lösen ihrer Probleme. Dass sie da – wenn auch zur Unzeit – irgendwie wichtige Arbeit verrichten würden, womit wir wieder bei den positiven Metakognitionen wären. Nicht sehr überraschend beurteilen Menschen, die sich einfach ins Bett legen und losratzen, Mitternachtsgrübeleien als wenig wertvoll.[21]

Einen interessanten Effekt kennen viele nächtliche Worriers: Schaffen sie es, wieder einzuschlafen, erscheint ihnen am nächsten

Morgen der Horror der Nacht wie ein ferner Albtraum. Klar, die Probleme sind dieselben, aber im Mantel eines anbrechenden Tages fragen sie sich: Was war jetzt eigentlich so schlimm? Wie kam es überhaupt dazu, dass ich so schnell in einen Weltuntergangsstrudel geraten bin?

Dafür gibt es eine biologische Erklärung, die wir uns auf einen Zettel schreiben und unters Kopfkissen legen sollten: Unser pfiffiges Hormonsystem mischt unweigerlich im Gedankensalat mit, wenn wir nachts aufwachen. Genau dann ist unser Melatoninspiegel nämlich sehr hoch, der für Ruhe und Entspannung sorgt. Das Stresshormon Cortisol wiederum, das uns tagsüber aktiv hält und stimmungssteigernd wirkt, sinkt nachts ab. Wachen wir also zu einer Zeit auf, in der unsere innere Uhr auf Schlafen gestellt ist, ist es nicht unbedingt unsere eigene Tagstimme, die uns in Sorgen apokalyptischen Ausmaßes hineinpeitscht. Es ist eine andere, sehr pessimistische Stimme, die uns Gram ins Ohr träufelt, dazu kommt das Gefühl der Einsamkeit in der Dunkelheit. Wenn wir nachts aufwachen, ist es besser, das Licht anzuschalten und Kochrezepte zu lesen, einen Podcast zu hören oder Entspannungsübungen zu machen, als sich diesem Martyrium hinzugeben.

Seitdem wir unsere Smartphones mit ins Bett nehmen, hat sich ein Phänomen entwickelt, das als »Doomscrolling«[22] bezeichnet wird und sowohl für unseren Schlaf als auch für eine ohnehin schon bestehende Grübelneigung Gift ist. In meinem Podcast beschrieb Protagonistin Nora ihren stundenlangen Medienkonsum während der Pandemie: »Es ist wie ein Ritual geworden, abends, wenn Ruhe herrscht, alles ist gemacht, die Spülmaschine läuft. Ich setze mich aufs Sofa, nehme mein Telefon in die Hand und dann kann es sein, dass da zwei Stunden vergehen. Und ich merke immer wieder: Ich sollte jetzt aufhören, ich sollte aufhören, aber vielleicht verpasse ich noch diese eine Meinung, die meine Sicht ändern könnte, diese eine Nachricht, die vielleicht Hoffnung birgt. Aber es gibt keine Hoffnung, nur einen Sog, einen Strudel aus schlechten Nachrichten und eine Wolke aus bad vibes, auf der man sich bettet.«[23]

Bei vielen von uns findet der massive Konsum negativer Nachrichten am Smartphone und gerne abends vor dem Schlafengehen statt. Ich selbst habe schon unzählige Stunden mit abendlichen Atomkriegs- und Bunkerrecherchen verbracht. Natürlich kann man sagen: Wenn man einen nahen Stellungskrieg und Kampfhandlungen live im Internet verfolgen kann, ist es womöglich sinnvoll, informiert zu bleiben. Generell gilt: Je bedrohlicher die Situation, desto mehr Informationen verlangt unser Gehirn, um potenziellen Gefahren begegnen zu können. Es gibt aber auch Menschen, die nicht in diese Art der Recherche gegangen sind. Sie neigen auch nicht zum Grübeln.

Wie scharfsinnig wir für Gefahrensignale ausgestattet sind, zeigt folgendes Beispiel: In manchen Haushalten mit fensterlosem Badezimmer findet man eine Zündholzschachtel neben der Toilette. »Das Unbeschreibliche, hier ist's getan«, so Goethe – wer also mal muss, soll danach ein Zündholz anzünden, um den schlechten Geruch zu vertreiben. So dachte ich es zumindest immer. Es stimmt aber gar nicht, dass der Zündholzdampf den schlechten Geruch »vertreibt«. Unser Gehirn findet den Rauchgeruch für unser Überleben schlicht relevanter als den Gestank, weshalb es uns nur so vorkommt, als würde das Anzünden eines Zündholzes die Luft reinigen.

Auf Nachrichten übertragen kommt deshalb der uralte Slogan *If it bleeds, it leads* zum Tragen: Wir schenken News, die potenziell relevant für unser Fortbestehen sind, automatisch mehr Aufmerksamkeit und sie bleiben uns auch länger im Gedächtnis. Es ist also eine normale Reaktion in Krisenzeiten, die eigene Angst mit dem Schließen von Informationslücken zu bewältigen. So sammeln wir mehr oder weniger wahllos Informationen im Internet, die uns vielleicht schützen könnten. Doch leider ist das Weltgeschehen zu komplex, um sich einfache Lösungen zu ergooglen. Gleichzeitig schwelt die Apokalypse dauerhaft nur wenige Zentimeter vor unserer Großhirnrinde und dem Thalamus, wo Informationen aus unseren Sinnesorganen verarbeitet werden. Jeden Tag und zu jeder Stunde sind es zig Szenarien, die uns möglicherweise bevorstehen und über all dem hängt dann auch noch das glühende Schwert der Klimaerwärmung. Jedes welke Blatt, an dem wir vorbeiwandeln, wird so zum Vorboten einer gnadenlosen Dystopie.

Die Auswirkung des massiven Konsums dieser Nachrichten wurde immer wieder in Studien untersucht, sie alle kommen zu ähnlichen Ergebnissen: Wir werden anfälliger für depressive Verstimmungen, wir haben mehr Angst – und zwar nicht nur in Bezug auf ein einzelnes Ereignis, sondern generell. Wir erleben mehr innere Unruhe, sind gereizter und antriebsloser, sogar unsere Kreativität schwindet wegen dem, was wir vermeintlich zu unserem Schutz tun.[24]

Als ich während des zweiten Lockdowns bemerkte, dass in den Morgennachrichten jeden einzelnen Tag die aktuellen Covid-Zahlen durchgegeben wurden, schaltete ich nicht mehr ein. Diese News empfand ich als Überinformation, die nichts an der akuten Situation ändern konnte, mir dafür aber gleich nach dem Aufstehen aufs Gemüt schlug. Und als mich ein Freund anrief und mir erzählte, dass er die Lebensmittel aus dem Supermarkt zu Hause desinfizierte und ein anderer mit jeder existierenden YouTube-Theorie ankam, fragte ich mich: Wie viel lasse ich an mich heran, um nicht durchzudrehen?

Laut eines WHO-Berichts aus dem Sommer 2022 sind nach dem ersten Pandemie-Jahr Angststörungen und Depressionen weltweit um 25 Prozent gestiegen.[25] Die Dauerbeschallung mit Szenarien und Zahlen, Maßnahmen und Konsequenzen für Familien, Alleinstehende, alte und kranke Menschen, Kinder, Pflegefachkräfte und Ärzt:innen sowie die ständige Anpassung an neue Informationen waren dafür prädestiniert, psychische Erkrankungen auszulösen oder zu reaktivieren. Es geht mir an dieser Stelle nicht um die Diskussion von Maßnahmen oder um die Aufforderung zur Ignoranz, sondern darum, dass wir bei jeglicher belastender Nachrichtenlage im Hinterkopf haben sollten, dass schlechte Nachrichten für unsere Psyche so ungesund sind wie dauerhafter Fast-Food-Konsum für den Körper. Es ist manchmal notwendig, sich Pausen zu nehmen oder eine Zeit lang nur ausgewählt und dosiert zu informieren.

Jedoch hatte die Pandemie konkrete Auswirkungen auf uns, sehr viele schlechte Nachrichten haben dies erst mal nicht. Die Psychologin Jodie Jackson schreibt, dass wir Nachrichten, die wir nur gelesen oder gehört haben, oft deshalb so erzählen und empfinden, als ob wir sie selbst erlebt hätten, weil unser Gehirn Informationen auf eine besondere Art verarbeitet und abspeichert: Es unterscheidet nicht zwischen Dingen, die wir durch Medien erfahren und solchen, die uns im echten Leben passieren. Informationen, die wir via Nachrichten erhalten, können genauso Erinnerungen schaffen und Glaubenssätze formen wie persönlich erlebte Erfahrungen.[26]

Sie haben darüber hinaus das Potenzial, zu einem sogenannten Traumaassoziierten Stimuli zu werden, z. B. im Fall von Kriegsberichterstattung bei Menschen, die selbst Krieg und Flucht erlebt haben. So erfuhr ich nach einem bizarren Albtraum, dass mein Großvater im Zweiten Weltkrieg im ukrainischen Charkiw seinen Führerschein vergraben hatte und dass mein Großonkel, von dem ich bislang nur wusste, dass er sehr jung an der russischen Front gefallen war, in eben diesem Landstrich getötet wurde. Ich hatte bis dahin keine Verbindung zur Ukraine, nun wusste ich, dass einer meiner Familienangehörigen dort gestorben war. Dass ich wenige Tage vor dem russischen Angriff vom Krieg träumte und mir dabei eine bewaffnete Riesenratte ihre Zähne ins Schienbein schlug, soll nicht heißen, dass da ein »Unbewusstes« gesprochen hat, das wäre Spekulation und könnte sich auch schon wieder um magisches

Denken handeln. Aber bei den älteren Frauen in meiner Familie wurde die Erinnerung an Erlebnisse und Erzählungen wieder wach, die direkte Auswirkungen auf sie gehabt hatten.

Es hängt mit uns ganz persönlich und unserer Prägung zusammen, auf welche negativen Nachrichten wir besonders reagieren oder ob wir überhaupt reagieren. Es ist wie mit Gummibärchen und Chips. Wir werden süchtig danach und stopfen uns die komplette Tüte in den Rachen, obwohl wir ahnen, dass es uns danach schlecht gehen wird. Vielleicht sehen wir es auch als unsere Aufgabe an, als Teil dieser Gesellschaft interessiert und aufgeklärt einen Standpunkt zu vertreten und eben auf dem neuesten Stand zu sein. Doch dieses Interesse unterliegt seit geraumer Zeit einer völligen Entgrenzung, es endet nicht mit der letzten Seite einer Zeitung, im Netz sind jegliche Stopper entfernt, die Entscheidung, am Ende eines Kapitels weiterzulesen oder eine Pause zu machen, haben längst andere für uns getroffen. Wir scrollen und scrollen und scrollen, bis uns der Bauch steht und wir ermattet, abgestumpft und mit leichter Übelkeit in wirre Träume abtauchen.

Kleine Lösungen, um die Stopptaste zu drücken

Vielleicht ahnst du schon, wie du über dein eigenes Grübeln denkst, ob du es für hilfreich hältst oder eher als bedrohlich empfindest. Ich persönlich habe die Erfahrung gemacht, dass es sich immer lohnt, die Beweggründe hinter Symptomen zu erforschen, weil mögliche Interventionen dann gezielter greifen können. Wenn wir unsere Annahmen über das Grübeln kennen, können wir unsere Metakognitionen bearbeiten. Wenn wir z. B. glauben, dass wir unser Grübeln nicht kontrollieren können, sondern ihm ausgeliefert sind, kommen wir uns mit dieser Frage selbst auf die Schliche: Würden wir wirklich weitergrübeln, wenn es einen Zimmerbrand gäbe? Oder hätten wir nicht ziemlich schnell die Power, Wichtigeres zu tun?

Wenn wir dagegen fälschlicherweise glauben, das Grübeln sei positiv und helfe uns dabei, Probleme zu lösen, sollten wir uns Folgendes vorstellen: Wir haben ein Kind, das sehr viel in seinem Zimmer sitzt, vor sich hinstarrt und darüber brütet, ob seine beste Freundin es nicht mehr mag. Würden wir ihm empfehlen, noch mehr zu grübeln? Oder würden wir vielmehr alles tun, um es aus seinem inneren Verlies zu holen?

Die folgenden Vorschläge sind kein komplettes Manual aller psychotherapeutischen Interventionen, die bei Grübel- und Sorgenexzessen helfen können, und auch kein Ersatz für eine Psychotherapie. Aber sie können Inspiration sein, etwas Neues auszuprobieren:

- **Der Grübelstuhl:** Auch das Doomscrolling am Smartphone ist wie das Grübeln und Sich-Sorgen eine Angewohnheit, bei der gute Vorsätze nicht reichen, um sie zu abzustellen. Wie beim Grübeln selbst geht es erst mal darum, zu erkennen, was wir da tun und vor allem, wie viel Zeit es beansprucht. Ein Blick auf unsere Bildschirmzeit gibt da Aufschluss. Es genügt, wenn wir eine Woche lang bewusst tracken, wie viel Zeit wir in welcher App verbringen. Sind es Nachrichtenapps, soziale Netzwerke wie X, Instagram oder TikTok? Oder verbringen wir sehr viel Zeit mit chatten? Auch chatten über den Weltuntergang gehört zum Doomscrolling dazu. Das Löschen der Apps kann eine schnelle Lösung sein, häufig ist die schnelle Lösung aber nicht die nachhaltigste. Ich habe schon sehr viel Zeit damit verbracht, eine App immer wieder zu löschen, um sie dann wieder neu zu installieren.
  Eine klassische verhaltenstherapeutische Maßnahme kann Abhilfe schaffen: bewusstes Doomscrolling, für das man sich eine fixe Zeit am Tag einräumt, z. B. jeden Abend um 19 Uhr für 30 Minuten. Diese Zeit darf nicht im Schlafzimmer verbracht werden, sondern z. B. auf der Toilette, einer Ecke des Sofas oder einem Stuhl. Wir bestimmen so einen Grübelplatz in der Wohnung, auf dem wir 30 Minuten lang nach Herzenslust scrollen dürfen, was das Zeug hält. Es darf auch gern der ungemütliche Küchenhocker sein, auf dem wir uns in eine Tour de Force der aktuellen Katastrophen und Entwicklungen hineinstrampeln. Wichtig ist, dass wir lernen, das Grübeln und die Sorgen an diesem Platz zu dieser Uhrzeit zu verstauen, damit wir den Rest des Tages davon Ruhe haben.
  Wir dürfen Gedanken, die uns beim Lesen kommen, auch auf einen Zettel schreiben, aber er muss am Grübelstuhl bleiben. Natürlich wird es Abende geben, an denen aus 30 Minuten eine Stunde werden, das bewusste Versacken wird es uns aber leichter machen, diese Handlung zu begrenzen.

- **Nachrichten als Nahrung begreifen:** Mir persönlich half schon die bewusste Erlaubnis, dass ich mich maßlos mit Nachrichten zuschaufeln darf, um leichter zu einem Ende zu finden – und zwar dauerhaft. Bei einigen von uns geht es schneller, so eine neue Gewohnheit zu etablieren, sie merken schon nach zwei bis drei Wochen ein Gefühl der Selbstwirksamkeit. Bei vielen dauert es aber auch sehr viel länger, dann heißt es dranbleiben. Aber schon die ersten Versuche können Besserung bringen und das wiederum kann uns motivieren. Und vielleicht hilft noch ein kleiner Perspektivwechsel auf Informationen generell, damit wir anfangen, etwas an unserem Nachrichtenkonsum zu ändern: Wieso sprechen wir eigentlich von »Informationsflut«, aber nicht von »Nahrungsflut«?[27] Die meisten von uns haben sich mit dem Nahrungs- und vor allem dem Zuckerüberangebot im alltäglichen Leben arrangiert. Wir versuchen, Mahlzeiten einzuhalten, Süßes gibt es als Nachtisch und nicht zur Vorspeise, es ist Common Sense, dass es ungesund ist, sich spätabends den Bauch vollzuschlagen und bei starkem Übergewicht wird unsere Hausärztin das Gespräch suchen. Wir sind es gewohnt, uns nicht ausschließlich von unserem Appetit und der Lust leiten zu lassen, aber es bleibt eine individuelle Entscheidung, was wir essen und wie stark wir sortieren, was uns guttut oder zumindest nicht krank macht. Wir filtern Nahrung, weil wir es so gewohnt sind.
  Anders scheint es aber noch mit der Informationsflut zu sein. Auch die gibt es schon seit einiger Zeit, aber noch nicht so lange rund um die Uhr in einem Stream of Consciousness überall dort, wo wir stehen, gehen oder uns hinlegen. Wie bei Ernährung ergibt es Sinn, nicht auf Diäten, sondern auf eine dauerhafte Nahrungsumstellung zu setzen. Jede tiefgreifende soziale Veränderung bedarf einer Anpassung. Was wäre, wenn wir Nachrichten und alle Social-Media-Inhalte, die uns vom Algorithmus vor die Füße gespült werden, nicht als lesenswerte News und Entertainment, son-

dern als Nahrung betrachten würden, in der auch ganz schön viel Fast Food steckt? Würden wir dann wirklich jeden Abend im Bett liegen und konsumieren, bis wir nicht mehr können? Darm und Hirn haben viel gemeinsam: Beides sind »aufnehmende« Organe, es handelt sich um die energieintensivsten Gewebe im Körper und nicht zufällig heißt es: Diese Nachricht muss ich erst mal verdauen. Auch unser Gehirn kann nicht ungebremst und maßlos negative Informationen aufnehmen, ohne dass wir die Auswirkungen davon langfristig zu spüren bekommen.

- Bewusster Moduswechsel: Dem Grübeln ist nicht so einfach mit der Kraft unserer Gedanken beizukommen, da es ja Gedanken sind, in denen wir uns verfranzt haben. Empfehlenswert ist ein völliger Moduswechsel, d.h. liegen wir im Bett, stehen wir lieber auf oder wir beginnen zu schreiben, statt alles rein innerlich mit uns auszuhandeln oder wir beginnen mit einer nicht allzu monotonen Sportart, bei der wir richtig ins Schwitzen kommen, um damit wieder grübelfreie Fenster im Alltag zu erleben. Auch können wir mit Achtsamkeitstrainings lernen, unsere Sinne stärker wahrzunehmen (siehe dazu »Kleine Lösungen für weniger Stress«). Liegen wir nachts im Bett, können wir uns auch darauf konzentrieren, wie sich das Laken anfühlt, das Buchcover oder unsere Fingerspitzen auf den Innenseiten der Unterarme.
- Worst-Case-Szenario vs. Best-Case-Szenario: Eine gute Strategie, die auch gegen Versagensangst helfen kann, ist, sich in Sorgenschleifen das Worst-Case- und das Best-Case-Szenario auszumalen. Wir dürfen den Worst Case einmal durchspielen, aber malen uns auch bewusst den Best Case aus, der eintreten kann. Manchmal kommen wir dann zu dem Schluss, dass wir auch den Worst Case überleben können und der Best Case gar nicht immer komplett unwahrscheinlich sein muss.
- Triggergedanken als Signal: Ein erster Gedanke, der die Assoziationskette anstößt. Diese Gedanken können erst mal wirklich

harmlos sein und dann führt doch wieder eins zum anderen. Wahrscheinlich haben wir auch typische Triggergedanken, weil wir bei bestimmten Themen einfach regelmäßig empfänglicher sind als bei anderen, vielleicht versuchen wir, uns dahingehend noch ein bisschen besser kennenzulernen. Grundsätzlich können wir Grübeleien aber auch bewertungsfrei als »Signal« sehen. Es bedeutet, dass uns wohl etwas umtreibt oder dass da gerade etwas automatisch in uns passiert, was durch einen äußeren, negativen Reiz ausgelöst wurde. Damit heben wir den Vorgang auf eine metakognitive Ebene, in der wir das Grübeln leichter von außen betrachten können.
Die verhaltenstherapeutische Technik, Betroffene ihre Gedanken auf eine durchsichtige Scheibe schreiben zu lassen und sie danach dazu aufzufordern, zu sagen, was sich hinter der Scheibe befindet, macht die verschiedenen Ebenen sehr deutlich, die wir beim Denken einnehmen können. Auf einer Ebene strömen die Gedanken einfach so ein, auf einer anderen begegnen wir ihnen mit unseren kognitiven Strategien. Und dann gibt es noch eine Ebene, auf der wir erkennen, dass es sich einfach um Gedanken handelt, denen wir mit Strategien begegnen. Wir können sie aber auch beiseiteschieben oder durch sie hindurchsehen und unsere Aufmerksamkeit auf etwas anderes lenken.

- **Grübelbündnis:** Wie wunderbar sind Freundschaften, in denen der ehrliche und offene Austausch über unsere Abgründe und dunklen Stunden möglich ist, in denen wir uns in all unserer Unfähigkeit und im Notfall ungewaschen gehen lassen können! Zu hören und zu spüren, dass andere Menschen, die wir mögen oder bewundern, sich mit ebenso banalen und tragischen Dingen herumschlagen wie wir selbst, kann uns das Gefühl von Verbundenheit in einer unbarmherzigen Welt geben. Gemeinsam zu grübeln ist besser als allein, aber auch beim gemeinsamen Probleme-Wälzen gilt: Irgendwann ist Schluss!

Vergleichen

**»Ich bin im Verein geschwommen und fand das Vergleichen
im Wettkampf immer schwer auszuhalten.
Wenn ich schlechter war,
aber auch wenn ich besser war als andere.«**[1]

Bewerbungen bringen nicht nur die Chance auf einen neuen Job, sondern haben auch das Potenzial, gehörig an unserem Selbstwert zu kratzen. Leider können wir uns nicht ausschließlich in der gemütlichen Hobbithöhle verschanzen, sondern müssen ab und zu nach Mordor aufbrechen und etwas wagen.

Der regnerische Tag im Mai, an den ich dabei denken muss, war so ein Tag. Ich hatte es nach einem langwierigen Bewerbungsverfahren tatsächlich in die letzte Runde für einen begehrten Ausbildungsplatz geschafft, im Vorfeld viel Energie in ein aufwendiges Anschreiben gesteckt und tagelang für den Wissenstest gelernt. In der nun anstehenden Endrunde ging es nur noch darum, vor einer zwölfköpfigen Jury eine Viertelstunde lang Fragen zu beantworten – natürlich eloquent und sympathisch.

Punkt halb zehn zeigte die Wanduhr, als sich die Tür öffnete und ein vorheriger Bewerber mit strahlendem Gesicht an mir vorbeilief. Der Leiter des Verfahrens bat mich, einzutreten und Platz zu nehmen. Er stellte mir kurz jedes Jurymitglied vor, legte dann seine Armbanduhr auf den Tisch und stellte *die* Frage, auf die man sich, das weiß ich seitdem, in jedem Bewerbungsgespräch prophylaktisch vorbereiten sollte: »Als Allererstes haben Sie eine Minute Zeit, uns zu sagen, warum wir Sie nehmen sollen.« Ich schaute seine Uhr auf dem Tisch an, ich schaute ihn an und sprach dann eine Minute lang davon, wieso man mich *nicht* nehmen sollte. An die restlichen Fragen erinnere ich mich nicht mehr, dafür noch sehr gut ans Ende des Gesprächs, als er mir mitleidig die Hand gab und sein Blick mir klar zu verstehen gab: Das war's für Sie.

Unten auf der Straße nieselte es und noch ehe ich in das Loch versinken konnte, das sich vor mir im Boden aufgetan hatte, sah ich eine junge Frau auf der gegenüberliegenden Straßenseite laufen, die ich sofort erkannte. Wahrscheinlich war sie gerade zu Gast beim Radiosender ums Eck gewesen. Sie war erst 18 Jahre alt und hatte vor wenigen Wochen beim Eurovision Song Contest den ersten Platz für Deutschland geholt. Diesen langersehnten ersten Platz, den die unbeliebten Deutschen doch nie mehr zu erreichen schienen.

Zu diesem Zeitpunkt kannte fast jeder Mensch, der Nachrichten schaute, Lena Meyer-Landrut. Sogar der Bundespräsident hatte ihr nach ihrer Rückkehr vom ESC am Flughafen Blumen überreicht. Diese 18-Jährige hatte es mit Charme und Talent geschafft, die Welt von sich zu überzeugen und ich bekam es nicht mal 60 Sekunden lang hin, zu erklären, wieso genau ich die Richtige für diesen Ausbildungsplatz gewesen wäre. Nicht nur der Vergleich mit den anderen Bewerber:innen, die es an diesem Tag geschafft hatten, würde mich für eine Woche ans Bett fesseln. Ich hatte mich gerade mit einem Popstar verglichen.

So eine offensichtlich sehr herausfordernde Konkurrenzsituation wie ein Bewerbungsverfahren ist natürlich prädestiniert für den Vergleich. Auch ich war in einer Castingshow gelandet, außer dass der Schlamassel nicht gefilmt und ins Internet gestellt wurde.

Aber: Wir vergleichen uns meistens auch in weit weniger plakativen Situationen. Menschen können sich nämlich nicht einfach *nicht* vergleichen. In diesem Kapitel soll es deshalb nicht darum gehen, den Vergleich einzustellen, sondern darum, ihn für uns zu nutzen. Wir befinden uns hier im Übergang zum Machen-Teil dieses

Buches. Der Vergleich ist etwas, das wir nicht lassen können, aber die Art und Weise, wie wir uns vergleichen und was das für Auswirkungen auf uns hat, darauf haben wir Einfluss. Es soll darum gehen, welche Vergleiche uns schaden können und was wir auf Social Media tun, wenn wir Herzen verteilen und uns gleichzeitig wie mickrige Maulwürfe fühlen.

Dass Sich-Vergleichen und dadurch aufsteigender Neid normal sind, zeigen die allermeisten Geschwisterbeziehungen. Für unsere Psyche ist es allerdings gesünder, wenn wir lernen, damit produktiv umzugehen.

Die Funktion des sozialen Vergleichs

Der soziale Vergleich ist so etwas wie ein allgegenwärtiges Grundrauschen, er ist ein fester Bestandteil des menschlichen Zusammenlebens.[2] Wir brauchen ihn, um in einer hochkomplexen und vernetzten Welt zurechtzukommen. Kindern ein vorwitziges »Ich bin größer als du« übelzunehmen oder gar zu verbieten, bedeutet, eine altersgerechte, soziale Entwicklung zu unterbinden. Auch wenn Größe, Schnelligkeit oder die Anzahl der Ninjago-Figuren nichts mit dem Charakter oder dem Wert eines Menschen zu tun haben, so sind dies doch erste Vergleichsinformationen innerhalb einer Gruppe. Was uns Erwachsenen bei den kindlichen Vergleichen vielleicht so schnell aufstößt, ist der offensichtliche Auf- und Abwärtsvergleich, um den es später noch gehen wird.

Wir orientieren uns nicht in erster Linie deshalb an anderen, um uns selbst Komplexe zu machen oder andere zu degradieren, sondern um einen Maßstab für unser eigenes Denken, Handeln und Fühlen zu bekommen. So gelangen wir an Informationen darüber, wo wir in der Hierarchie stehen, ob wir eben zu den Großen oder Kleinen gehören, was wir besonders gut können und was weniger etc. Indem wir das Verhalten anderer beobachten und es mit unserem Verhalten vergleichen, lernen wir, welche Normen und Werte in einer Gemeinschaft gelten. Diese Funktion des sozialen Vergleichens wurde erstmals im Jahr 1954 vom Sozialpsychologen Leon Festinger in seiner Theorie der sozialen Vergleichsprozesse erwähnt.[3]

Soziale Vergleiche sind dabei mit kulturellen Praktiken verknüpft.[4] Es gibt Kulturen, in denen die Einhaltung sozialer Normen wesentlich strenger eingefordert wird und eher Restriktionen drohen, wenn man ausschert. Das wird *Cultural Tightness* genannt und trifft auf Länder wie China, Japan, Südkorea, aber auch Frankreich und Deutschland zu. In diesen Gesellschaften tendieren Menschen stärker zum sozialen Vergleich als in Ländern mit *Cultural Looseness*.[5] Zu den Ländern mit einer größeren Toleranz gegenüber Normabweichungen gehören z. B. die Niederlande, Neuseeland und Australien. Die soziale Kontrolle gilt hier als geringer. Der Vergleich ist also eine Art Warnsystem vor Ausgrenzung bzw. fördert er unsere Leistungsbereitschaft und Anpassung an die Gruppe, aus der wir ja auf keinen Fall ausgestoßen werden wollen.

Aufwärts oder abwärts?

Ob uns Vergleiche von Nutzen sind oder uns eher frustrieren, hat viel damit zu tun, in welche Richtung wir uns vergleichen und was unsere Motivation dabei ist:

- Aufwärtsvergleich, Variante A: Die Verspannung im unteren Rücken hat es mal wieder geschafft. Wir können uns nicht mehr die Schnürsenkel zubinden und befürchten demnächst einen Bandscheibenvorfall. Aber wo nur soll in diesen vollgestopften Alltag auch noch eine gutgelaunte Gymnastikstunde passen? Wir sprechen mit unserer ebenfalls rückenschmerzerprobten Freundin, die aber seit geraumer Zeit nicht mehr geklagt hat. Sie erzählt, was und wann sie täglich Zeit für Bewegung findet und wie sie es geschafft hat, dranzubleiben. Wir lassen uns davon inspirieren und finden uns eine Woche später ebenfalls auf der Matte wieder. Unsere Motivation bei diesem Vergleich ist: uns zu verbessern und anzunähern.

- **Abwärtsvergleich:** Wir haben Schmerzen und sind frustriert über unseren körperlichen Verfall, aber zum Glück sind wir noch nicht so im Eimer wie unser Kumpel, der sich die letzten Jahre von Fast Food und Bier ernährt hat und ebenfalls niemals Sport treibt. Wir treffen uns mit ihm, um uns seine Beschwerden anzuhören und fühlen uns danach so, als ob wir Bäume ausreißen könnten. Die Motivation bei diesem Vergleich ist: sich abzugrenzen und besser zu fühlen. Was zumindest kurzfristig klappt.
- **Aufwärtsvergleich, Variante B:** Wir sitzen nach einem anstrengenden Tag mit Rückenschmerzen auf der Couch und scrollen durch Instagram. Wie wir schon gelernt haben, tun wir das automatisch, auf der Suche nach dem nächsten Dopaminshot. Unsere Arbeitskolleginnen haben eine Rennrad-Challenge am Laufen, die schöne Influencerin mit dem Bademode-Label filmt sich mal wieder beim Klimmzüge-Machen und überhaupt: Warum sind alle nur so verdammt sexy und jung? Wir legen das Smartphone zur Seite und fühlen uns mies. Die Motivation dieses Vergleichs war ebenfalls, sich abzugrenzen und besser zu fühlen. Was offensichtlich nicht funktioniert hat.[6]

Der verdruckste Vergleich auf Social Media

Sich für inszenierte Schönheit und gute Noten abfeiern lassen, das durften vor Social Media nur Popstars und traurige Strebernerds. Die Bescheidenheit der Lieschen Müllers galt dagegen als Tugend. Es hat nur wenige Jahre gedauert, bis die meisten von uns bei der

Selbstinszenierung mitmischten. Verloren war die Scham, ähnlich wie beim Konsum von Reality-TV.

Was passiert mit unserer Psyche, wenn wir auf Social Media den beruflichen Erfolg, die teuren Klamotten oder die voluminösen Lippen einer anderen Person sehen, und dies auch gerne hätten? Wir vergleichen uns, schneiden schlechter ab, neiden ein bisschen und drücken dann tapfer den Like- oder Herz-Button, weil das irgendwie sozial vereinbart zu sein scheint. Wir sind also verdeckt neidisch, dürfen unseren Neid – besonders bei Menschen, die wir persönlich kennen und denen wir folgen – nicht offen zeigen. Um das Gefühl des Neids innerlich abzuwehren, gehen wir in die Bewunderung, das ist angenehmer, als dauernd Dissonanz zu spüren.

Der Neid auf Social Media zeigt sich besonders deutlich im *Hate-Following*: Man folgt Menschen, um sich über sie lustig zu machen oder sich zu echauffieren. Ein geplantes Sich-Aufregen und Abwerten also, ein offensichtliches Ventil. Zwar erscheint die Welt auf Instagram im Vergleich zur echten Welt eher hierarchie-flach, da wir auch unserem Lieblingsstar eine Direct Message schicken können

und weil wir von Influencer:innen so nah in deren vermeintlich echtes Leben mitgenommen werden. Dennoch besteht ein Gefälle zwischen denen, die die Inhalte produzieren und denen, die sie konsumieren. Erstere prägen mit ihren Themen den gesellschaftlichen Diskurs, was mit Macht einhergeht. Aber auch die Gruppe der Konsumierenden hat eine Haltung und das Grundbedürfnis nach sozialer Anerkennung. Postet das Idol nun etwas, was nicht gefällt oder schweigt es zu einem gesellschaftlichen Missstand, zu dem wir uns ein Statement wünschen, können sich in dieser einseitigen Beziehung Abwertung, Neid und Schadenfreude einstellen.[7]

Dass das soziale Vergleichen auf Social Media uns krank macht, zeigen etliche Studien. In einer Untersuchung aus Kanada beispielsweise entzog man der einen Hälfte der Teilnehmenden den Social-Media-Zugang für eine Woche, die anderen machten weiter wie bisher. Wem ging es am Ende besser? Signifikant denen mit der Social-Media-Pause.[8]

Generell scheinen sich Menschen häufiger aufwärts zu vergleichen als lateral, also mit Menschen, die ihnen in den meisten Bereichen auf Augenhöhe begegnen.[9] Außerdem variiert es von Person zu Person, wie sehr diese Vergleiche uns beeinflussen. Gerade, wenn es uns selbst schlecht geht, wir beispielsweise an einer Depression oder Angststörung erkrankt sind, beeinflusst uns der soziale Vergleich besonders negativ.[10] Dennoch tendieren wir dazu, uns nach oben zu orientieren, anstatt uns mit Menschen zu vergleichen, die ebenfalls gerade mit emotionalen Problemen zu kämpfen haben, wenn es uns schlecht geht. Umbrüche, Lebenskrisen oder schwere Krankheiten machen uns noch anfälliger für den Vergleich. Auf der »Social Comparison Orientation«-Skala, mit der Psycholog:innen messen, wie sehr soziale Vergleiche Menschen im Nachgang beschäftigen, haben Menschen mit Depressionen besonders hohe Werte. Außerdem spielen ein geringeres Selbstbewusstsein und ein hohes Einfühlungsvermögen ebenfalls oft eine Rolle.[11]

Wie vergleichen funktioniert

Ein befreundetes Paar war vor ein paar Wochen umgezogen und hatte zur Wohnungseinweihung geladen. Da standen nun die beiden einvernehmlich in ihrer Wohnküche, handgemachte Keramik-Kaffeetassen haltend, und während sie erzählten, schweifte mein Blick über die schon komplett fertige Einrichtung. Jedes Teil in dieser Wohnung strahlte Anmut und Geschmack aus, es gab keinen hässlichen Teller im selbstlackierten Antiquitätenschrank, keine nackte Glühbirne im Flur und auch diese beiden Elfenmenschen, schlank und langbeinig wie eh und je, zeigten keinerlei Anzeichen von irgendeiner Form der partnerschaftlichen Verwahrlosung nach diesem Kraftakt. Ich sah an mir herunter und tat das, was man die gedankliche Abfolge eines Vergleichs nennen kann:

- Ich habe nicht nur meine Wohnungseinrichtung mit der des befreundeten Paares **verglichen**, sondern auch noch mein Aussehen und das meines Partners.
- In diesem von mir angestellten Vergleich haben wir **schlechter abgeschnitten**. Wir waren auch Jahre nach unserem Umzug noch nicht komplett eingerichtet und vor allem nicht so schön. Und wir sind nun mal keine Elfenmenschen, eher gemütliche Korken.
- Und obwohl mich das die letzten Jahre nicht weiter interessiert hatte, tat ich noch den letzten Schritt, der bei einem Vergleich passieren kann: Ich **wertete mich selbst ein bisschen auf** und das andere Paar ein bisschen **ab**.[12]

Wir fühlen uns durch das Gefühl, schlechter abzuschneiden, entwertet. Deshalb suchen wir unbewusst Strategien, um unseren Selbstwert wieder zu erhöhen. Meine Gedanken kreisten also erst mal darum, dass die beiden einfach immens viel Freizeit haben mussten, um auf Trödelmärkten abzuhängen und um sich über jedes Wohnungsaccessoire Gedanken machen zu können. Aber: Wir waren halt beschäftigte Leute.

Mein Vergleich führte also zu Neid und der lässt sich tatsächlich abmildern, wenn wir andere abwerten, nur ist das weder die feine englische Art noch führt Abwertung zu einer langfristigen Selbstwerterhöhung, da der vermeintliche Mangel weiterhin existiert. Die Psychoanalytikerin Verena Kast schreibt in diesem Zusammenhang, dass wir es schaffen können, Neidgefühle nicht einfach nur abzuwehren, indem wir unsere *Ich-Selbst-Beziehung* verbessern.[13] Nachhaltiger ist es also, mit dem empfundenen Neid zu arbeiten, also herauszufinden, was wir wirklich beneiden.

Neid als Signal

Auch wenn wir uns erst von dem, was unsere Neidgefühle ausgelöst hat, abgrenzen wollen, können wir uns dann durchaus wieder annähern und das innere Unbehagen als wertvollen Hinweis sehen, um auf unsere eigenen, manchmal verschütteten Wünsche und Träume zu stoßen.

Auf das Treffen mit dem schön eingerichteten Paar bezogen, könnte ich mich fragen: Was genau ist es, was ich neide und was ich auch haben will? Ist es wirklich das Geschirr, das ich dringend brauche? Oder ist es die aufgewendete Zeit, die ich in der liebevollen Einrichtung erahne, die mir fehlt und die ich auch gerne für meine Wohnung aufgewendet hätte? Ist es der Geschmack meiner Freunde, ihr Händchen für die Wahl der Innenausstattung, das mir selbst zu fehlen scheint? Meinem Selbstbild nach müsste ich diese Fähigkeit nämlich auch haben.

Bei genauerer Betrachtung beneidete ich vor allem die Zeit und die Hingabe sowie das Durchhaltevermögen, sich so schnell einzurichten. Hätte das Paar einfach viel Geld ausgegeben für jemanden, der ihnen die Wohnung vollstellt, hätte ich wahrscheinlich weniger Neid empfunden. Es selbst zu tun und sich dafür Zeit einzuräumen, war das, was mich wurmte. Eine Woche später schrieb ich deshalb eine Liste, was ich als Erstes gern in meiner Wohnung verändern wollte. Wir schafften es, den letzten Umzugskarton auszuräumen und die ersten Bilder aufzuhängen. Das ging auf einmal schnell und ohne große Investitionen, denn ich hatte es zur Priorität erklärt.

Dies ist nur ein kleines Alltagsbeispiel und natürlich sind nicht alle Vergleiche, in denen wir negativ abschneiden, so einfach umzumünzen. Es besteht aber die Chance, Neid in etwas Produktives umzuwandeln, wenn wir unsere eigenen Motive dahinter verstehen. Wenn wir Neid spüren, lohnt es sich also immer zu erforschen, was genau wir beneiden. Neid bezieht sich in der Regel auf etwas, das wir gerne hätten, aber (noch) nicht haben.

Dabei gibt es auch berechtigen Neid, der hilflos, aber auch kämpferisch machen kann, beispielsweise wenn es um soziale Ungerechtigkeit und gläserne Decken geht, die aus den gesellschaftlichen Strukturen heraus nicht durchbrechbar scheinen. Und natürlich gibt es auch Vergleiche, bei denen wir den Kampf nicht aufnehmen sollten. Um bei unserem Beispiel von oben zu bleiben: kleine, kräftige Menschen mit großen und schlanken zu vergleichen, ist ziemlich sinnlos. Wir haben nun mal genetische Dispositionen.

Kleine Lösungen für friedlicheres Vergleichen

Wenn für uns der Vergleich, frei nach dem dänischen Philosophen Søren Kierkegaard, »regelmäßig das Ende des Glücks und der Anfang der Unzufriedenheit« bedeutet, lohnt es sich, die Art und Weise, wie wir uns vergleichen, zu ändern. Hier ein paar Ideen:

- Erleben wir in bestimmten Interaktionen wiederholt unsere Tendenz, uns zu vergleichen, und fühlen uns danach minderwertig, lohnt sich der Blick mit der biografischen Brille. Falls ich Geschwister habe, war dies meine erste Erfahrung, in der der Vergleich womöglich omnipräsent war. Dass Kinder untereinander rivalisieren und genau schauen, wer wie viel ins Osterkörbchen bekommt, ist normal. Die Frage ist, wie das Umfeld mit der Vergleichsmöglichkeit umgegangen ist. Wie stark wurden wir in unseren Talenten, in unserem Benehmen oder den Schulleistungen verglichen, und gab es klare Zuschreibungen, die über uns formuliert wurden?
- Wenn wir merken, dass wir uns als Laien mit Profis vergleichen, dürfen wir uns fragen, ob wir nicht lieber auf Leute schauen, die auf einem ähnlichen Level unterwegs sind. Um uns anzuspornen, darf eine Person durchaus besser sein, aber nicht in einem komplett anderen Universum.
- Statt uns immer nur in unseren Defiziten zu vergleichen, können wir die Palette unserer Persönlichkeit aufklappen und mehrere Vergleiche ziehen. Vielleicht arbeiten wir in weniger schillernden Berufen als unsere Freund:innen, haben dafür aber ein beständiges und geruhsameres Leben? Vielleicht sprechen wir eine Fremdsprache schlechter, können dafür in unserer Muttersprache aber großartige Geschichten erzählen? Und vielleicht verhunzen wir so manches Gericht, aber mixen großartige Cocktails?
- Wir vergleichen unser Innenleben mit »dem Außen« von anderen. Ihr Inneres können wir nur erahnen. Darum dürfen wir die anderen auch mal links liegen lassen und uns zur Abwechslung mit uns selbst vergleichen. Und zwar über die Zeit hinweg: Was wussten wir im Vergleich zu heute vor 10 Jahren über das Leben? Vielleicht war unsere Haut noch glatter, aber von was hatten wir dafür noch keine Ahnung und welche neuen Dinge haben wir seitdem dazugelernt?

Machen

Selbstwert

»Das Zentrale für mich ist das Gefühl, dass ich nichts wert bin. Ich bin schlecht. Ich bin nicht liebenswert. Aber meine Erfahrung in den letzten Jahren hat mir gezeigt: Diese Sätze sind gelernt. Und daran kann man arbeiten.«[1]

Eine Situation, die häufig zu beobachten ist: Ein kleines Kind fabriziert eine Malerei mit mehr oder weniger großem Engagement, z. B. einen Kopffüßler,[2] und signalisiert nach einiger Zeit dem Erwachsenen, dass es nun fertig ist – *Schau mal!* Und dann passiert das Seltsame: Der Erwachsene schaut flüchtig auf den krakeligen Käfer und lobt das Bild als »Kunstwerk«, bezeichnet das Kind vielleicht sogar überschwänglich als kleinen Picasso oder kleine Frida Kahlo.

Dieses Verhalten lässt sich auf diverse andere Situationen übertragen. Erwachsene reagieren mit Superlativen auf etwas, das ein Kind ihnen zeigt. Dabei geht es dem Kind nicht darum, gelobt zu werden, sondern um Aufmerksamkeit. Natürlich dürfen wir uns als Erwachsene in so einer Situation mitfreuen und Stolz zeigen oder beschreiben, was man auf dem Bild so alles entdecken kann. Es sollte dabei aber nicht die Beurteilung, sondern das Bestärken und Ermutigen des Kindes im Mittelpunkt stehen, d. h. es geht um den Prozess und den Inhalt der jeweiligen Tätigkeit, nicht um das Ergebnis.[3]

Dieses Bestärken und Ermutigen wirkt sich positiv auf den Selbstwert des Kindes aus. Es hat noch keine Vorstellung davon, dass der »Erfolg« eines Erwachsenenlebens häufig im Erreichen schablonenartiger Ziele gemessen wird, es will vor allem selbst etwas bewirken. Und diese Selbstwirksamkeit erleben Kinder, wenn sie für ihr Engagement bestärkende und ermutigende Worte erfahren – ganz unabhängig davon, wie der Kopffüßler nun am Ende aussieht.

Ähnlich problematisch wie ergebnisorientiertes, überbordendes Loben ist das andere Extrem: Statt frenetischem Jubel zeigen Erwachsene auf ein »Schau mal!« ihres Kindes wenig bis gar keine Regung, vielleicht sogar in der gut gemeinten Annahme, ihr Kind damit anzuspornen und es nur ja nicht eingebildet und selbstverliebt werden zu lassen. Das Glitzern in den Augen der Eltern bleibt dann aus, wo Freude geteilt werden könnte, wird ignoriert und abgekanzelt. Aber was bedeuten diese frühen Erfahrungen für unseren späteren Umgang mit Erfolg und Misserfolg, für unseren Ehrgeiz und unsere Vorstellungen, wie wir zu sein haben?

Hatte man als Kind diese Art von »Kunstwerk«-Erwachsenen bzw. das gegenteilige Extrem von ihnen um sich, muss das noch lange nicht bedeuten, deshalb an einem geringen Selbstwertgefühl zu leiden. Und auch das Gefühl des inneren Mangels wird sich nicht allein auf genau diese Behandlung zurückführen lassen. Wie unser Selbstwertgefühl beschaffen ist, hat durchaus mit unseren Veranlagungen zu tun. Aber: Die Umwelt – also die frühen Erfahrungen mit unseren engsten Bezugspersonen, ob sie unsere Grundbedürfnisse stillen und unser mehr oder weniger starkes Erleben von

Selbstwirksamkeit in den ersten Lebensjahren –, der Einfluss der Kultur, in der wir aufwachsen, von Betreuungseinrichtungen, der Schule und der Gleichaltrigen – all das spielt eine immense Rolle.

Erleben wir im Erwachsenenalter immer wieder regelrechte Selbstwerteinbrüche, damit einhergehende starke Stimmungsschwankungen und stellen wir fest, dass wir unseren Wert gänzlich von äußeren Faktoren abhängig machen, lohnt sich der Blick zurück. Wie dieser Blick zurück aussehen kann, darum geht es in diesem Kapitel, aber auch darum, wie wir leichter erreichen, was wir uns vorgenommen haben und wie wir lernen, uns weniger abzukanzeln, wenn dieser Plan nicht gelingt.

Dafür sehen wir uns an, aus was Selbstwert eigentlich besteht und warum es sinnvoller ist, Selbstmitgefühl zu entwickeln und zu kultivieren, als daran zu verzweifeln, unseren vermeintlich niedrigen Selbstwert einfach nicht vom Keller ins Erdgeschoss gehievt zu bekommen. Dieses Kapitel soll eine Einladung sein, nicht so verbissen an etwas heranzugehen, das sowieso eine fiktive Größe darstellt, sondern im ersten Schritt auf unsere Gefühle und dann erst auf unser Handeln zu schauen.

Von welchem Selbstwert sprechen wir eigentlich?

Es ist utopisch, dem Selbstwertbegriff auf ein paar Seiten auch nur annährend gerecht zu werden, da die Erforschung des Selbst zum einen bis ins späte 19. Jahrhundert, also bis zum Beginn der Psychologie als Wissenschaft zurückreicht, und zum anderen zahlreiche verwandte Begriffe existieren, die zum Konzept des Selbstwerts dazugehören, wie Selbstakzeptanz, Selbstvertrauen, Selbstbewusstsein, Selbstzuwendung und Selbstmitgefühl. Nach wie vor gehört es zu einem der Hauptziele in der psychotherapeutischen Praxis, den Selbstwert zu stärken, Selbstakzeptanz und -vertrauen zu fördern und Selbstmitgefühl zu praktizieren. So gut wie keine problematische Verhaltensweise und keine psychische Erkrankung bleibt vom Selbstwertthema unberührt.[4] Daher möchte ich im Folgenden ein paar Gedanken aus den letzten Jahren vorstellen, die hoffentlich dazu anregen, sich um den eigenen Selbstwert zu kümmern.

In einem ersten Schritt gehen wir davon aus, dass es so etwas wie ein »Selbst« überhaupt gibt. Diesem Selbst haften bestimmte Eigenschaften an, denen man einen Wert zuschreiben kann. Es handelt sich also um ein kognitives Konstrukt, der Selbstwert ist der persönliche Wert, den wir uns selbst zuschreiben – und zwar ganz subjektiv. Keine Rolle spielt, wie andere Menschen uns sehen oder wie sich unsere individuelle Situation »objektiv betrachtet« im Vergleich mit anderen Lebensrealitäten darstellt. [5]

Wäre diese Selbstbeurteilung aber etwas rein Rationales, würden wir nicht darunter leiden. Mit der Einschätzung unseres Werts kommen diverse selbstbezügliche Emotionen ins Spiel, die als Reaktion auf Erfahrungen, die wir im Lauf des Lebens machen, entstehen. Das können z. B. Gefühle von Stolz, Scham, Schuld oder Neid sein, aber auch Gefühle von Eitelkeit und Zufriedenheit.

Warum wir verschiedene Selbstwerte brauchen

Nicht jede Selbstbewertung, bei der wir im Vergleich zu einer Bezugsnorm (z. B. den Leistungen der Arbeitskollegin oder des Sternekochs im Fernsehen) schlechter abschneiden, muss negative Gefühle in uns auslösen. Wir scheinen recht resistent gegen unsere Mittelmäßigkeit zu sein, wenn wir unseren Fokus nicht auf diese eine Eigenschaft gelegt haben.

Um beim Sternekochbeispiel zu bleiben, nehmen wir Folgendes an: Wir kommen aus einer Hefeteig-Dynastie, unsere Vorfahren waren entweder Schwaben, professionelle Bäckersleute oder die Zubereitung von Essen hatte generell einen hohen Stellenwert in unserer Familie. Wir befassen uns mit der Zubereitung von Speisen und

können Hefeteig richtig gut. Würde unser Selbstwert allein auf der Herstellung von Hefeteig beruhen, wäre das so lange in Ordnung, wie er uns gelingt und wir den Ansprüchen der Hefeteig-Dynastie gerecht werden. Misslingt uns der Teig aber einmal, vielleicht genau dann, wenn wir ein großes Familienfest ausrichten, ist das nicht nur ärgerlich, sondern eine mittlere Katastrophe.

Wenn wir unseren Selbstwert als etwas Globales verstehen, der ausschließlich an der idealen Herstellung von Hefeteig hängt, weil wir sonst Versager:innen sind, kommt es an einem weniger erfolgreichen Tag in der Bachstube zu so vernichtenden Aussagen wie »Ich kann nichts« oder »Ich bin nichts« oder »Ich armseliger Minusmensch habe versagt«. Dabei handelt es sich bei diesen Sätzen um eine der vielen gedanklichen Verzerrungen, denen wir unterliegen können. Es ist weder eine faire noch eine ehrliche Sichtweise. Sie unterschlägt, dass wir uns in der Regel nur mit dem vergleichen, was bei uns gerade die Selbstbewertung steuert, auf was wir uns vor allem in Bezug auf eine mögliche Selbstwerterhöhung fokussieren.[6] Oftmals sind es die immer gleichen Themen, die uns anpiksen, auch wenn sie sich über die Jahre verändern können. Dabei stecken in unseren Küchenschubladen neben so mancher Unzulänglichkeit jede Menge wertvoller Eigenschaften. Die Frage ist, ob wir auch auf sie unsere Aufmerksamkeit lenken wollen.

In der Psychotherapie ist häufig ein Ziel, den Selbstwert der Patient:innen zu *diversifizieren*. Es gibt also nicht den einen Selbstwert, sondern jeder Mensch hat verschiedene Selbstwerte. Wenn wir den Gedanken zulassen, dass wir nicht alles können müssen, dass wir in bestimmten Bereichen mit Leichtigkeit gute Ergebnisse erzielen, in anderen dagegen eher selten, dass das auch von unseren Startbedingungen abhängt und es immer jemanden geben wird, der eine Nasenlänge voraus ist, dann können wir uns auch erlauben, noch ein paar Schubladen in unsere innere Selbstwert-Kommode einzubauen.[7] Ein facettenreicher Selbstwert bedeutet in der Regel mehr emotionale Stabilität als ein zentnerschwerer Tresor mit exakt einer Eigenschaft darin, über die wir uns definieren.

Als kleine Inspiration, was wir alles in unsere Schubladen packen könnten, folgen jetzt die sechs universellen Tugenden – mit sage und schreibe 24 Stärken –, die vom wichtigsten Vertreter der Positiven Psychologie, Martin Seligman, beschrieben wurden. Er und seine Kolleg:innen haben intensiv zu Charakterstärken und Tugenden geforscht, kleiner Reminder: Ein makelloses Gesicht, schlanke Beine und Bauchmuskeln, auf denen man Käse reiben kann, sind nicht dabei.

- Weisheit und Wissen: Darunter fallen Fähigkeiten und Eigenschaften, die mit kluger Urteilsfindung, kritischem Denken und einem tiefen Verständnis für das Leben verbunden sind. Zu den Stärken in dieser Kategorie gehören Kreativität, Neugier, Urteilsvermögen, eine eigene Perspektive.

- **Mut:** Darunter wird die Fähigkeit verstanden, in schwierigen Situationen standhaft zu bleiben, Ängste zu überwinden und für das Richtige einzutreten. Zu den Stärken in dieser Kategorie gehören Tapferkeit, Ausdauer und Integrität.
- **Menschlichkeit und Liebe:** Zu dieser Tugend, die mit sozialen Beziehungen, Empathie und Mitgefühl verbunden ist, gehören Stärken wie Liebe, Freundlichkeit, soziale Intelligenz und Beständigkeit in Freundschaften.
- **Gerechtigkeit:** Diese Tugend umfasst, fair und ethisch zu handeln und das Wohl anderer zu fördern. Zu den Stärken gehören Fairness, Führung, Teamarbeit und Bürgerlichkeit.
- **Mäßigung:** Hier geht es um Selbstkontrolle, Disziplin und Ausgewogenheit. Zu den Stärken in dieser Kategorie gehören Selbstregulierung, Bescheidenheit, Vorsicht und Vergebung.
- **Transzendenz:** Diese Tugend ist mit einem Sinn für Höheres verbunden und geht über das Selbst hinaus. Zu den Stärken in dieser Kategorie gehören Wertschätzung von Schönheit, Hoffnung, Spiritualität und das Praktizieren von Dankbarkeit.

Vielleicht murmelst du gerade »Hab ich vielleicht, aber bringt mir alles nichts« oder »Ich krieg trotzdem nichts auf die Reihe«. Das kann sein, weil wir, wie oben beschrieben, so auf das Ergebnis und die Rückmeldung der anderen getrimmt werden. Und auch wenn du denkst »Hab ich alles nicht«, »Kann ich alles nicht«, lies trotzdem noch ein bisschen weiter.

Der Selbstwert am seidenen Faden

Wir sind ein Kaleidoskop aus Möglichkeiten und Facetten und es lohnt sich, uns darin kennenzulernen, uns nicht global abzukanzeln, sondern zu üben, uns in unseren Schwächen und Fähigkeiten realistisch wahrzunehmen. Dann kann uns niemand so leicht mit einer unbedachten Aussage von der Klippe stoßen. Wir sind nicht, *was* wir tun, sondern wir sind, *wer* wir sind. Damit ist gemeint, dass man den Wert eines Menschen nicht bestimmen kann, nicht durch Eigenschaften, nicht durch Taten, sondern dass wir per se wertvoll sind, wir müssen dafür nichts leisten. Unsere Existenz ist ein einzigartiger wundervoller Zufall. Doch statt uns an dem, was wir sind, unseren schönen Eigenschaften zu erfreuen, orientieren wir uns an Vorgaben, wie man zu sein – vor allem, was man zu erreichen – hat, und messen uns an diesen äußeren und verinnerlichten Standards. In der Motivationspsychologie spricht man hier von *Selbstwertkontingenz.*[8]

Es geht dabei um die Abhängigkeit des Selbstwerts vom Erreichen der eigenen oder einer externen Erwartungshaltung. Nur, wenn eine Person diese erfüllt und damit Erfolg und Anerkennung eintreten, kann sie sich wertvoll fühlen. Insofern ist es für sie umso schwerer, die eigenen Standards zu senken, auch wenn das Beibehalten bestimmter Erwartungen für sie negative Konsequenzen hat.[9]

Besonders perfektionistische Menschen tun sich damit schwer. Eine Aufgabe wird lieber hinausgezögert, nie fertig gestellt oder übermäßig an die eigenen Energiereserven gegangen, um das gesteckte Ziel doch noch zu erreichen. Und wenn die eigenen Standards erfüllt werden, wird die Latte eben noch ein Stückchen höher gelegt. Es ist nie genug. Ein kontingenter, also von externen Faktoren abhängiger Selbstwert gilt als Vulnerabilitätsfaktor, wir erleben damit Stimmungsschwankungen, das Gefühl, emotional nicht stabil zu sein, wir haben mehr Angst und Stress und laufen eher Gefahr, psychisch zu erkranken. Die Prägungen dieser Standards sind so stark, dass wir, selbst wenn wir die Zusammenhänge verstanden haben, oft nicht herauskommen.

Die beiden britischen Forscherinnen Victoria Bloom und Maarit Johnson haben einen Fragebogen zum Erkennen eines kontingenten Selbstwerts entwickelt. Hier ein paar Beispielsätze aus der Skala, die laut den Forscherinnen – bei Zustimmung – eine starke Abhängigkeit von den eigenen Leistungen zeigen:[10]

- Ich fühle mich nur dann wertvoll, wenn ich eine gute Leistung erbracht habe.
- Ich denke, dass mein Wert als Person davon abhängt, wie erfolgreich ich bin.
- Es kommt nicht darauf an, »wer ich bin«, sondern »was ich leisten kann«.
- Ich versuche manchmal, meinen Wert durch Leistungen zu beweisen.
- Ich werde leicht unruhig, wenn ich nichts zu tun habe.

Die Aussage »Wir sind nicht, *was* wir tun, sondern wir sind, *wer* wir sind« kann auch missverstanden werden. Natürlich beeinflussen unsere Taten das Erleben von Selbstwirksamkeit und damit unser Selbstbild. Abgesehen davon wäre es für unseren Platz in der Gemeinschaft schädlich, wenn uns unsere eigenen Leistungen völlig gleichgültig wären. Ebenso ungünstig wäre es, wenn wir Signale der Ablehnung durch andere nicht wahrnehmen würden.

Der Begründer der Individualpsychologie, Alfred Adler, etablierte den Begriff des Gemeinschaftsgefühls.[11] Der Wunsch nach Zugehörigkeit und Verbundenheit spielt bei unserem Leistungsstreben natürlich eine Rolle. Wir sind auf die Akzeptanz der Gruppe angewiesen und wollen eine Reaktion von außen, wir brauchen ein bestimmtes Maß an Anerkennung, um uns als Teil von etwas zu fühlen.[12] Was wir tun, soll auch sinnvoll für die Gemeinschaft sein, auch daran messen wir unseren Erfolg.

Wie können wir es also schaffen, unserem Bedürfnis nach Zugehörigkeit gerecht zu werden, ohne aus dem psychischen Gleichgewicht zu geraten? Wie können wir lernen, uns in Balance zu halten, wenn äußere und innere Einflüsse unser Selbstwertgefühl ins Wanken bringen? Es gibt zahlreiche Strategien und Ansatzpunkte aus unterschiedlichen Therapieformen, uns dahingehend zu stabilisieren. Ich stelle nun ein paar ausgewählte vor.

Kleine Lösungen, um mich besser zu verstehen

Es war noch relativ zu Beginn meines Studiums, mitten in der Prüfungszeit und lange bevor ich das Wort »Selbstaffirmation« kannte. Ich hatte mehrere Nebenjobs und pro Tag einen dicken Aktenordner voll Papier zu lernen. Mein Gefühl war, dass all das nicht zu schaffen war, dass ich nicht schnell genug sein würde. Verzweifelt blätterte ich durch die Papierstapel, während ich mittags Fertigsuppen aß und abends Energydrinks exte.

Am Tag zwischen zwei Prüfungen war ich gerade auf dem Nachhauseweg, vorbei am Alpendöner, dem Blumenladen mit dem Schnupftabakverkäufer und dem Kugelbrunnen am alten Südfriedhof. Mit jedem Schritt, den ich ging, drückte ich meine Fäuste zusammen und sagte leise vor mich hin: »Du schaffst das.« Mehr aus Verzweiflung als aus einem Selbstbewusstsein heraus, ich wollte meine aufgewühlten Gedanken zum Schweigen bringen.

Die Prüfung am nächsten Tag bestand ich. Doch was ich in dieser Situation eigentlich geschafft habe, war nicht die Prüfung: Ich hatte mir zuvor selbst Mut gemacht und mich an die Hand genommen. Die Intensität des Gefühls, mir in dieser druckvollen Situation selbst begegnet zu sein, ist mir bis heute im Gedächtnis geblieben.

Den Stammbaum erforschen

Die sogenannte Genogramm-Arbeit ist fest in der Systemischen Therapie verankert. Sie betrachtet psychische Erkrankungen nicht isoliert, sondern im Kontext der Familie. Problematische Interaktionsmuster in diesen Systemen gilt es zu erkennen und zu verstehen, um nachhaltig die Beziehungen der beteiligten Personen und das Wohlbefinden der betroffenen Person langfristig zu verbessern.[13]

Alle Stammbaumfans machen nun vor Freude einen Purzelbaum: Bei der Genogramm-Arbeit malen wir unsere Vorfahren auf ein großes Blatt Papier auf, jeder Mensch bekommt ein Symbol, man kann sie geschlechtsspezifisch zuordnen oder auch nicht. Jede Generation hat eine Ebene, sie beginnt mit einem selbst und falls vorhanden, den Geschwistern. Dann darüber die Reihe mit den Eltern und gegebenenfalls ihren Geschwistern, den Partnern und Partnerinnen und Kindern, darüber den Großeltern und deren Geschwistern und so weiter. Die einzelnen Verwandtschaftsstränge und Verzweigungen werden eingezeichnet, man kann die verschiedenen Familien z. B. auch mit verschiedenen Symbolen versehen. Vermerkt wird auch, wer wann geboren und gestorben ist und an was. Haben wir selbst Kinder, gibt es noch eine Ebene unter uns. Dann schreiben wir die Berufe neben die Personen, besondere Lebensereignisse wie Trennungen, vorzeitige Todesfälle oder Krankheiten und auch ein paar psychologische Informationen zu den jeweiligen Verwandten. Gab es psychische Auffälligkeiten, früher vielleicht als Kauzigkeiten beschrieben? Waren die Personen sehr introvertiert oder besonders gesellig? Was hat ihnen Freude bereitet und wie haben sie sich üblicherweise verhalten? Was sind oder waren sie für Menschen?

Die meisten von uns werden auf Recherche gehen müssen, also die Eltern oder andere Verwandte zum Erzählen bewegen. Denn häufig wird von bestimmten Ereignissen wiederholt berichtet, während andere unerwähnt bleiben. Es ist immer wieder erstaunlich, wie viel wir von unseren Vorfahren nicht wissen. Das Kennenlernen unseres Stammbaums und das gezielte Sammeln von Informationen über unsere Familie können sehr aufschlussreich sein. Wir können nun damit anfangen, das, was wir selbst erlebt haben, vor diesem Hintergrund einzuordnen.

Wichtig an dieser Stelle: Verstehen ist nicht gleichzusetzen mit verzeihen. Einer der größten Fehler, den man machen kann, ist, verzeihen zu wollen, bevor man sich erlaubt hat, wütend und traurig zu sein. Haben wir mehr Informationen über die Kindheit unserer Eltern und Großeltern, beginnen wir zu begreifen, in welchem System wir aufgewachsen sind, welche Ereignisse das eigene Aufwachsen und das der Eltern geprägt haben, wie es zu kritischen Zeitpunkten um die individuellen Ressourcen bestellt war und wieso es zu bestimmten Verhaltensweisen gekommen ist.

Die Eltern – vom eigenen Leid getrennt – in ihrem Leid zu betrachten, kann sehr schmerzhaft, aber auch heilsam sein. Es entschuldigt nicht den eigenen erfahrenen Mangel, aber es sieht sie als Menschen mit Biografie, mit Erfahrungen und Prägungen und eben einem daraus resultierenden bestimmten Grad an Vermögen und Unvermögen.

Den Mangel anerkennen

Wurden in unserer Kindheit bestimmte Grundbedürfnisse nicht ausreichend gestillt, bekamen wir z. B. zu wenig Fürsorge und Aufmerksamkeit, fühlten wir uns missachtet oder emotional vernachlässigt, waren Liebe und Zugewandtheit an Bedingungen geknüpft, dann ist die Wahrscheinlichkeit groß, dass wir viele Jahre unseres Lebens mit allen Mitteln versuchen, das Gefühl des Nie-genug-Seins zu übermalen und das Fass ohne Boden immer wieder neu zu füllen. Auch überzogene Erwartungen, ein hoher Leistungsanspruch oder das anhaltende Gefühl, hinter den eigenen Möglichkeiten zurückgeblieben zu sein, kann einen schwankenden Selbstwert zur Folge haben.

An alle Eltern, die das gerade lesen: In der Beziehung zu Kindern geht es niemals darum, perfekt zu sein, sondern *gut genug*. Das beinhaltet eine hohe Fehlertoleranz der Kinder gegenüber ihren Eltern und die Fähigkeit als Elternteil, sich selbst zu verzeihen, wenn man gestresst, laut und einfallslos war. Es bedeutet aber auch, dass Eltern bei aufkommenden Schwierigkeiten nicht das Kind als schlecht begreifen, nicht ihm die Verantwortung für all den Ärger hinschieben, sondern immer wieder reflektieren, wie sie dazu beitragen können, die Situation zu entspannen. Das kann z. B. auch bedeuten, eine Paartherapie in Anspruch zu nehmen. Viele Eltern finden aber immer wieder intuitiv auf einen guten Weg, sie reparieren ihre Fehler, sprechen mit anderen Eltern über ihre Sorgen und holen sich dabei neue Ideen, gehen zu einer Familienberatung, lesen Ratgeber oder hören Podcasts wie »Eltern ohne Filter«.[14] Wer dies noch nicht getan hat, ist eingeladen, es mal auszuprobieren. Denn es kann entlastend sein, dass viele vor den gleichen Sorgen stehen.

Aber wenn wir über unserem erwachsenen Selbstwert verzweifeln, müssen wir uns gleichzeitig klarmachen, dass eine wichtige Phase unserer Selbstwertbildung zwischen dem vierten und achten Lebensjahr stattgefunden hat. Kinder haben dann schon ein Regelverständnis und sind fähig zur Perspektivübernahme, der *Theory of Mind*.[15] Während dieser Zeit übertragen Eltern ihre Regeln und Werte in eine Art Wertekatalog der Kinder und prägen damit ihre Persönlichkeit. Durch ihr Verhalten und ihr Vorbild lernen Kinder, ob Anerkennung und Liebe an Bedingungen geknüpft sind – und wenn ja, an welche. Sie lernen, was sie lieber tun oder lassen sollten, um Teil der Gemeinschaft zu sein.[16]

Leider kommt es in der Eltern-Kinder-Interaktion häufig zu einem verhängnisvollen Missverständnis. Es zählt nicht nur einzig und allein, dass Eltern ihre Kinder lieben, sondern dass sie ihnen dies auch vermitteln und zeigen können. Wenn Eltern sich ärgern, es zu Streit kommt oder auch zur Bewertung einer Situation, achten sie vielfach nicht darauf, das Kind als Person von seinem Verhalten zu entkoppeln. Mit den berühmten »Du bist«-Sätzen, mit denen das Kind wahlweise als unmöglich, dumm, schlampig, ungeschickt oder böse bezeichnet wird, verinnerlicht es nämlich: So wie ich bin, passt es nicht. »Ich liebe dich, weil es dich gibt, und dass du x gemacht hast, ist für y ungünstig« vermittelt dagegen die Bejahung eines Menschen, unabhängig von seinem Funktionieren. Sicherlich ist so ein idealer Sprech oft unrealistisch. Eltern, die aber grundsätzlich verstanden haben, dass Worte wie Schläge sein können, werden sich stärker bemühen, auf ihre Wortwahl zu achten.[17]

Wenn Eltern sich fragen, wie sie den Selbstwert ihres Kindes stärken können, ist der vom dänischen Kindheitsexperten Jesper Juul geprägte Begriff der *Gleichwürdigkeit* hilfreich. Kinder sind keine Erwachsenen, aber sie sind gleich viel wert, auch ihre Würde ist unantastbar.[18] Es steht Erwachsenen also nicht zu, sie zu beschämen, herunterzuputzen oder unangemessene Vergleiche zu ziehen, um Gehorsam zu erzwingen. Generell ist Gewalt, ob nun körperlich oder psychisch, selbstwertschädigend.

Haben wir ein bisschen mehr über unsere Prägungen verstanden und unseren Mangel anerkannt, ist ein großer Schritt getan. Die Verantwortung, sich um sich selbst und sein eigenes Wohlbefinden zu kümmern, bedeutet, sich aus der Obhut der eigenen Eltern zu verabschieden. Gerade wenn wir das Gefühl hatten, dass nicht alle unsere Grundbedürfnisse unter dieser Obhut ausreichend befriedigt wurden. Dafür müssen wir weder auswandern noch mit unserer Ursprungsfamilie brechen – aber wir müssen uns aktiv dazu entscheiden, wirklich erwachsen zu werden. Gerade, wenn wir in der Beziehung zu unseren Eltern einen Mangel erlebt haben, sie vielleicht auch nicht gut für sich selbst sorgen konnten, wir also auch nicht am Modell lernen konnten, ist es Zeit, ihnen als Erwachsene diese Verantwortung der Fürsorge abzunehmen. In einem selbstbestimmten, freien Leben wird niemand diese Aufgabe für uns übernehmen, weder unsere Eltern noch unsere Partner:innen und schon gar nicht unsere Arbeitskolleg:innen.

Die Eltern entlassen

Es gibt Verletzungen, die tiefes Leid erzeugt haben und das gilt es zu würdigen. Nicht immer ist es möglich, Geschehenes hinter sich zu lassen und Prägungen umzuformen. Wir können uns viel über unsere Biografie erklären, verharren wir jedoch in lebenslangem Vorwürfen und tiefer Gram, erschweren wir uns den Weg in Richtung Selbstwertstärkung. Oftmals bedarf es vieler Jahre Therapie, ein halbes oder fast ein ganzes Leben und manchmal gelingt es nie, dass wir unsere Eltern aus der Verantwortung, die sie einst für uns hatten, entlassen können. Manchmal sind Verletzungen zu tief. Gelingt dieser Perspektivwechsel aber und spüren wir, dass wir zumindest für den Großteil unserer Zeit unseren Eltern nichts mehr übelnehmen, wird eine Leerstelle frei. In die müssen wir uns dann erst mal hineintasten. Wie kann das gehen, uns selbst gute Eltern zu sein?[19] Dabei wird es immer wieder Rückschläge geben, entscheidend ist, dass wir uns überhaupt darauf einlassen.

Sich selbst bemuttern und bevatern

Jedes Mal, wenn unser Selbstwert schwankt, dürfen wir uns daran erinnern, dass wir uns als Erwachsene selbst Eltern sein müssen. Was würden wir tun, wenn da ein aufgeregtes und aufgelöstes Kind vor uns stehen würde? Würden wir ihm wirklich entgegenknallen, dass es eine jämmerliche Versagerin ist? Dass es sich gefälligst zusammenreißen, dass es sich schämen soll? Vielleicht geht mit dieser Vorstellung noch mehr als ein »Du schaffst das«, vielleicht ein »Versuch, dein Bestes zu geben, und wenn es nicht reicht, probierst du es einfach noch mal. Oder du lässt es bleiben, wenn es dir keine Freude macht. Dein Wert als Mensch hängt nicht davon ab«.

Fällt uns wohlwollendes Sprechen mit uns selbst schwer, landen wir häufig in einem Gefühl der Lähmung und werten uns selbst ab. Dann lohnt es sich, auf unsere frühen Prägungen zu schauen und auf das, was unsere Eltern von ihren Eltern verinnerlicht hatten.

Leichter geht das Verstehen der Ursprungsfamilie innerhalb einer Therapie. Aber auch – das ist ganz wichtig – wenn wir einen Therapieplatz bekommen und die Stimme unseres Therapeuten oder unserer Therapeutin für uns eine Zeit lang die wohlwollende Begleitung in unserem Leben übernimmt: Auf lange Sicht müssen wir selbst diese Stimme werden.

Eine Möglichkeit ist es, zwei *hilfreiche* Elternteile zu integrieren, also Mutter und Vater, es gehen aber natürlich auch zwei Mütter, zwei Väter oder eine Mutter und eine Tante. Mit der Binärität sind hier eher zwei Perspektiven gemeint. Hatte man nur einen Elternteil, gab es vielleicht noch eine andere hilfreiche Person im Umfeld wie eine Lehrerin oder einen Trainer, eine Person, die man sich auch bildlich vorstellen kann. Diese beiden Teile machen das, was meist passiert, wenn es zwei Elternteile gibt: Ist die eine mal strenger, gibt der andere nach. Vielleicht ist die eine immer geduldiger und sanfter, der andere eher ein Antreiber. Mit dem einen Teil kann man sich besser entspannen, ein Fußbad machen, den Freizeittermin absagen, weil man einfach mal Pause braucht. Der andere Teil kann der Mutmacher sein, der Aktive, der einen dann wieder raustreibt und sagt: »Jetzt komm schon, geh mal wieder unter Leute, auch das tut gut.« Natürlich ist es erst mal angenehmer und leichter, dieses Elternpaar auszulagern. Uns vom Partner bemuttern zu lassen, die Freundin als Klartext sprechenden Vater zu Rate zu ziehen. Wir machen uns damit aber immer abhängig von der Zeit, den Ressourcen und auch den Skills anderer Personen und geraten leicht ins Schlingern, wenn sie mal nicht verfügbar sind.[20]

Es spricht nichts dagegen, sich auszutauschen und sich gegenseitig zu unterstützen, aber es spricht auch viel dafür, sich selbst als Stimme zu etablieren und dabei bewusst zu überlegen: Wie würde mich ein fürsorglicher Elternteil gerade beschützen? Und wie klingt es, wenn er mir Mut zuspricht? Wenn wir uns regelmäßig verausgaben und das Gefühl haben, dass wir keinen Platz einnehmen dürfen, könnte dieser Gedankengang helfen: Jedes Mal, wenn wir Ja zu etwas sagen, obwohl wir eigentlich Nein meinen, wird uns das mit ziemlicher Sicherheit in großen Stress bringen – und das ist nicht zuträglich für unseren Selbstwert.

Sich abgrenzen und öfter Nein sagen

Häufig gehen wir besonders hart mit uns ins Gericht, wenn wir uns mal wieder zu viel aufgehalst und nicht Nein gesagt haben. Sich abzugrenzen, kommt für Menschen mit geringem Selbstwert einer Beziehungsprobe gleich: Wird mich die andere Person dann noch mögen und als wertvoll empfinden? Ein zu geringer Selbstwert führt zur Tendenz, schon prophylaktisch mögliche negative Gedanken anderer Menschen zu lesen und scheint die Ursache für viele dieser wiederholt auftretenden schlechten Gefühle in zwischenmenschlichen Interaktionen zu sein: *Wäre ich nur selbstbewusster, dann könnte ich auch mal Nein sagen! Dann könnte ich meiner Chefin mal die Meinung sagen! Ich würde dann für mich eintreten, weil ich wüsste, wie es geht.*

Doch unser Selbstwert wird nicht einfach steigen und zur Folge haben, dass sich unsere Abgrenzungsschwierigkeiten in Luft auflösen. Der Zusammenhang geht in die andere Richtung: Indem wir unser Verhalten im Hier und Jetzt ändern, also konsequent damit aufhören, uns niederzumachen, und damit beginnen, wohlwollend mit uns selbst zu sprechen und uns zu behandeln, beeinflussen wir unser Selbstwertgefühl langfristig. Wir müssen uns also so verhalten, wie sich Menschen mit einem gesunden Selbstwert verhalten, auch wenn wir das noch nicht »fühlen«.

Wenn wir üben, öfter Ja zu uns selbst zu sagen, wird das womöglich in dem Moment für eine andere Person Unannehmlichkeiten bedeuten. Vielleicht passt es der Arbeitskollegin genauso wenig, am Sonntagnachmittag einzuspringen, wahrscheinlich braucht die Partnerin genauso dringend eine Pause vom Familienalltag wie wir selbst. Wer zu sich Ja sagt, sagt unweigerlich Nein zu etwas anderem oder zu anderen Personen. Und das geht in der Regel mit der Furcht einher, ein Stück soziale Anerkennung zu verlieren. Was helfen kann, ist ein Perspektivwechsel: Zwar wird am Arbeitsplatz jedes Nein gerne wie zwei Neins gezählt, wir können aber auch an Ansehen gewinnen, wenn wir nicht nur als Arbeitsbienchen gelten, sondern auch als jemand, der priorisieren kann. Auch damit vermitteln wir Verlässlichkeit, weil wir unsere Ressourcen richtig einschätzen. Wir dürfen unsere Bedürfnisse ernst nehmen, wenn wir gleichzeitig nicht den Blick für alle um uns herum verlieren.

Die eigenen Anteile kennenlernen

Wir hatten einen richtig schlechten Arbeitstag, der Nervkollege hat sich mal wieder selbst übertroffen, der Partner kann sich diese Leier aber nicht schon wieder anhören und die beste Freundin geht nicht ans Telefon. Wie schön wäre es, genau jetzt von einem vertrauten Menschen Zuspruch zu bekommen, nachdem wir uns darüber ausgekotzt haben, wie entsetzlich alles ist? Natürlich ist es ratsam, in großer Verzweiflung mit einer engen Person zu sprechen, aber es ist eben nicht unbedingt immer jemand verfügbar. In solchen Situationen können wir wie oben beschrieben üben, uns selbst zu bemuttern und zu bevatern.

Bei der sogenannten Anteilsarbeit geht es aber um etwas anderes, nämlich darum zu erkennen, wen wir nicht erst etablieren müssen, sondern wer ohnehin schon in uns spricht. Die US-amerikanische Familientherapeutin Virginia Satir nutzte diese Methode, um verborgene oder unterdrückte Emotionen ihrer Patient:innen nach oben zu holen, damit diese sie wahrnehmen und verarbeiten konnten. Die Anteilsarbeit ist heute ein wesentlicher Bestandteil zahlreicher therapeutischer Ansätze und wird stetig weiterentwickelt. Verschiedene Aspekte der Persönlichkeit einer Person werden darin als »Teile« betrachtet, die sich häufig im Widerstreit miteinander befinden.

Beim Treffen von schwierigen Entscheidungen wird uns dieses Gegeneinanderwirken verschiedener Stimmen am ehesten bewusst. Dabei reden sich Teilnehmende mit unterschiedlichen Sichtweisen, Bedürfnissen und Emotionen ziemlich in Rage. Arbeiten unsere inneren Anteile gegeneinander, kann sich das in starker Unruhe und einem Gefühl der Handlungsunfähigkeit äußern. Das Bewusstmachen und Integrieren dieser Teile sollen dabei helfen, ein tieferes Verständnis für uns und unsere Bedürfnisse zu entwickeln und innere Konflikte zu lösen.

Häufig wird genau dann, wenn wir besonders auf wohlwollende Worte angewiesen wären, wenn wir in unseren Augen auf ganzer Linie versagt und alles an die Wand gefahren haben, eine Stimme laut, die ganz und gar nicht hilfreich ist. In der Therapie wird dabei oft von *der inneren Kritikerin* oder dem *inneren Kritiker* gesprochen. Typisch für die innere Kritikerin ist die schon erwähnte Abhängigkeit von Leistung und externer Anerkennung. Wir müssen auf ihr Erscheinen achten und sie wirklich gut kennenlernen: Was für Sätze sagt sie zu uns und wie erklärt sie sich unseren Erfolg oder Misserfolg? Die innere Kritikerin tendiert nämlich dazu, sich Erfolg so zu erklären, dass es unserem Selbstwert schadet. Haben wir z. B. ein Bewerbungsverfahren gemeistert, war es eben Glück, dass keiner gemerkt hat, wie wenig wir eigentlich draufhaben. Wurden wir nicht genommen, liegt es einzig und allein an unserer Unfähigkeit.

Der innere Kritiker verursacht auch auf körperlicher Ebene Stress. Die peitschenden Sätze und Selbstanklagen bleiben nicht ohne Wirkung auf das Gefühlszentrum in unserem Gehirn, die Amygdala. Durch die gedankliche Bedrohung werden Stresshormone ausgeschüttet. Daher ist es so wichtig, dass wir den inneren Kritiker maßregeln und den inneren Anteil, der für uns in die Bresche springt, bewusst fördern. Das kann eine weise Eule sein, die auf unserer Schulter sitzt und uns ins Ohr gurrt. Die Verhaltens- und Gestalttherapeutin Friederike Potreck nennt sie die »wohlwollende Begleiterin«.[21] Ihre Durchsetzungsfähigkeit spielt eine entscheidende Rolle, damit wir weniger inneren Stress erleben und Oxytocin ausgeschüttet wird. Uns selbst freundlich zu begegnen, ist die Voraussetzung für einen stabilen Selbstwert. Dabei geht es nicht um Selbstmitleid, sondern um eine grundsätzlich wohlwollende Haltung uns selbst gegenüber.

Zu der Erkenntnis zu gelangen, dass man den Wert eines Menschen nicht pauschal bestimmen kann und dass man ihn nicht von äußeren Faktoren abhängig machen sollte, ist das eine. Dies in Bezug auf sich selbst auch wirklich so zu empfinden, ist das andere. Wir können schlaue Sätze auf Instagramkacheln lesen, sie uns vielleicht sogar abspeichern, weil wir uns so sehr darin gesehen fühlen und doch beim nächsten Auslöser wieder am Boden zerstört sein. Dann kam die wohlwollende Begleiterin wieder viel zu wenig zum Zug. Es braucht viel Geduld und viele Wiederholungen, um die eigenen Annahmen über die Welt zu verändern.

Verstehen, wie wir uns Erfolg und Misserfolg erklären

Nach einem bekannten Konzept der Sozialpsychologie, der sogenannten Attributionstheorie, neigen wir Menschen dazu, uns Ursachen für Ereignisse auf verschiedene Arten zu erklären. Schauen wir uns das, bezogen auf Erfolg, mal genauer an:

- **Faktor 1:** Liegt es an mir (**intern**) oder waren es die Umstände (**extern**)?
- **Faktor 2:** Ist dies **stabil**, also es wird es immer so sein oder ist es **variabel**, also kann es dieses Mal so, beim nächsten Mal aber anders sein?

Ein Beispiel zu Faktor 1: Bekomme ich bei einem Jobangebot mit einer hohen Zahl an Konkurrent:innen die Stelle, kann ich das mit meinem Bemühen und meiner Eignung erklären (intern). Bekomme ich die Stelle nicht, kann ich mir das mit der hohen Konkurrenzsituation oder meiner Vermutung erklären, dass die Stelle vielleicht schon vorher jemandem versprochen war, sie aber noch offiziell ausgeschrieben werden musste (extern).

Diese Art der Attribuierung ist selbstwertstärkend. Wenn wir Erfolg aber immer nur intern attribuieren, also nie den glücklichen Zufall oder Umstände, die uns ohne unser Wissen in die Karten gespielt haben, in Betracht ziehen, und wenn wir Misserfolg ausschließlich extern attribuieren, besteht die Gefahr, dass wir nicht aus Fehlern lernen können, weil wir Misserfolg nie auf unsere eigenen Handlungen oder unser realistisches Standing beziehen.

Drehen wir den Spieß aber um und attribuieren Erfolg immer extern, also dass es reines Glück oder die Umstände, nie aber unsere Fähigkeiten verantwortlich waren, machen wir uns verdammt klein und stellen unser Licht unter den Scheffel. Unter Umständen trauen wir uns dann viel weniger zu oder kommen gar nicht erst ins Handeln. Menschen mit geringem Selbstwert tendieren dazu, Misserfolg sich selbst (intern) und Erfolg eher äußeren Umständen (extern) zuzuschreiben.

Bei Faktor 2 gibt es eine klarere Tendenz in Bezug auf Erfolg und Misserfolg. Es ist für unseren Selbstwert generell nicht so zuträglich, wenn wir denken, dass der Erfolg oder der Misserfolg für immer bleiben wird. So banal es klingt, mal gewinnen wir, mal verlieren wir. Deshalb ist es empfehlenswerter anzunehmen, dass sich die Dinge verändern und wir stetig noch etwas dazulernen können. Menschen mit Depressionen fällt dies besonders schwer, sie tendieren dazu, ihren Misserfolg als unveränderbar zu attribuieren.[22]

Selbstmitgefühl entwickeln

Die US-amerikanische Psychologin und Expertin auf dem Gebiet der Persönlichkeitsentwicklung, Kristin Neff, machte das buddhistische Konzept des Selbstmitgefühls zum Gegenstand psychologischer Forschung. Laut ihr gibt es drei essenzielle Komponenten:

- Selbstliebe (im Gegensatz zu Selbstverurteilung)
- Gemeinschaftsgefühl (im Gegensatz zu Isolation)
- Achtsamkeit (im Gegensatz zu Über-Identifikation)

Achtsamkeit müssen nach Neff die meisten von uns üben. Immer dann, wenn die innere Selbstabwertungslitanei losgeht, müssen wir uns konsequent stoppen und mit der Stimme der wohlwollenden Begleiterin die eigene Abkanzlung rigoros zurückdrängen.[23] Im Kapitel über Selbstfürsorge werde ich noch genauer auf das selbstwertstärkende Praktizieren von Achtsamkeit eingehen.

Kleine Checkliste zur Selbstwertstärkung im Alltag

Wenn wir uns geschäftig halten, um uns wertvoll zu fühlen, kann es sein, dass wir über einen langen Zeitraum nicht spüren, dass das Leck in uns noch existiert. Sobald wir aber zur Ruhe kommen, entsteht innerer Aufruhr, auch weil es so ungewohnt ist, die inneren Stimmen wieder zu hören. Es ist in Ordnung, dass Ruhe nicht gleich zu Entspannung führt, sondern wir uns erst in einen anderen Modus grooven müssen. Jede Veränderung bedeutet für unser Nervensystem Stress, auch wenn es sich um eine Veränderung in einen funktionaleren Zustand hin handelt.

Dann können wir uns fragen, ob wir uns in dieser Woche schon um die drei wichtigsten Grundbedürfnisse gekümmert haben, die unseren Selbstwert »speisen«. Diese sind nach dem Bedürfnismodell der beiden Verhaltenstherapeuten Fabian Chmielewski und Sven Hanning:

- Bindung
- Kompetenz
- Selbstbestimmung

Unter *Bindung* verstehen wir das Erleben vertrauter Beziehungen zu anderen Menschen, in denen wir uns angenommen und akzeptiert fühlen – und zwar so, wie wir sind. Wir erleben Zugehörigkeit und Schutz vor Gefahr und Ablehnung. Konnten wir unserem Bindungsbedürfnis in dieser Woche schon nachkommen oder waren wir zu viel allein oder zu gestresst für unsere engen sozialen Kontakte?

Mit *Kompetenz* sind Tätigkeiten gemeint, in denen wir uns sicher und routiniert erleben. Schwimmen wir gerade in Umbrüchen und fühlen uns dadurch die meiste Zeit des Tages unsicher? Dann können wir z. B. überlegen, was uns nach Feierabend Freude bereiten würde und uns Selbstwirksamkeit erleben lässt. Das kann das Zubereiten unseres Lieblingsgerichts sein, das Bepflanzen des Balkons oder das Spielen eines Instruments. Ganz egal, Hauptsache es handelt sich um eine Tätigkeit ohne Leistungsdruck.

Selbstbestimmung bedeutet, dass wir ausreichend Spielraum haben, zumindest über einen Teil unserer Zeit frei zu entscheiden. Dass wir also nicht ausschließlich extern gesteuerte Pflichterfüllungsgehilfen sind, sondern auch etwas tun, worüber wir autonom bestimmen können, Bereiche, in denen wir die Kontrolle haben. Das kann schon die Entscheidung sein, wie wir zu Arbeit kommen. Wenn wir uns mehr bewegen wollen, entscheiden wir, das Auto stehen zu lassen und zu Fuß zu gehen oder mit dem Rad zu fahren, auch wenn das womöglich weniger effizient ist. Es kann auch bedeuten, dass wir unsere Mittagspausen anders gestalten oder unsere Morgenroutine verändern.

Die Psychologen betonen auch, dass die drei Grundbedürfnisse idealerweise in einer Balance stehen. Wird ein Grundbedürfnis dauerhaft frustriert, kann das zu einer Überbetonung eines anderen Bedürfnisses führen. Also stockt z. B. meine Berufslaufbahn, konzentriere ich mich vielleicht zu stark auf die Familie und Erfolge der Kinder. Andersherum kann ich auch durch eine Überbetonung von Autonomie und eigenen Zielen meine Bindungsbeziehungen vernachlässigen. Es lohnt sich regelmäßig, am besten jede Woche neu, darauf zu schauen, dass unsere Speicher für Bindung, Kompetenz und Selbstbestimmung ausreichend gefüllt sind.[24]

Schlafen

»›Ich kann nicht einschlafen‹ war einer der Sätze meiner Kindheit.«[1]

Wie wichtig Schlaf ist, habe ich erst verstanden, als ich nicht mehr schlafen konnte. Als meine Tochter klein war, las ich vollkommen übermüdet in einem Artikel, dass Eltern von der Geburt ihres Kindes an durchschnittlich für sechs Jahre an einem gestörten Schlafrhythmus leiden.[2] Und ich erinnere mich noch an den beunruhigenden Satz einer Freundin mit älteren Kindern: »Den Schlafmangel wirst du nie wieder nachholen.« Was genau sie damit gemeint hatte, wurde mir erst mit der Zeit klar.

Mittlerweile sind ein paar Jahre vergangen und langsam komme ich an den Punkt, wieder regelmäßig und für mich ausreichend schlafen zu können. Dazwischen lag eine Phase, in der ich dachte, den Verstand zu verlieren. Chronischer Schlafmangel gilt nicht umsonst als Risikofaktor für Demenz.[3] Wenn wir über längere Zeit stündlich oder sehr unregelmäßig geweckt werden, verändert sich die sogenannte Schlafarchitektur. Damit wir uns ausgeruht fühlen, müssen sich die verschiedenen Schlafphasen regelmäßig wiederholen. Daher kann es sich so unangenehm anfühlen, in der falschen Phase geweckt zu werden.

Als meine Familie endlich selig durchschnarchen konnte, lag ich auf einmal wach – ganz ohne, dass mich jemand wachkrähte –, und starrte mit sperrangelweit geöffneten Augen in die Dunkelheit eines Schlafzimmers, das dringend ein Makeover in einer dieser TV-Shows gebraucht hätte, mit Sicherheit von Hausstaubmilben bewohnt war und nur die Luft des Mittleren Rings kannte, wenn ich in finsterer Kurzatmigkeit das Fenster aufriss. Niemand in dieser Stadt schien ein Problem zu haben, außer mir.

Schlafen zu wollen, aber nicht zu können, hat mich nicht nur zur Verzweiflung gebracht, sondern auch dazu, mich eingängig mit dem zu befassen, was nachts passieren muss, damit wir einigermaßen stabil und ohne mit Gegenständen zu werfen durch den folgenden Tag kommen. In diesem Kapitel geht es also darum, wie wir wieder zur Ruhe finden können. Dabei hilft es zu verstehen, welch komplexes physiologisches Zusammenspiel unsere Schlafqualität beeinflusst und wie unsere psychische Verfassung dabei mitmischt. Gut gemeinte Ratschläge wie »Entspann dich doch mal!« ignorieren, warum wir uns so schlecht entspannen können, die Beschaffenheit unseres Nerven- und Hormonsystems genauso wie die zahlreichen Umwelteinflüsse, die tagtäglich auf uns einprasseln.

Alle Menschen, die schon mal ein überdrehtes Kind mit ratterndem Gehirn zur Ruhe bringen wollten, wissen: Sich in den Schlaf ergeben, kann man nicht erzwingen. Man kann nur eine maximal schlaffördernde Umgebung schaffen, die passende Tagesmixtur aus An- und Entspannung herstellen, selbst die Ruhe bewahren und das Loslassen üben. Der Rest ist tagesformabhängig. Auch mit diesen Schlafskills beschäftigen wir uns in diesem Kapitel.

Weil ich glaube, dass man das kleine Einmaleins der Schlafhygiene lieber umsetzen mag, wenn man die physiologischen Zusammenhänge nachvollziehen kann, komme ich auch auf meine beiden Lieblingshormone Melatonin und Cortisol zu sprechen. Unsere inneren Uhren ticken alle ein wenig anders, doch wir alle folgen einem ähnlichen Muster.

Die schlechte Nachricht zuerst

Es ist bitter, sich die Auswirkungen von chronischem Schlafmangel durchzulesen, vor allem wenn man gerade mittendrinsteckt und glaubt, diesem Zustand für immer ausgeliefert zu sein. Wir halten den Beipackzettel deshalb kurz, aber an alle Lesenden, die gerade an ihrem Schlaf verzweifeln: Ja, es ist kein Wunder, dass es dir so schlecht geht! Schlafentzug ist nicht umsonst ein Folterinstrument.

Schlaf steht in der menschlichen Bedürfnispyramide ganz weit oben. Sich ihm liebevoll anzunehmen, hat maßgeblichen Einfluss auf unser Wohlbefinden, den Grad unserer emotionalen Stabilität und unser daraus resultierendes Verhalten. Eltern von Säuglingen und Kleinkindern, Menschen, die 24 Stunden am Stück oder noch länger arbeiten oder Schichtdienst schieben, kennen dieses Phänomen: Mit wachsendem Schlafentzug steigen die Konzentrationsprobleme, man rumpelt übellaunig durch die Gegend und stößt sich die

Schulter am Türrahmen. Das Gehirn scheint umnebelt zu sein. Eine akkurat erlernte Fremdsprache sprechen? Es fallen einem die Worte ja nicht mal in der Muttersprache ein.

Etwa sechs Millionen Menschen in Deutschland lagen im Jahr 2022 laut einer Analyse der Barmer Krankenkasse nachts wach und bissen verzweifelt ins Kissen, weil sie irgendeine Form von diagnostizierter Schlafstörung hatten.[4] In allen untersuchten Altersgruppen ab 20 Jahren wurde ein Zuwachs bei der Diagnose Schlafstörung beobachtet, mit einer Steigerungsrate von 36 Prozent in den letzten zehn Jahren. Die Auswirkungen auf den Körper wurden in zahlreichen Studien untersucht. Auf psychischer Ebene ist Schlaf wichtig für unsere Affektregulation, also dafür, unsere Stimmungen einigermaßen im Griff zu haben. Schlechter Schlaf macht uns nicht nur leichter irritier- und reizbar, sondern kann auch zu depressiven Symptomen führen. Chronische Schlafstörungen spielen bei diversen psychischen Erkrankungen eine Rolle – sie sind Teil davon oder wirken ursächlich mit.

Das Schlaf-Wach-Verhalten interagiert u. a. mit unserem Stoffwechsel. Verkürzter und unterbrochener Schlaf scheint mit dem Auftreten von Übergewicht und Diabetes zusammenzuhängen. Außerdem beeinflusst Schlafentzug, wie gut wir Glukose vertragen, nämlich schlechter, gleichzeitig erhöht sich aber unter Schlafmangel unsere Tendenz zu Heißhungerattacken und der gemeine Schokoriegelkonsum. Warum das so ist?

Eine prominente Studie zu chronischem Schlafmangel stellte im Jahr 1999 fest, dass im Blut der gerade mal elf Probanden, die davor im Labor tagelang unter Schlafentzug gesetzt wurden, das appetitzügelnde Hormon Leptin gesunken war und dafür das Hungergefühl-Hormon Ghrelin verstärkt ausgeschüttet wurde.[5] Wer also versucht, Übergewicht zu verlieren, aber zu wenig schläft, ist wie ein Radler, der sich ohne Gangschaltung den Berg hochmüht, während neben ihm die Langschläfer auf dem E-Roller vorbeizischen.

Auch zum Zusammenhang von Schlaf und Immunsystem gibt es zahlreiche Untersuchungen.[6] Zwar ist vielen von uns bewusst, dass schlechter Schlaf uns irgendwie anfälliger für Infekte macht, wie stark er uns aber tatsächlich beeinflusst, darauf weist z. B. der Schlafforscher Aric Prather hin. Er fand in einer Untersuchung einen Zusammenhang von Schlafmangel und dem zu erwartenden Schutz einer zuvor erfolgten Hepatitis-B-Impfung.[7] Nicht die subjektiv empfundene Schlafqualität spielte für eine ausreichende Antikörperreaktion die entscheidende Rolle, sondern die Länge der Nacht. Proband:innen, die weniger als sechs Stunden geschlafen hatten, entwickelten eine deutlich geringere Immunantwort und waren damit durch die Impfung nicht ausreichend geschützt.

Und auch die Untersuchung einer Forschergruppe um den Stressforscher Sheldon Cohen – mit in meinen Augen waghalsigen Proband:innen – ist beachtenswert. Von zwei Probandengruppen gab die eine an, gut zu schlafen, die andere bestand aus Menschen, die im Vorfeld angegeben hatten, seit Wochen schlecht zu schlafen. Beide Gruppen wurden absichtlich mit einem typischen Erkältungsvirus infiziert. Mit dem Ergebnis: Die Teilnehmenden, die in den Wochen vor der Infektion weniger als sieben Stunden pro Nacht geschlafen hatten, wurden dreimal häufiger krank als die Proband:innen mit längeren Nächten. Wieder spielte das rein subjektive Gefühl, ausgeruht zu sein, keine Rolle, nur die Dauer und die gemessene Schlafeffizienz.[8] Sich gesund schlafen sollte man also nicht nur, wenn die Glieder schmerzen und die Nebenhöhlen toben. Ausreichend Schlaf wirkt präventiv für so gut wie jede ernstzunehmende Erkrankung – von Alzheimer bis Krebs.[9]

Grundsätzlich scheint Schlaf eng mit der sogenannten neuronalen Plastizität zusammenzuhängen. Die neuronale Plastizität beschreibt die Fähigkeit des Gehirns, in Reaktion auf Lernen, Erfahrungen und Umweltreize seine Struktur und Funktion verändern zu können. Damit kann es sich immer wieder entwickeln, anpassen und auf neue Anforderungen einstellen. Und jetzt kommt's: Ein wichtiger Teil dieser Anpassung findet statt, während wir schlafen.[10]

Früher nahm man an, dass allein die Tatsache, dass wir im Schlaf weniger Reize aufnehmen, relevant für unser Gedächtnis sei. Schlaf als Pausetaste mit einer eher passiven Rolle und schlichten Schutzfunktion vor störenden Reizen, während auf der Festplatte unsere Erinnerungen gespeichert werden. Heute geht man davon aus, dass Schlaf ein viel aktiverer Zustand ist, von Pause kann eigentlich keine Rede sein.[11] Und die neuronale Plastizität steht dabei im Zentrum. Die Schlafforschung unterscheidet konzeptuell mindestens vier Prozesse, die durchlaufen werden müssen, um Eindrücke, Lerninhalte oder Erfahrungen, die wir am Tag machen, ins Langzeitgedächtnis zu befördern:[12]

- Reaktivierung von Gedächtnisinhalten: Bestimmte neuronale Netzwerke werden aktiviert, um Erinnerungen und Informationen, die wir tagsüber gesammelt haben, für die weitere Vernetzung zugänglich zu machen.
- Das führt zur Destabilisierung der Gedächtnisinhalte: Die neuronalen Verbindungen, die während des Tages gebildet wurden, werden vorübergehend instabil. Diese Instabilität ermöglicht es dem Gehirn, die Informationen neu zu organisieren und zu verarbeiten.
- Ein Teil dieser destabilisierten Gedächtnisinhalte wird abgebaut und eliminiert. Dieser Abbau-Prozess ist dafür da, unbedeutsame Informationen zu entfernen und Platz für Neues zu schaffen.
- Rekonsolidierung bedeutet, dass währenddessen wichtige Gedächtnisinhalte verstärkt und rekonfiguriert werden. Die verstärkten Verbindungen im neuronalen Netzwerk tragen dazu bei, dass die Erinnerungen langfristig im Langzeitgedächtnis gespeichert werden.

Auch wenn die exakte Funktionsweise dieser Abläufe noch nicht abschließend geklärt ist, weiß man, dass sie durch Schlafentzug entscheidend gestört werden, sowohl infolge von akuten[13] als auch infolge von chronischen[14] Schlafstörungen.

Warum wir so schlecht schlafen

Bei uns allen treten früher oder später vorübergehende Schlafstörungen auf – vor einer wichtigen Prüfung oder einem Bewerbungsgespräch, einer anstehenden Reise, aufgrund eines Infekts oder einer akut belastenden Situation wie einer Trennung. Diese Schlafprobleme ertragen die meisten Menschen, bis sie von selbst wieder besser werden. Ein Gedanke, der beispielsweise für eine bevorstehende Prüfungssituation entlastend wirken kann: Unsere Leistungseinbuße am folgenden Tag ist nicht so gravierend, wie wir sie uns verzweifelt wachliegend ausmalen – es ist sicher nicht ideal, unausgeschlafen zu sein, aber wir werden durch den Tag kommen und in der entscheidenden Situation dank des Stresshormons Adrenalin wach sein.

Problematischer sind Schlafstörungen, die länger als vier Wochen anhalten und mindestens dreimal pro Woche auftreten. Sie schränken unsere Leistungsfähigkeit und unser emotionales Wohlbefinden massiv ein und werden *Insomnien* genannt. Die meisten Insomnien werden erst festgestellt, wenn sie schon chronisch geworden sind, also schon länger als sechs Monate andauern. Sehr häufig handelt es sich dabei um chronische Ein- oder Durchschlafstörungen. Es gibt darüber hinaus so viele unterschiedliche Schlafstörungen, dass man sie in einem eigens dafür konzipierten Manual nachschlagen kann.[15] Schlafstörungen können auch im Rahmen einer psychiatrischen Diagnose auftreten, z. B. bei Depressionen, Angsterkrankungen oder Posttraumatischen Belastungsstörungen.

Sie sind in diesen Fällen ein Symptom und keine eigenständige Erkrankung. Die allermeisten Menschen mit psychischen Erkrankungen leiden auch an Schlafstörungen, die sich dann bessern, wenn die ursächliche Erkrankung erfolgreich therapiert wird.[16] Genauso verhält es sich bei einer großen Anzahl körperlicher Erkrankungen, die Schlafprobleme verursachen können, wie Schilddrüsenfehlfunktionen, neurologische Erkrankungen oder Asthma, was in einer medizinischen Anamnese abgeklärt werden sollte.

Wichtig zu erwähnen ist außerdem der häufig vernachlässigte Zusammenhang von Schlafstörungen und dem Prämenstruellen Syndrom (PMS) sowie der schwersten Form davon, der Prämenstruellen Dysphorischen Störung, kurz PMDS,[17] wo Schlafstörungen und starke emotionale Schwankungen bei hormonellen Veränderungen im Zyklus zur Kernsymptomatik gehören. Viele Frauen leiden auch in der (Peri-)Menopause unter schlechten Nächten. Eine moderne Frauen- und Gendermedizin berücksichtigt, dass Schlafstörungen auch zyklusbedingt auftreten.[18]

Schlecht einschlafen, nicht durchschlafen

Früher habe ich am liebsten spätnachts auf der Couch gearbeitet. Doch wer einmal chronische Schlafprobleme entwickelt hat, kann nicht mehr so konsequenzlos Raubbau betreiben, sondern muss sich das Setting anschauen, in welchem er oder sie zur Ruhe kommen soll, meist erst nach einem längeren Leidensweg. Viele Menschen haben jahrelang Probleme, bevor sie sich in ein Schlaflabor begeben, meist besteht die Symptomatik auch schon länger als ein halbes Jahr, bis sie ihre Hausarztpraxis aufsuchen.

Es gibt nichts Zermürbenderes, als regelmäßig nach wenigen Stunden Erschöpfungsschlaf im Stockdunkeln aufzuwachen und zu wissen, dass der Morgen noch in weiter Ferne liegt. Das kennen Menschen mit *Durchschlafstörungen* nur allzu gut. In diesem »Dämmerzustand eines überstürzten Erwachens«[19] spielen sich womöglich parallel zwei gegensätzliche Zustände ab: schlagartige Wachheit gepaart mit bleierner Müdigkeit. Umgangssprachlich wird dabei gern von der »Wolfsstunde« gesprochen – also der Stunde in tiefster Nacht, zu der in Zeiten vor künstlichem Licht kein Mensch auf der Straße unterwegs und nur das Heulen der Wölfe zu hören war. In dieser Zeit – zwischen zwei und vier Uhr nachts – erreicht bei den meisten von uns das Schlafhormon Melatonin seinen Höchststand, während die Spiegel von Serotonin und Cortisol auf einem Tiefpunkt liegen.[20]

Ein Hormonspiegel, der uns anfälliger für düstere Gedanken macht: Cortisol wird zwar als Stresshormon bezeichnet, hat aber tagsüber eine stimmungsaufhellende Wirkung. Diese Wirkung, genau wie die des oft als »Glückshormon« bezeichneten Serotonins, fehlt uns mitten in der Nacht. Darum sind wir während besagter Wolfsstunde besonders empfindlich, Ängste und Sorgen haben es leicht, in unser Herz zu kriechen, wir befinden uns gewissermaßen in einer kurzen, temporären, biologisch bedingten Depression.

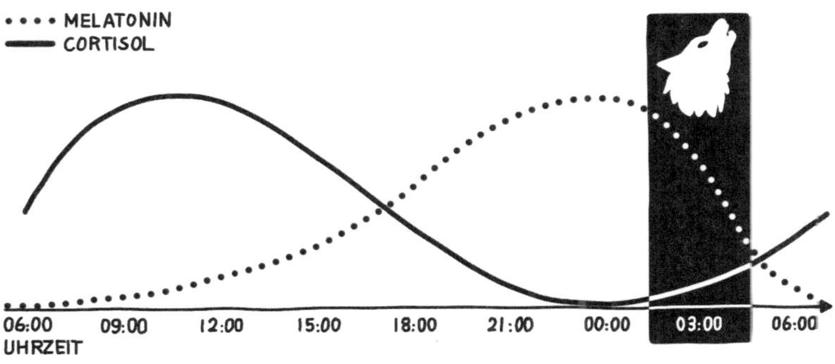

Gegenläufige Melatonin-/Cortisolkurve bei Nacht[21]

Noch häufiger als Durchschlafstörungen sind allerdings Einschlafstörungen.

Einschlafstörungen können bewirken, dass Betroffene regelrecht Angst vor einer eigentlich schönen Tätigkeit haben: sich nach einem ereignisreichen Tag ins Bett zu legen. Schlafen bedeutet loszulassen und wer unbedingt einschlafen will, kommt oft erst recht nicht zur Ruhe. Wir können uns das so vorstellen: Wenn schon niemand da ist, der uns die Kissen aufschüttelt, eine Milch wärmt und die Gute-Nacht-Geschichte vorliest, müssen wir lernen, uns selbst zu beruhigen. Wir müssen uns selbst ins Bett bringen. Wenn wir uns auf den Weg machen wollen, zu lernen, uns selbst diese guten Eltern zu sein, können wir auch herausfinden, welche Rituale uns das Einschlafen erleichtern.

Auf psychischer Ebene lautet deshalb die Frage: Was können wir für uns tun, um die Last des Tages und die Sorgen von morgen ruhen zu lassen? Und auf körperlicher Ebene: Welche Reize halten uns wach und was hindert unseren Körper daran, die nötige Bettschwere zu entwickeln? Damit beschäftigen wir uns im Folgenden.

Was uns den Schlaf ruiniert

Für unsere innere Uhr, die sich an einem festen Tag-Nacht-Rhythmus orientiert, wäre es am besten, einen regelmäßigen Tagesablauf zu haben und abends gar nichts Aufwühlendes mehr zu tun. Auch ruhige Tätigkeiten wie das Lesen eines öden Romans oder das Stopfen von Mottenlöchern sollten eher im Schummerlicht verrichtet werden. Ich will nicht mit der Erfindung der Glühbirne im Jahr 1802 anfangen, aber es ist nun mal eine Tatsache, dass wir Menschen, seitdem wir abends nicht mehr die Öllampe löschen und in die Höhle kriechen, unseren Nachtschlaf durch elektrisches Licht locker zwei bis drei Stunden nach hinten verschieben und damit nicht nur verkürzen, sondern auch verschlechtern. Schon die Dämmerung ist eigentlich das Signal für den im Hypothalamus sitzenden *Nucleus suprachiasmaticus*, also den zentralen Schrittmacher unserer inneren Uhr, der winzigen, mitten in unserem Gehirn sitzenden Zirbeldrüse mitzuteilen, mit der Arbeit zu beginnen: Sie wandelt dann das am Tag gebildete Serotonin in das Melatonin um. Störungen der Zirbeldrüsenfunktion können zu Schlaflosigkeit und Migräne führen, dieser Vorgang ist also immens wichtig.

Das Müdemach-Hormon Melatonin wirkt sich übrigens nicht, wie landläufig vermutet, auf unsere Schlafqualität aus, sondern nur auf den Zeitpunkt, an dem wir müde werden. Melatonin gibt zwar den Startschuss, damit der Schlaf dann aber auch eintritt, sind andere Gehirnregionen und Prozesse verantwortlich.[22] Melatonin als künstlich zugeführtes Schlafmittel in Form von Sprays, Tabletten oder Tees wird daher weit überschätzt, dafür ist der Placeboeffekt nicht zu verachten. Das feste Ritual, sich vor dem Einschlafen eine heiße Tasse Tee zu kochen, ob nun mit Melatonin-Zusatz oder ohne, kann durchaus hilfreich sein, um sich selbst zu signalisieren, dass nun Schlafenszeit ist und wir runterfahren dürfen.

Menschen, die sich nach einem Abend im Licht – klassischerweise mit Second-Screen-Nutzung – abrupt ins Bett fallen lassen, sind manchmal beunruhigt, wenn sie nicht sofort einschlafen können.

Einschlafstörung? Wohl eher ein logischer Vorgang: Wer stundenlang auf dem Flachbildfernseher Serien schaut, gleichzeitig auf dem Smartphone oder Tablet scrollt und damit ein leuchtendes Gerät nur wenige Zentimeter von besagtem *Nucleus suprachiasmaticus*, also unserem inneren Taktgeber, entfernt hält, hat selbst die eigentlich anstehende Melatonin-Freisetzung unterdrückt. Nun dauert es einfach, bis das eintritt, was schon vor Stunden hätte vorbereitet werden sollen: schläfrig und bettreif zu sein.

Zahlreiche Studien zur Schlafgesundheit haben den Einfluss der Nutzung von Geräten mit blauem LED-Licht untersucht. Die Ergebnisse zur Effektstärke sind dabei unterschiedlich, speziell blaues Licht scheint aber dafür zu sorgen, dass Melatonin schlechter in den Blutkreislauf gelangt und wir weniger gut ein- und durchschlafen können.[23] Auch, wenn es überall geschrieben steht und wir es sowieso schon wissen, hier noch mal der dringende Appell: Wer Schlafprobleme hat, für den ist Smartphone-Konsum am Abend ein absolutes Tabu.[24] Je weiter die Lichtquelle vom Auge entfernt ist, desto besser. Dass wir Menschen besonders stark auf das blaue Licht reagieren, soll mit den Lichtrezeptoren in unseren Augen zu tun haben – sie reagieren besonders sensibel auf kurzwelliges Licht im blauen Spektrum, es bedeutet einfach »Tag«.

Im Vergleich zu dem, was wir uns alles mit dem kleinen Gerät reinziehen, ist die Tatsache, dass es sich um blaues Licht handelt, aber fast schon wieder egal. Wenn wir uns belastende Nachrichten, Hate Speech oder bunte Social-Media-Videos noch kurz vor dem Schlafengehen anschauen und uns dadurch in Wallung bringen, ist es ziemlich irrelevant, ob wir einen Blaulichtfilter darüberlegen oder nicht. Wer das Licht löscht und das Gefühl hat, dass es hinter den geschlossenen Lidern »weiterscrollt«, hat gerade das Gegenteil von Schlafhygiene betrieben. Im Kapitel zum Grübeln war Doomscrolling ja schon ausführlich Thema, trotzdem noch mal hier: Es ist nicht egal, was wir auf unseren Smartphones oder anderen Screens anschauen, wir brauchen einen mentalen Puffer zwischen Tag- und Nachtruhe. Entspannung passiert nicht erst im Bett, sondern davor. So gering unser Faible für Handarbeit auch sein mag: Das Comeback des guten alten Stickrahmens würden Schlafmediziner:innen feiern.

Es sind vor allem Dinge, die wir konsumieren und die uns das Leben im ersten Moment leichter machen, die die Qualität unserer Nachtruhe negativ beeinflussen. So wirkt das Team Koffein und

Kortison, das im halbkranken und dauergestressten Zustand die Stimmung aufhellt und die Schmerzen wegmacht, erst mal wie ein guter Freund. Auch eine andere wunderbare Abendbeschäftigung ist für Schlafgeplagte keine gute Idee: spät und ausschweifend essen.[25] In der Zeit, in der ich meine Schlafprobleme in den Griff bekommen wollte, ging ich abends nicht mehr ins Restaurant, außer Freundinnen waren bereit, schon um 18 Uhr die Bestellung aufzugeben. Natürlich lohnt es sich auch, darauf zu achten, was wir uns auf den Teller schaufeln und wie sich unser Körper beim Zubettgehen mit einer großen Portion Gurkensalat oder frittierten Spareribs im Magen anfühlt. Beides ist schwerverdaulich und verursacht ein Völlegefühl. Dabei ist Verdauen an sich schon energieintensiv, was das Wandern durch die Schlafphasen stören kann, genauso wie der erhöhte Blutzuckerspiegel, der dann erst nachts wieder abfällt. Die liegende Position kann Reflux und Magenbeschwerden auslösen, auch der Melatoninspiegel kann dadurch beeinflusst werden – alles in allem einfach keine gute Idee.

Wobei wir bei den Substanzen wären. Was machen viele Leute, wenn sie ins Restaurant gehen? Alkohol trinken. Und genauso gehört auch zu Hause das Feierabendbier oder Glas Wein auf der Couch für viele allabendlich dazu. Alkohol wirkt genauso wie Cannabis zunächst dämpfend und hilft vermeintlich beim Entspannen und Hinübergleiten ins Traumland. Beide Substanzen pfuschen dann aber gehörig in unsere Schlafphasen.

Nikotin ist dagegen generell ein Wachmacher, gerade die späte Abendzigarette scheint besonders ungünstig zu sein, genauso wie der nach einem opulenten Abendmahl gern angebotene Espresso. Koffein blockiert die sogenannten Adenosinrezeptoren. Adenosin ist eine körpereigene schlafregulierende Substanz. Steigt das Adenosin an, verspüren wir Schläfrigkeit, müssen gähnen, der Schlafdruck nimmt zu. Steuern wir mit Kaffee gegen, wird die Schläfrigkeit unterdrückt und es kommt zu einer Überaktivierung der

Nervenzellen. Währenddessen steigt unser Adenosinspiegel aber unbemerkt weiter an. Häufig kann dieser Überschuss nicht vollständig aus dem Körper gespült werden, wenn wir schlafen. Das erklärt die morgendliche Müdigkeit passionierter Kaffeetrinker:innen. Sie müssen dann schnell nachladen und der Kreislauf beginnt von vorn.[26]

Koffeinkonsum verschlechtert unseren Schlaf leider langfristig, und trotz Gewöhnungseffekt empfiehlt es sich, gerade nachmittags keinen Kaffee mehr zu trinken, da es bis zu acht Stunden dauern kann, bis das Koffein vollständig abgebaut ist.[27] Genauso verhält es sich mit teeinhaltigen Heißgetränken, die gemütliche Kanne Schwarztee ist ebenfalls kein Nebenbeigetränk. Wer also reichhaltig isst, sich zwei Gläser Prozentiges gönnt und danach noch einen doppelten Espresso kippt, kann eigentlich erst mal ausführlich um die Häuser ziehen oder zur Nachtwanderung aufbrechen. Sich nach einem solchen Gelage ins Bett zu legen und auf erholsamen Schlaf zu hoffen, ist dagegen auch für Optimist:innen steil.

Der Vogel in uns

Wann wir besonders fidel und produktiv sind, hat mit unserem Chronotyp zu tun. Bist du Lerche oder Eule? Die wenigsten von uns sind ganz klar der frühe oder ganz eindeutig der späte Vogel, Bäckerinnen oder Barkeeper. Es gibt sie aber und diese extremen Typen leiden besonders unter Bürozeiten, die sich bis in den Abend ausdehnen, oder einem Bildungssystem, das durch die chronobiologische Eulenbrille betrachtet, zu nachtschlafender Zeit beginnt. Dabei ist es wissenschaftlicher Konsens, dass das Einüben von Lernstoff wie Vokabeln dann am effektivsten ist, wenn wir ausgeschlafen sind. Mit Einsetzen der Pubertät scheinen Heranwachsende fast flächendeckend in den Eulenmodus zu schalten, wie u. a. der Biologe

Christoph Randler untersucht hat. Er hat zudem eine Studie zu Abschlussnoten initiiert, in der 200 Leipziger Schüler:innen nach ihrem Chronotyp befragt wurden. Diejenigen von ihnen, die sich selbst als Lerchen bezeichneten, hatten einen um eine halbe Note besseren Abiturschnitt als die bekennenden Langschläfer:innen.[28]

Was die Schlafhygiene betrifft, stehen auch die frühen außerfamiliären Betreuungseinrichtungen in der Verantwortung, den Kleinsten in dieser Gesellschaft ausreichend lange, ungestörte und vor allem individuellere Ruhezeiten zu ermöglichen. Zu wenig Schlaf im frühen Kindesalter kann neben vielen anderen negativen Effekten zu Verhaltens- und Wachstumsproblemen führen.

Kinder sollten gerade am Lebensanfang so schlafen, wie sie es brauchen. Genau wie bei uns Erwachsenen gibt es die, die um sechs Uhr morgens fröhlich auf der Matte stehen, was dann konform geht mit den Arbeitszeiten der Eltern und den Öffnungszeiten der Kita. Es gibt aber auch viele Kleinstkinder, die locker bis in den Vormittag hinein schlafen würden. Sie müssen sich wohl oder übel bereits am Lebensanfang anpassen, was für viele eine dauerhafte Übermüdung nach sich zieht.

Die sogenannte Co-Regulation der Null- bis Dreijährigen durch die engsten Bezugspersonen, im Fall der außerfamiliären Betreuung durch feinfühliges und geschultes Kitapersonal, ist eine Voraussetzung, um ausreichend Schlaf zu bekommen. Co-Regulation bedeutet, dass eine erwachsene Bezugsperson die Signale des Kindes, wie Bindungsverhalten oder Müdigkeit, zeitnah wahrnimmt und dementsprechend prompt und angemessen reagiert. Ein müdes Kleinkind, das aus Personalgründen, Unwissen oder festzementierten Regularien der Einrichtung weiter in der Gruppe mitmischen muss, obwohl ihm schon vor Müdigkeit der Kopf in den Suppenteller fällt, nimmt gerade nicht an einem qualitativ hochwertigen Bildungsprogramm teil. Im Gegenteil, es wird ihm das verwehrt, was es gerade dringend für sein Wohlbefinden bräuchte:

einen Powernap, um die vielen Reize des Tages zu verarbeiten. Leider haben wir betreuenden Erwachsenen selbst oft durch die vielen äußeren Zwänge verlernt, die Müdigkeit der Kinder sowie unsere eigene ernst zu nehmen.

Arbeiten gegen die innere Uhr

Schon bevor ich zum Elternteil wurde, machte ich immer wieder Bekanntschaft mit schlechtem Schlaf. Wenn eine Prüfung anstand oder ich generell Druck und Sorgen hatte, wachte ich vorzeitig auf. Und ich lernte die immens unangenehmen Reaktionen meines Körpers auf verschiedene Schichtdienste kennen. Ein Jobangebot, das mir karrieretechnisch geholfen hätte, aber aus Frühschichten bestand, musste ich nach der Probezeit wieder absagen. Mein Chronotyp schien sich damit einfach nicht zu arrangieren. Als weder eindeutige Lerche noch Eule fand ich das tägliche Aufstehen um vier Uhr morgens belastend – der Körper antwortete mit Schweißausbrüchen, Kreislaufproblemen und Bauchschmerzen in den späteren Morgenstunden. Wenn die Schicht um ein Uhr mittags endete, schaffte ich es nicht, ein kleines Nickerchen zu machen, wie es mir von einem erfahrenen Kollegen so warm ans Herz gelegt worden war.

Bei den Spätschichten, die um 16 Uhr starteten und bis Mitternacht gingen, fühlte ich mich nach einer ersten Phase des Jetlags dagegen körperlich fast normal. Mit dieser Arbeitszeit kommen sowohl Lerchen, Eulen als auch Mischtypen in der Regel gut zurecht. Allerdings nahm ich in kürzester Zeit mehrere Kilos zu, obwohl ich darauf achtete, nach 20 Uhr nicht noch groß zu essen. Und eine weitere Sache wurde mir erst mit der Zeit klar. Wer zwei Wochen im Monat spät arbeitet, nimmt auch zwei Wochen im Monat nicht am Sozialleben teil. Schichtarbeit beeinträchtigt nicht nur die körperliche Gesundheit, sondern eben auch die gesellschaftliche Teilhabe, was sich wiederum negativ auf die psychische Gesundheit auswirken kann.[29]

Ich hatte zu dem Zeitpunkt aber zumindest noch keine Familie, mit der ich meine Arbeitszeiten abstimmen musste. Zwar erfuhr ich von jahrelang im Früh- oder Wechseldienst arbeitenden Kolleg:innen, dass sie genau dieses Arbeiten außerhalb der Norm für ihr Familienleben bevorzugten, weil sie es z. B. praktisch finden, nachmittags Zeit mit ihren Kindern zu verbringen oder sich die häuslichen Aufgaben besser teilen können. Insgesamt aber werden in diversen Untersuchungen mehr negative als positive Auswirkungen auf Familien beschrieben.[30]

In meinem Fall war es natürlich eine privilegierte Situation, nicht um jeden Preis dauerhaft Schicht arbeiten zu müssen. Für rund 17 Millionen Menschen in Deutschland ist Schichtarbeit aber Alltag, was bedeutet, dass sie entweder zu wechselnden Zeiten oder regelmäßig zu ungewöhnlichen Zeiten arbeiten, also auch an Feiertagen und Wochenenden oder in dauerhafter Nachtschicht. Regelmäßig nachts arbeiten immerhin 3,5 Millionen Menschen.[31] In vielen Bereichen sind Nacht- und Wechselschichten vollkommen normal und auch nicht einfach abzuschaffen, z. B. in Krankenhäusern, in Pflegeeinrichtungen, in bestimmten Dienstleistungsbereichen und der Produktion.

Sich wechselnden Arbeitszeiten anzupassen, ist für niemanden leicht, für Menschen über 40 oder mit Vorerkrankungen aber besonders schwer. Diejenigen von uns, die über Jahrzehnte in Wechselschichten arbeiten, sind oftmals die vermeintlich robusteren, weil sie es aushalten und nicht gleich wieder ausscheiden. Doch auch sie erhöhen damit ihr Risiko für eine Reihe von Folgeerscheinungen, die mit Schichtarbeit in Verbindung gebracht werden. Dazu gehören Herz-Kreislauf-Erkrankungen, Diabetes Typ 2 und Krebs.[32]

Außerdem leidet jede:r zweite dieser sogenannten Flex-Beschäftigten an Schlafstörungen oder schläft viel zu kurz .[33] Kein Chronotyp kommt mit Nachtarbeit gut zurecht. Die Spätfolgen sind bislang nicht abschließend erforscht, aber es wird davon ausgegangen, dass unsere innere Uhr durch die Arbeit zur Nachtzeit aus dem Takt gerät, sodass wichtige Prozesse im Körper wie die Hormonausschüttung, die Immunreaktion und der Stoffwechsel desynchronisiert werden.[34] Nachts um drei Uhr fährt unser Körper auf Sparflamme, egal ob wir im Bett liegen oder an einer Pforte Wache halten. Mit Beginn des Tages fährt das Melatonin herunter und die Cortisolausschüttung beginnt, damit wir in Aktion kommen, auch wenn wir gerade vom Dienst heimschlurfen und uns nur ins Bett legen wollen.

Nicht bei jedem Menschen muss Schichtarbeit zwangsläufig auf Raten die Gesundheit zerstören oder zu sozialer Vereinsamung führen. Zwar gibt es nicht den idealen Schichtplan, es gibt aber immens viele Schrauben, an denen vor allem Unternehmen und Führungskräfte drehen können. Schichtarbeit erhält in vielen Bereichen das System aufrecht und sichert die Produktion, die Nebenwirkungen sind damit aber auch ein systemisches Problem und müssen als solches behandelt werden.

Sich um die Gesundheit von Schichtarbeitenden zu kümmern, ist auch Aufgabe der Bundesanstalt für Arbeitsschutz und Arbeitsmedizin, die sich mit den Folgen der Schichtarbeit, aber auch mit Präventionsmaßnahmen beschäftigt. Sie berät das Bundesministerium für Arbeit und Soziales, das natürlich ein Interesse daran hat, Arbeitnehmer:innen bis ins Rentenalter arbeitsfähig zu halten. Grundsätzlich ist Konsens und durch zahlreiche Studien belegt: Dauerhafte Nachtarbeit schadet. Deshalb sollten Nachtschichten im Team verteilt und nur so kurz wie möglich hintereinander erfolgen. Nach einer Phase der Nachtarbeit (die nicht länger als drei Tage am Stück dauern sollte) braucht es eine längere Erholungsphase, mindestens jedoch 48 Stunden. Wo menschliche Arbeitskraft automatisiert werden kann, sollte sie von Maschinen ersetzt werden.

Es ist Prävention fürs Alter, schon in jungen Jahren Schichtarbeit so zu gestalten, dass die Dauer der Schichten, die Abfolge der Schichtarten und die dazwischenliegenden Erholungsmöglichkeiten bewusst geplant werden. Vorteilhaft sind sogenannte schnell vorwärts rotierende Schichtpläne (also z. B. zwei Tage Frühschicht, zwei Tage Spätschicht, zwei Tage Nachtschicht), da sie den Tag verlängern, zwischen den Wechselschichten 24 Stunden Pause einräumen und am ehesten dem 24-Stunden-Rhythmus entsprechen. Wichtig dabei sind: ein klares Muster, keine dauerhaften Schichten zu unnormalen Tageszeiten und auch kein spontanes Einspringen.[35]

Außerdem sollte beachtet werden, dass Menschen die Schicht arbeiten, insgesamt stärker belastet werden und dementsprechend weniger Wochenstunden arbeiten sollten. Menschen mit Abend- und Wochenendarbeit berichten ab 23 Wochenstunden eine ähnliche Belastung wie Beschäftigte, die von 9 bis 17 Uhr eine 40-Stunden-Woche haben. Auch sollten eher Freizeitausgleich- als monetäre Anreize geschaffen werden. Schichtarbeit ist besser vergütet, sich aber aus rein monetären Gründen so viele unangenehme Schichten wie möglich einzuplanen, wie manche Arbeitnehmenden berichten, ist langfristig schädlich.

Ein wichtiger Begriff ist die *Zeitsouveränität*, da sie sich positiv auf das körperliche Wohlbefinden auswirkt. Schichtarbeitende der IG Metall wünschten sich in einer Befragung im Jahr 2017 Gleitzeit, sie legten mehr Wert als Nicht-Schichtarbeitende auf einen klar definierten Anfang und ein klares Ende ihrer Arbeitszeiten, um ihre Dienste privaten Ereignissen anpassen zu können und somit ihre Schichtpläne mitzugestalten. Ebenfalls deutlich genannt wurde der Wunsch nach einer Arbeitszeitverkürzung statt Schichtzuschlägen.[36]

Und noch ein paar praktische Hinweise zum Schluss:

- Nachtarbeitende sollten versuchen, zweimal zu schlafen, also einen *biphasischen Schlaf* etablieren: direkt nach ihrer Schicht für vier bis fünf Stunden und ein bis zwei Stunden vor der nächsten. Auch Frühschichtarbeitende sollten mit einem festen Mittagsschlaf zwei Schlafphasen etablieren.
- Auf die Ernährung achten, ist zwar für uns alle eine gute Idee, wer aber gegen die innere Uhr arbeitet und damit den Stoffwechsel sowieso schon belastet, sollte an diesen Tagen nicht schwer essen.
- Nach der letzten Nachtschicht so wenig wie möglich schlafen, um wieder schneller in den Rhythmus der Umwelt zu kommen.
- Bei Spätschichten sollte, falls möglich, vor Schichtbeginn ein Nachmittagsschlaf gemacht werden, nach Schichtende noch Sport zu machen oder sich anderweitig körperlich zu verausgaben, ist kontraproduktiv.

Friedvoll, tief und sorglos oder was ist guter Schlaf?

Genug geschlafen haben wir, wenn wir von selbst aufwachen – nicht mitten in der Nacht, sondern morgens ohne Wecker, nach durchschnittlich sieben bis acht Stunden Schlaf, das gilt zumindest für 90 Prozent unserer wundersamen Spezies. Ja – es gibt die extremen Kurzschläfer:innen, die mit vier Stunden auskommen und dann gibt es die extremen Langschläfer:innen, die gar zehn Stunden benötigen, auch sie sind die Ausnahme. Die meisten von uns brauchen nach einem vollen Arbeitstag Schlaf und das nachts.

Die ersten drei Stunden der Nacht sind dabei besonders wichtig, da in dieser Zeitspanne 75 Prozent der nächtlichen Gesamtmenge des Wachstumshormons Somatropin ausgeschüttet werden. Ein Mangel führt bei Erwachsenen zu Muskelabbau und Fettaufbau – eine wirklich miese Kombination. Somatropin gilt übrigens als Marker fürs Altwerden, sein Spiegel sinkt als eines der ersten Hormone und das schon ab dem 35. Lebensjahr. Unsere Schlafarchitektur besteht, wie wir bereits wissen, aus mehreren zyklischen Phasen. Dabei ist der Schlaf in zwei Haupttypen unterteilt: den *Non-REM-Schlaf*, der wiederum in vier Stadien unterteilt wird, und den *REM-Schlaf*.[37] Letzterer ist der, bei dem wir unter geschlossenen Liddeckeln wild die Augen bewegen und träumen. Ein vollständiger Schlafzyklus dauert bei Erwachsenen durchschnittlich 90 bis 110 Minuten, bei Babys und Kleinkindern 70 bis 80 Minuten.

Dieses Wissen kann man nutzen, wenn man den Nachwuchs vorzeitig aus einem Powernap wecken will. Das Aufwecken ist zum Ende eines Zyklus hin viel leichter und für die Kinder vor allem nicht so qualvoll. Für Babys empfiehlt sich ein vorzeitiges Wecken allerdings nicht, da sie den REM-Schlaf für die Bildung neuer Synapsen, also das Hirnwachstum brauchen. Bei Kleinkindern ab zweieinhalb Jahren ändert sich aber die Funktion des REM-Schlafs, er wird dann wie bei Erwachsenen »nur« zum Erhalt und zu Reparationszwecken des Gehirns genutzt.[38] Aber grundsätzlich gilt neben allen elterlichen Tricks die gute alte Binsenweisheit: Schlafende Kinder weckt man nicht.

Was in den einzelnen Zyklen der Reihe nach abläuft, ist ganz schön kompliziert und auch nicht annährend fertig erforscht. Was aber über die Hirnstrommessungen zu den vier Stadien des Non-REM-Schlafs hinreichend bekannt ist:

- **Stadium 1** stellt den Übergang vom Wach- in den Schlafzustand dar, die Muskelspannung ist noch erhöht, es kommt zu traumähnlichen Zuständen. Viele kennen vielleicht diese Einschlafzuckungen, sogenannte hypnagoge Zuckungen, die unwillentlich passieren und im Übergang zum Leichtschlaf häufig vorkommen.

- **Stadium 2** markiert den Zeitpunkt des tatsächlichen Einschlafens. Herzfrequenz und Atmung verlangsamen sich, die Körpertemperatur sinkt weiter ab, genauso wie der Muskeltonus. Im EEG können spezifische Muster in der Hirnaktivität beobachtet werden. Diese Phase ist wichtig für die sogenannte **Konsolidierung** des Gedächtnisses, also die Umwandlung von kurzzeitigen Erinnerungen in langfristige. Außerdem brauchen wir sie zur Erholung.
- **In den Stadien 3 und 4** erreichen wir den Tiefschlaf, den *Slow Wave Sleep*, der von langsamen Gehirnwellen gekennzeichnet ist. Er ist besonders wichtig für die physische Erholung, es werden verschiedene Prozesse im Körper angestoßen, wie die bereits erwähnte Somatropin-Freisetzung, es werden Proteine gebildet, was zur Erholung von den Belastungen des Tages beiträgt, und der Tiefschlaf spielt eine Schlüsselrolle beim Verfestigen von Gedächtnisinhalten. Er ist wichtig für Lernprozesse und die Integration von neu erworbenem Wissen. Das Immunsystem wird gestärkt, indem z. B. T-Zellen gebildet werden, die wichtig für das Erkennen und Bekämpfen von Krankheitserregern sind. Außerdem reguliert sich im Slow Wave Sleep unser Hormonhaushalt.

Nach diesem um die 90 bis 110 Minuten langen Non-REM-Schlaf folgt der REM-Schlaf. Wenn wir jetzt geweckt werden, können wir in der Regel von Träumen erzählen. Der REM-Schlaf ist durch eine intensive Gehirnaktivität gekennzeichnet, während unsere Muskeln so gut wie gelähmt sind, damit wir uns im Schlaf nicht selbst verletzen, aufstehen oder unsere Träume in irgendeiner Form ausagieren können. Die Gehirnaktivität ähnelt nun der des Wachzustands.

Während in der ersten Phase die Schlafzyklen stärker von Tiefschlafphasen dominiert werden, die für unser Immunsystem wichtig sind, nimmt gegen morgen der Anteil des REM-Schlafs zu. Er beeinflusst maßgeblich unser psychisches Wohlbefinden, da er wichtig ist für unsere Stimmungsregulation, Stressbewältigung und die Fähigkeit, Probleme zu lösen.

Im Idealfall durchlaufen wir fünf, sechs oder sieben solcher Zyklen pro Nacht. Sind es weniger, können wir z. B. auch tagsüber mal einen Zyklus schlafen. Das klappt dann besonders leicht, wenn wir es regelmäßig tun, also einen biphasischen Schlaf in Form einer Siesta etablieren. Da dies für die meisten erwerbstätigen Menschen in Deutschland allerdings nicht betriebsärztlich eingeplant ist, plädiere ich dafür, sich selbst nicht künstlich wach zu halten, wenn an freien Tagen die Müdigkeit nach dem Mittagessen anklopft. Wie erfrischend so eine regelmäßige, kleine Auszeit für viele von uns wäre, sieht man an den vielen Menschen in Rente, bei denen sich ein biphasischer Schlaf in Form des Mittagsschlafs oft von ganz allein einpendelt.

Zwei konstruktive Fragen bei destruktivem Schlaf

Nun wissen wir, wann in der Nacht was zu passieren hat, damit wir uns ausgeruht fühlen. Bevor es in diesem Kapitel zu den kleinen Lösungen für Schlaflose geht, möchte ich dir zwei Fragen aus der lösungs- und ressourcenorientierten Kurzzeittherapie stellen. In den 1980er-Jahren wurde diese Therapieform von Jazz-Saxophonist und Psychotherapeut Steve de Shazer und seiner Ehefrau, der Psychotherapeutin Insoo Kim Berg, begründet. Sie wendeten sich in der Therapie vom Problemgespräch ab und hin zum lösungsorientierten Gespräch, indem sie sich von ihren Klient:innen erzählen ließen, wie sie es schon mal geschafft hatten, ein Problem zu lösen oder es zumindest zu verringern. In unserem Kontext geht es natürlich um die Schlafqualität.

- Die erste Frage ist die nach der **Ausnahme** vom Problem:
  Wann in der letzten Woche oder in letzter Zeit hast du gut geschlafen oder besser als sonst? Also wann ist das Problem nicht eingetreten? Was war da anders? Was hast du anders gemacht?
- Die zweite Frage ist die **Wunderfrage:**
  Stell dir vor, während du heute Nacht schläfst und das ganze Haus still ist, geschieht ein Wunder. Und dieses Wunder bewirkt, dass das Problem, das dich hierhergeführt hat, gelöst ist. Weil du jedoch schläfst, weißt du nicht, dass das Wunder geschehen ist. Wenn du morgen früh aufwachst, woran wirst du merken, dass ein Wunder geschehen und dein Problem gelöst ist? Was wird anders sein? Woran werden es andere Menschen merken, ohne dass du es ihnen sagst?

Wir haben sicher auch ab und an eine gute Nacht gehabt. Was war da anders? Was haben wir tagsüber gemacht? Und wie hat sich der Morgen danach angefühlt? Vielleicht sind wir mittlerweile schon so gerädert, dass wir glauben, das Ruder nie wieder herumreißen zu können. Umso mehr möchte ich an dieser Stelle dazu ermutigen, sich wirklich vorzustellen, wie wunderbar es wäre, ausgeschlafen zu sein, so richtig erholt, entspannt und mit klarem Geist. Wir dürfen unseren Schlaf priorisieren und schon an kleinen Stellschrauben drehen, es lohnt sich.

Kleine Lösungen, um zur Ruhe zu kommen

Es gibt eine ganze Reihe von Interventionen, die wir selbst ausprobieren können. Trotzdem schadet der Gang zur Hausarztpraxis nicht, um mögliche organische Ursachen auszuschließen. Gerade weil Menschen mit subjektiv starken Schlafstörungen zum Katastrophisieren neigen, also z. B. annehmen, gar nicht oder fast gar nicht mehr schlafen zu können,[39] und damit ihre Gesundheit und ihr Leben langfristig aufs Spiel setzen, ist auch eine Überweisung ins Schlaflabor sinnvoll. Die subjektiv empfundene Schlafqualität unterscheidet sich häufig von der im Labor gemessenen Schlafdauer, meist zeigt die objektive Messung einen wesentlich besseren Schlaf als wahrgenommen. Das bedeutet allerdings nicht, dass die subjektive Empfindung der betroffenen Person grundsätzlich infrage gestellt wird. Es kann aber beruhigen, zu erfahren, dass man durchaus noch dazu in der Lage ist, zu schlafen, wenn auch zu wenig oder zu schlecht.

Gerade wenn sich deine Schlafstörung zu chronifizieren scheint, stelle deinen Schlaf in der Bedürfnispyramide nach oben und versuche, ihn zu priorisieren, wann immer es geht. Wer kleine Kinder hat, sollte nach dem Motto leben: Schlafen first, Wollmäuse später. Und soweit es eben in den individuellen Konstellationen geht, ist es ratsam, sich nachts mit der Betreuung abzuwechseln.

Das Einmaleins der Schlafhygiene kommt hier geballt, ein paar Dinge schaffst du vielleicht immer wieder oder vielleicht immer öfter im Alltag umzusetzen:

- Achte auf Regelmäßigkeit beim Zubettgehen und Aufstehen, im Idealfall auch am Wochenende.
- Iss drei Stunden vor dem Schlafen nichts Schweres mehr, vermeide: Alkohol, Nikotin, Cannabis.
- Trinke schon ab ca. 14 Uhr keinen Kaffee mehr.
- Wenn du nachts stundenlang wach liegst, mach am besten keinen Mittagsschlaf, damit sich der Schlafdruck in der Folgenacht erhöht.
- Mache Sport am besten morgens oder am Nachmittag.
- Nach einer schlechten Nacht: Schone dich nicht, sondern gehe raus, viel Tageslicht und Bewegung an der frischen Luft synchronisieren deine innere Uhr.

- Baue zwischen Alltag und Zubettgehen eine »Pufferzone« ein, in der du dir erlaubst, psychisch und körperlich runterzufahren; abgeschaltet wird nicht erst im Bett, sondern schon in den Stunden davor, vor allem auch das Smartphone und andere Bildschirme – weg damit!
- Konsumiere keine aufwühlenden Inhalte mehr auf Social Media oder im TV.
- Gehe dann ins Bett, wenn du schläfrig wirst.
- Sorge für die passende Schlafumgebung, also ein kühles Zimmer zwischen 16 und 18 Grad, warme Füße, ein nicht zu voll gestellter Raum, Verdunklungsvorhänge, so wenig Lärm wie möglich. Und natürlich: Das Bett ist nur zum Schlafen da. Es wird nicht darin gegessen, ferngesehen, stundenlang gelesen.
- Etabliere Schlafrituale wie eine heiße Tasse Tee trinken, ein Entspannungsbad, Musik hören oder Körperpflege betreiben – all das bereitet uns aufs Bett vor.

Wer nachts aufwacht, sollte nicht sofort auf die Uhr schauen, damit aktivieren wir nur unsere To-do-Liste, die dann die verzweifelten Geister ruft. Versuche, weiter tief in den Bauch zu atmen, zu spüren, was sich gerade warm und angenehm anfühlt und steigere dich nicht in negative Gedanken wie Ärger, Wut und Verzweiflung hinein. Wer unbedingt schlafen will, schläft erst recht nicht ein. Versuche also, deine Gedanken weg von unangenehmen Emotionen hin zu deinem Körperempfinden zu lenken. Mach dir z. B. eine vertraute Achtsamkeitsmeditation an und lausche einer Stimme, die nicht deine unruhige eigene ist. Versuche nicht an morgen zu denken, sondern bleibe ganz eng an deinem Körper, sei es mit Übungen der Progressiven Muskelentspannung oder mit einer Traumreise. Wer richtig wach wird, sollte nach einer halben Stunde erfolglosen Liegens aufstehen und eine einfache Tätigkeit an einem gemütlichen Ort tun, also ein Buch lesen oder die drängenden Gedanken aufschreiben, nicht E-Mails checken und am Rechner arbeiten.

Wer sich nachts mit Grübeleien und Sorgen wach hält, sollte diese »Tätigkeiten« bewusst nach vorne ziehen, z. B. mit dem schon bekannten Grübelstuhl, also einem Stuhl in der Wohnung, auf dem eine zuvor festgesetzte Zeit intensiv über ein Problem gegrübelt werden darf. Danach ist Schluss. Oder man macht *Journaling*, also schreibt die abendlichen Sorgen in ein Tagebuch – auch die anstehenden Aufgaben des nächsten Tages gehören da hinein, damit sie aus dem Kopf sind. Auch aufzuschreiben, was am Tag geglückt ist, was schön war oder was viel unwichtiger war, als wir dachten, kann unseren Fokus verändern. Wir lernen damit, uns automatisch mehr auf das Schöne um uns herum zu konzentrieren.

Und am Ende dürfen wir auch einfach mal herumliegen, ohne zu schlafen. Wir dürfen die Stille genießen wie ein Eichhörnchen im Blätterkobel, weil unser Körper sich auch dabei ausruht.

Emotionen

**»Um mein Kind gut zu begleiten,
muss es diese Erfahrungen machen können
und ich muss das mit mir selbst aushandeln
[…] und diese Angst anscheinend fühlen.«**[1]

Jedes Mal, wenn ich Erwachsene beobachte, die Kinder mit Süßigkeiten glücklich machen oder von einem unangenehmen Gefühl ablenken möchten, muss ich an die Situation mit einer Arbeitskollegin denken: Sie hatte einen Fehler gemacht und war deshalb mit einer anderen Kollegin in einen heftigen Streit geraten. Aufgelöst kam sie in unser gemeinsames Büro und fing an zu weinen. Ich fragte, was passiert war, und ging ein paar Schritte auf ihren Tisch zu. Schluchzend öffnete sie die Schublade ihres Schreibtischs, zog einen Schokoriegel heraus, biss weinend hinein und erzählte mir kauend von der hässlichen Auseinandersetzung – noch während ihr Tränen die Wangen hinunterliefen! Da saß keine erwachsene Person, die sich wegen eines Streits ärgerte, schämte oder traurig war, da saß ein Kind, das versuchte, seine Gefühle in den Griff zu bekommen.[2]

Auch wenn ich selbst den Kampf mit starken Emotionen gut kenne: So plakativ hatte ich das bislang noch nie bei einem anderen Menschen beobachtet. Ich esse nicht, wenn ich gerade weine, aber aus Stress. Und hätte ich nicht das Holiday Heart Syndrom und würde Alkohol besser vertragen, würde ich mir an manchen Tagen gern schon zum Frühstück ein Glas Weißwein einschenken, um die Stimmung zu heben.

In diesem Kapitel geht es um starke Gefühle, die uns zu überrollen scheinen, aber auch um die, die in unserem Erwachsensein eine

Leerstelle bilden. Wir nehmen sie gar nicht oder nur selten wahr und stolpern so durch unsere Beziehungen und unser Arbeitsleben. Häufig sind unsere Strategien, um mit ihnen umzugehen, nur kurzfristig wirksam und langfristig ungesund. Wenn es mal wieder ordentlich kracht in unseren Beziehungen, wünschen wir uns, nichts mehr fühlen zu müssen, weder den Gram noch das große Unbehagen. Es wäre doch viel gesünder, sich eiskalt abzugrenzen, als sich andauernd aufzuregen und nicht zu wissen, wohin mit all dem Ärger und der unbändigen Wut, der Scham und Unsicherheit.

Wir erfahren, warum es vielen von uns so schwerfällt, die eigenen Emotionen zu regulieren, warum sich oft andere Emotionen hinter dem verbergen, was wir glauben, zu empfinden, und warum manchmal Emotionen aus der Vergangenheit in unserem jetzigen Leben mitmischen. Unsere Art, mit Gefühlen umzugehen, kann psychische Erkrankungen auslösen und sie aufrechterhalten. Und psychische Erkrankungen können uns negative Gefühle bescheren. Eine Reihe sehr wirksamer Tools aus der psychotherapeutischen Praxis können auch für Menschen ohne diagnostizierte psychische Erkrankung im Kontakt mit ihren Emotionen hilfreich sein. Dieses Kapitel lädt dich dazu ein, den Menschen, der dich im Kern ausmacht, verbindet und in Bewegung hält, besser kennenzulernen.

Warum wir Emotionen brauchen

Wer sich manchmal emotionsphobisch[3] wünscht, Probleme ausschließlich rational lösen zu können, darf sich kurz das Gegenteil vorstellen: Wie wäre es, wenn wir in unserem emotionalen Empfinden stark eingeschränkt wären? Könnten wir dann endlich ungehindert wie gut geölte Maschinen arbeiten?

Der Neurowissenschaftler António Damásio hat u. a. das auffällige Verhalten von Patienten mit beidseitigem Infarkt im Bereich der

Amygdala, dem emotionalen Zentrum in unserem Gehirn, analysiert.[4] Sie konnten Emotionen in den Gesichtern anderer nicht mehr gut erkennen, besonders Gefühle von Angst und Ekel. Seine Hypothese wurde anschließend von Untersuchungen mit bildgebenden Verfahren untermauert. Die Amygdala spielt für das Erkennen und Verarbeiten von Emotionen eine wichtige Rolle. Sind ihre Funktionen beeinträchtigt, ist auch unser emotionales Empfinden eingeschränkt und damit wichtige Fähigkeiten, wie das Treffen von Entscheidungen.[5]

Zudem sind wir auch nicht mehr motiviert, zielgerichtet zu handeln. Unsere Einsichten bleiben bedeutungslos, »wenn sie nicht mit emotionalem Geschehen einhergehen«.[6] Wenn wir z. B. bei der Arbeit in einen Streit geraten, zeigen uns spontane Emotionen wie Ärger oder Wut Grenzüberschreitungen an. Werden wir kritisiert und damit in unserem Bedürfnis nach Anerkennung frustriert, kann das Angst und Scham auslösen. Emotionen sind also wie ein Alarmsystem. Es handelt sich um automatische, schnelle und oft unbewusste neurologische Reaktionen auf einen internen oder externen Reiz.

Unangenehme und angenehme Emotionen

Diese *unangenehmen Emotionen* bringen uns dann dazu, eine Alternative zu unserem bisherigen Verhalten zu entwickeln, um die Situation bewältigen und den aktuellen Zustand verlassen zu können. Sie geben uns z. B. die Energie, in eine persönliche Auseinandersetzung zu gehen, uns zurückzuziehen oder uns mehr anzustrengen. Durch negative Emotionen werden Anpassungsleistungen in unserem Sozialverhalten in Gang gesetzt, die eine Veränderung unseres Verhaltens ermöglichen und damit einen positiven Einfluss auf unser Leben haben können. In diesem Fall schaffen wir es, unsere Meinung zu sagen oder uns Unterstützung zu holen.[7]

Angenehme Emotionen wiederum bringen uns dazu, zielgerichtet zu handeln, da wir Zustände, die sich für uns gut anfühlen, beibehalten oder wieder erreichen möchten. Erfahren wir z. B. im Job Anerkennung durch unsere Kolleg:innen, empfinden wir Freude und Stolz, was uns umso mehr motiviert. Durch all diese Erfahrungen steuern unsere Emotionen dann schon im Vorfeld unser Verhalten, da wir in der Regel negative Empfindungen vermeiden und positive herbeiführen wollen. Das ist aber nicht immer so.

Unter bestimmten Bedingungen wollen Menschen überraschenderweise unangenehme Gefühle beibehalten. Vielleicht ist ihnen das selbst gar nicht so bewusst. Sehen wir uns das am Beispiel von Perfektionismus an: Gefühle der Angst und Scham sind stärkere Antreiber, um perfekte Ergebnisse zu erreichen, als angenehme Gefühle. Dem Wunsch, perfekt sein zu wollen, liegt ein Vermeidungsmotiv zugrunde, z. B. um jeden Preis zu verhindern, abgewertet zu werden. Um das Vermeidungsziel zu erreichen, halten Menschen also an ihren negativen Emotionen fest.[8] Solange der Anspruch auf Makellosigkeit nicht fallen gelassen wird, lassen sich die beeinträchtigenden Emotionen nicht behandeln.

Kommunikation und Bedürfnisse

Emotionen sind immer auch implizite Mitteilungen: Unser emotionaler Ausdruck in Stimme, Haltung, Mimik und Gestik ist die Melodie, mit der wir anderen begegnen. Unsere Mitmenschen bekommen so wortlos die Möglichkeit zur Interpretation unserer Stimmung und der allgemeinen Situation.

Emotionen sind auch die wichtigste Quelle, um Informationen über unsere eigenen Bedürfnisse zu bekommen. Angst gibt uns unmissverständlich den Hinweis, dass eine Situation für uns bedrohlich zu sein scheint. Freude zeigt uns, dass wir uns sicher und aufgehoben fühlen. Ärger wiederum markiert, dass uns wohl gerade jemand auf die Füße gestiegen ist. Fühlen wir uns schuldig, entsteht das Bedürfnis nach Wiedergutmachung. Wir entschuldigen uns, ändern unser Verhalten, um wieder Teil der Gemeinschaft zu sein oder einen guten Freund nicht zu verlieren. Emotionen geben uns beständig Hinweise darüber, welche Gedanken oder Verhaltensweisen gerade hilfreich sind, um mit unserer Umwelt zurechtzukommen.[9]

Emotionen sagen jedoch nichts über die Realität aus, sondern nur darüber, wie wir die Realität wahrnehmen und interpretieren. Die Psychologin und Neurowissenschaftlerin Lisa Feldman Barrett spricht in diesem Zusammenhang von *konstruierten Emotionen*. Diese seien keine vorprogrammierten Reaktionen auf bestimmte Sinneseindrücke, sondern dynamische Konstruktionen unseres Gehirns, die durch die Deutung von Sinnesreizen und inneren Zuständen entstehen. Unsere individuelle Lerngeschichte, die Kultur, in der wir aufwachsen, sowie Erfahrungen beeinflussen, wie wir Emotionen interpretieren.[10]

Ich fühle, also bin ich hier neu?

Erst als ich Mutter wurde, lernte ich eine Emotion kennen, die zu den sogenannten Basisemotionen gezählt wird: Wut. Das Zusammensein mit Kindern bringt bei vielen Eltern genau das an die Oberfläche, was bislang nur am Meeresgrund zu liegen schien. Babys und Kleinkinder zeigen unmittelbare, starke Gefühlsäußerungen und Bedürfnisse, die reguliert und gestillt werden wollen. Sie sind ausschließlich von ihren Emotionen gesteuert und handeln im Affekt. Viele Eltern fühlen sich davon angesteckt und schnell auch überflutet. Die explosive Mischung aus Müdigkeit, einem Haufen Arbeit und Partnerschaftskonflikten trägt ihr Übriges dazu bei.

Ich spürte, dass es an mir lag, mein Gefühlsrepertoire zu erweitern, aber fragte mich gleichzeitig verwundert, ob ich als Erwachsene wirklich aufs Neue lernen musste, mich selbst zu regulieren. In Wut-Ratgebern las ich, dass man in akuten Situationen innerlich zählen sollte. Oder auch immer wieder auf das innere »Wutbarometer« schauen, um sich rechtzeitig zu beruhigen, wenn der Zeiger schon gefährlich nah an die roten Zahlen kam. Letzteres gelang mir besser als die Zählerei und so lernte ich, mein Verhalten frühzeitig anzupassen, z. B. meine eigenen Erwartungen herunterzuschrauben und Dinge radikal wegzulassen, wenn die innere Anspannung zu groß wurde, um noch schnell ein bekömmliches Abendessen zu zaubern.

Noch spannender fand ich, wenn ich es schaffte, meine Wut eine Weile auszuhalten und sie bewusst verrauchen zu lassen. Dann kamen in der Regel Tränen, Enttäuschung und Traurigkeit. Es lag also eine Emotion, die ich nicht spüren konnte, hinter der Emotion, die ich zuvor auch nicht spüren konnte. Auf einmal schien von innen Licht durch das festgewebte Netz in meinem Brustkorb zu fallen und Sonnenflecken an die Wand zu werfen.

Verschüttete Emotionen

Eine Freundin hatte eine komplizierte Liebesbeziehung zu einem jüngeren Mann, der faszinierend, aber nur schwer greifbar zu sein schien. In der Nacht auf ihren Geburtstag war nicht er bei ihr, um zu gratulieren, sondern meine Schulter und ich. Bei den beiden war mal wieder temporäre Funkstille und selbst ihr Geburtstag war für ihn kein Anlass, sich zu melden. Völlig verzweifelt lag sie auf dem Bett und konnte nicht aufhören, zu weinen. Um diesen Modus zu stoppen, fragte ich etwas hilflos, warum sie eigentlich nicht wütend war. Es wäre doch eine Unverschämtheit, sich nicht zu melden. Woraufhin sie mich mit verweinten Augen ansah: »Wütend? Nein, ich bin einfach nur traurig.« Wut hätte das Abhängigkeitsgefühl ihres Glücks von der Gunst dieses Hallodris vielleicht durchschnitten. Aber sie schien gerade gar keinen Zugriff auf diese Emotion zu haben.

Primäre und sekundäre Emotionen

Das Konzept der primären und sekundären Emotionen geht auf den Psychologen und Emotionstheoretiker Robert Plutchik zurück. Demnach entstehen *primäre Emotionen* instinktiv und reflexhaft und veranlassen uns – ausgelöst durch Reize und bestimmte Situationen – zu spontanen Reaktionen. Dabei sind diese Emotionen unbeeinflusst von Lernerfahrungen, Traumata oder Konditionierung.[11] Was eine primäre Emotion ist, merken wir gut im Straßenverkehr. Werden wir geschnitten oder fies angehupt, kommt die Wut wie eine Urgewalt. Will jemand unsere Liebsten bedrohen, ist es ähnlich.

Doch nicht immer zeigen wir so unwillkürlich, was wir fühlen und wissen es häufig auch gar nicht. Es gibt Gefühle, von denen wir gelernt haben, dass es sich dabei um unerwünschte Gefühle handelt. Wenn wir aufgrund dieser Lernerfahrung die primären Gefühle nicht mehr zeigen, treten als emotionale Reaktion darauf die sekundären Emotionen auf.[12]

Sekundäre Emotionen sind in Beziehungen erlernte Reaktionen auf positive oder negative Erlebnisse. Manche von ihnen haben eine Vermeidungsfunktion, d. h. sie treten an die Stelle von primären Emotionen, damit diese keinen Einfluss mehr auf unser Verhalten haben. Menschen bemerken ihre primären Emotionen dann gar nicht, weil sie direkt von den sekundären überlagert werden. Wenn wir als Kinder lernen, dass unsere Gefühle falsch sind, zeigen wir sie nicht nur nicht mehr, wir hören auch auf, sie zu fühlen. Genau dann kommt es zu dysfunktionalen Mustern, die unser Leben und unsere zwischenmenschlichen Beziehungen massiv beeinträchtigen können. Alle primären Emotionen können auch sekundäre Emotionen sein, typischerweise handelt es sich bei Letzteren aber um Empfindungen wie Gereiztheit, Wut und Aggression, depressive Verstimmung, phobische Ängste oder Leere und Hoffnungslosigkeit.[13]

Stark vereinfacht und auf das obere Beispiel der alleingelassenen Freundin bezogen: Vielleicht war ihre Trauer eine primäre Emotion, vielleicht war sie aber auch eine sekundäre Emotion und dahinter lag Wut. Es kann sich auch umgekehrt verhalten. Habe ich beispielsweise in meiner Ursprungsfamilie gelernt, dass Ausrasten der einzige Weg ist, um gehört zu werden, kann Wut im Erwachsenenalter als sekundäre Emotion Traurigkeit überlagern. Das Problem dieser sekundären Emotion ist, dass sie verhindert, was ein Wüterich eigentlich braucht, z. B. in den Arm genommen zu werden oder Zuspruch. Traurigkeit als sekundäre Emotion wiederum verhindert, dass wir uns wehren oder kraftvoll für unsere Wünsche eintreten. Sekundäre Emotionen führen dann zu einem überangepassten, defensiven und vorsichtigen Verhalten.[14]

Basisemotionen und soziale Emotionen

Der berühmte Psychologe und »Godfather of Gesichtserkennung« Paul Ekman hat bereits in den 1960er-Jahren in zahlreichen Studien den mimischen Gefühlsaudruck in verschiedenen Kulturen untersucht und ist zu der Erkenntnis gelangt, dass es sechs universelle Emotionen geben muss: Freude, Trauer, Angst, Überraschung, Ekel und Wut.[15] Auf Grundlage dieser *Basisemotionen* sollen sich dann in der Interaktion mit unserem sozialen Umfeld die *sozialen* bzw. *moralischen Emotionen* wie z. B. Scham und Schuld, Neid und Eifersucht, Mitgefühl und Empathie, Stolz und Ehrfurcht entwickeln. Sie sind wichtig, um unser Verhalten mit dem Status Quo der Gruppe abzugleichen und bilden unseren moralischen Kompass innerhalb der Wertegemeinschaft, in der wir leben. Außerdem geben sie uns Handlungsimpulse. Kritiker:innen von Ekmans Theorie weisen darauf hin, dass die genannten Emotionen nicht in allen Kulturen gleich verstanden würden und dass menschliche Emotionen wesentlich komplexer, dynamischer und zudem kontextabhängig seien. Sie bestünden häufig aus einer Kombination aus Gefühlen, z. B. die vielschichtige Emotion Hass: Darin kann Wut zu finden sein, Verachtung, Feindseligkeit, aber auch Angst und Ekel.

Neuere Erkenntnisse aus den Neurowissenschaften lassen ebenfalls vermuten, dass eine trennscharfe Einteilung in eine Handvoll Basisemotionen wie in Ekmans Theorie wegen der hochkomplexen Emotionsverarbeitung in unserem Gehirn nicht realistisch ist. Es besteht bislang keine Einigkeit über die genaue Anzahl der Basisemotionen und es ist noch nicht geklärt, wie durch »Mischung« der primären Emotionen die sekundären entstehen. Für Menschen, die sich generell schwertun, ihre Emotionen wahrzunehmen und zu beschreiben, können sie in der Praxis aber ein wichtiger Ansatzpunkt sein. Denn es geht darum, sich in verschiedenen Kontexten mit den eigenen Emotionen zu befassen, um sich selbst und andere besser zu verstehen.

Was ist Emotionsregulation?

Meistens stoßen wir erst als Erwachsene, z. B. im Rahmen der bedürfnisorientierten Erziehung, auf den Begriff der Emotionsregulation, da genau dieser Skill von Eltern und anderen Betreuungspersonen im täglichen Zusammensein mit Kindern erforderlich ist. In diesen Situationen kommt es häufig zu *Affektbrücken*, was bedeutet, dass bei den Erwachsenen Gefühle aus der Vergangenheit – meist der eigenen Kindheit – aktiviert werden, die auf einmal gespürt und ausgehalten werden müssen. Viele Eltern kämpfen dann selbst mit ihren starken Emotionen und damit, sich selbst zu regulieren.

Am Lebensanfang sind wir völlig auf andere Menschen angewiesen, die Angst, Aufregung oder Schmerz durch ihren Beistand, Trost und die passenden Angebote regulieren, also unser aktiviertes Bindungssystem beruhigen und uns beim Einordnen dieser Affekte helfen. Indem erwachsene Bezugspersonen Kinder z. B. beim Einschlafen begleiten, lernen sie Einschlafen als etwas Schönes kennen. Dabei findet in der Regel ein gemeinsames Lernen statt: Eltern lernen erst im Zusammensein mit ihrem Kind, wie sie es am besten beruhigen können und wie sie die Signale lesen, die darauf hinweisen, dass nun eine Regulation (z. B. ein Ortswechsel, Ausruhen, Schlaf, Essen oder Beschäftigung) notwendig wird.

Jede Bindungsbeziehung ist dabei einzigartig. Durch das Zusammensein mit einem verstehenden Gegenüber lernt das Kind seine eigenen Bedürfnisse und Emotionen kennen, mit dem Entwickeln der Sprachfähigkeit auch zu benennen: Ich habe Durst! Mir ist kalt. Ich fühle mich so wütend! Auf diese Weise erwirbt das Kind im Lauf des Älterwerdens erste eigene Regulationsfähigkeiten. Kinder können sich dann auf einmal kurz allein beschäftigen, sich ablenken, warten oder finden irgendwann selbst in den Schlaf. All das braucht Zeit und jedes Kind entwickelt sich in seinem Tempo. Das sollte berücksichtigt werden, wenn vom Umfeld Selbstregulationsfähigkeiten erwartet werden, die nicht altersgerecht sind.

Eine einheitliche Definition des Regulationsbegriffs gibt es nicht, es geht bei Emotionsregulation aber generell darum, dass wir durch ihren Einsatz unsere spontanen emotionalen Reaktionen hinauszögern können, um die Möglichkeit zur Reflexion und zu Handlungsalternativen zu bekommen – nicht nur als Kinder, auch als Erwachsene. Eine Amygdala, die völlig im Stress ist und eine extreme Emotion produziert, erlaubt uns nicht mehr, klar zu denken. Der evolutionäre Sinn dahinter ist, dass wir vor dem Säbelzahntiger weglaufen oder ihn wahlweise bekämpfen, bevor wir zu lange nachdenken und er uns zwischenzeitlich gefressen hat. Erst wenn wir unsere Emotionen auf ein bestimmtes Maß runterreguliert haben, ist unser präfrontaler Kortex wieder bereit, zu denken und bewusste Entscheidungen zu treffen. Wir haben dann Einfluss darauf, welche Emotion wir erleben, wie stark wir sie erleben und wie wir sie ausdrücken. Zum Beispiel kann ein älteres Kindergartenkind schon mit Worten seinen Unmut ausdrücken und schlägt nicht einfach zu oder schubst, wenn ein anderes Kind ihm ein Spielzeug wegnimmt. Schaut man auf bestimmte Eskalationen unter Jugendlichen oder Erwachsenen, kann man dabei nicht selten unreife Regulationsmuster beobachten. Zu einem ausgereiften Regulationsrepertoire gehören viele Fähigkeiten:[16]

- Wir nehmen unsere Emotionen bewusst und in ihren Facetten wahr.
- Wir können unsere Gefühle benennen.
- Wir verstehen die situativen Auslöser von Emotionen.
- Wir halten es aus, sie zu fühlen.
- Wir können sie durch unsere Gedanken beeinflussen.
- Wenn es uns beim Erreichen unserer Ziele hilft, können wir uns

auch bewusst Situationen aussetzen, die wahrscheinlich unangenehme Emotionen auslösen werden.

- Wir stehen uns selbst beim Erleben unangenehmer Emotionen bei.
- Wir erkennen die Bedürfnisse hinter unseren Emotionen und können damit unser Verhalten anpassen, um unser Ziel zu erreichen.
- Wir können Emotionen in ihrer Dauer und Wucht beeinflussen.
- Wir können alternative Emotionen bewusst aktivieren.

Das ist eine lange Liste, und wenn man sie liest, bekommt man vielleicht ein mulmiges Gefühl. Sind wir selbst dazu in der Lage? Wurden wir darin unterstützt, diese Kompetenzen zu erwerben? Und wenn wir selbst Kinder haben, können wir sie darin unterstützen? Wenn wir selbst Schwierigkeiten haben, klar zu benennen, um was für Gefühlszustände es sich in unserem Inneren handelt, kann es helfen, wenn wir uns die einzelnen Bestandteile einer Emotion bewusst machen.

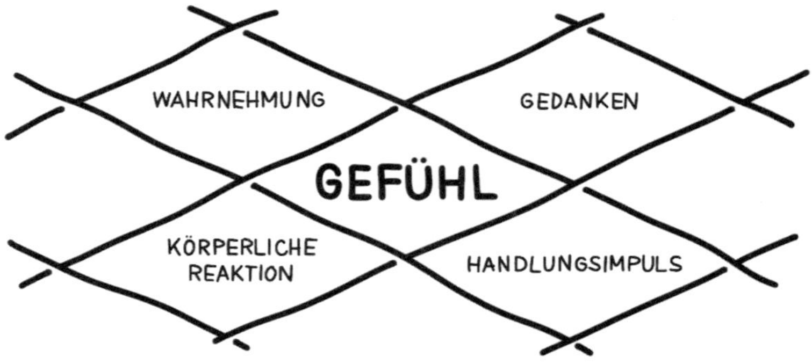

Das emotionale Netz in der DBT-Therapie

Geraten wir beispielsweise in ähnlichen Situationen immer wieder in eine unerklärliche innere Anspannung oder ärgern uns, können wir uns unser inneres »emotionales Netz« anschauen und uns folgende Fragen stellen:

- Was nehme ich in diesem Moment wahr?
- Was denke ich typischerweise dabei?
- Wie fühlt sich mein Körper an?
- Und was glaube ich, dringend tun zu müssen?[17]

Eine Emotion bewegt uns deshalb so, weil mit ihr ein Handlungsimpuls, ein Auftrag einhergeht. Genau der kann aber problematisch sein, wenn wir vor Wut den Wäscheständer entzweibrechen oder die Kinder anschreien. Wenn wir aus Angst keine öffentlichen Verkehrsmittel benutzen können oder nie mehr das Haus verlassen wollen. Können wir unsere negativen Emotionen angemessen regulieren, hat das einen positiven Einfluss auf unsere psychische Gesundheit, unsere Beziehungen, unsere berufliche Entwicklung und damit insgesamt auf unsere Lebenszufriedenheit. Umgekehrt sind Schwierigkeiten in der Emotionsregulation nachweislich ein entscheidender Faktor für die Entstehung und Aufrechterhaltung psychischer Erkrankungen. Über die Hälfte von ihnen ist durch die Dysregulation von Emotionen gekennzeichnet, wozu u. a. Depressionen, Angst- und Essstörungen und Suchterkrankungen gehören.[18]

Aufwachsen in frustrierenden Interaktionen

Wir bringen zweifellos einen gewissen Grad an genetischer Vulnerabilität mit, also ein bestimmtes Temperament. Manche Kinder sind einfach Happy Camper, also eher ausgeglichen und nicht so schnell irritierbar. Andere dagegen neigen schneller zu starken und schwer beruhigbaren Stressreaktionen. Gerade diese Kinder sind auf eine gute Co-Regulation angewiesen. Auch bereits Schwangerschaft und Geburt haben Einfluss auf die kindliche Emotionsentwicklung.[19]

Eine weitere große Rolle spielen die Eltern bzw. die engsten Bezugspersonen. In den Interaktionen mit ihnen lernt das Kind, auch mit negativen Gefühlen umzugehen. Sind die Eltern aber emotional und körperlich nicht oder nicht ausreichend verfügbar, macht das Kind *Inkongruenz-Erfahrungen.* Das bedeutet, dass es Wahrnehmungen machen wird, die nicht mit seinen Zielen und Bedürfnissen übereinstimmen, [20] und das meist schon von Geburt an, was zu einer Stressreaktion führt. Denn das Angstzentrum im Gehirn, die Amygdala, ist dann in Aufruhr. Da es für Kinder überlebenswichtig ist, dass sich um sie gekümmert wird, geht dieser Stress mit einer erhöhten Aufmerksamkeit einher: Was muss ich tun, damit meine Bedürfnisse befriedigt werden? Schaffen es die Bezugspersonen, die Stresssignale richtig zu deuten und passend zu reagieren, wird die Stressreaktion beendet. Kommt es aufgrund von Belastungen der Bezugspersonen nicht dazu, geht das beim Kind mit dem lebensbedrohlichen Gefühl einher, seine Umwelt nicht kontrollieren zu können.

Nach Verhaltenstherapeut Matthias Berking lassen sich aus dieser biografischen Perspektive drei Hauptpunkte identifizieren, die maßgeblich für die Entwicklung dysfunktionaler Emotionsregulation verantwortlich sind:[21]

- Das Kind wird beim Aufkommen von unangenehmen Gefühlen nicht emotional unterstützend begleitet. Ein Beispiel: Es kommen klagende Rufe aus dem Kinderzimmer. Eltern, die ihren Kindern keine bösen Absichten unterstellen, werden kommen und fragen, was los ist. »Ah, die Hose geht nicht über die Puppenbeine, du bist ja ganz verzweifelt, komm, ich zeige dir, wie das geht.« Solche Situationen kommen im Alltag ständig vor, ein Kind gerät – in Erwachsenenaugen – über eine Lappalie in Trauer, Verzweiflung oder Wut. Wenn Eltern überwiegend signalisieren, dass diese negativen Gefühle nicht erwünscht sind und sie ignorieren, erschweren sie dem Kind zu lernen, schwierige Emotionen wahrzunehmen, zu akzeptieren und Schritt für Schritt leichter zu bewältigen.

- Dem Kind fehlen Vorbilder zur Emotionsregulation. Häufig haben Eltern selbst wenig Kompetenzen, unangenehme Emotionen zu bewältigen. Es wird geschrien, sich schweigend zurückgezogen und bei zu viel Stress Alkohol getrunken. Natürlich gibt es Konflikte in jeder Familie und sie müssen auch nicht blutleer und aseptisch ausgetragen werden. Wenn ein konstruktiver Umgang mit negativen Emotionen aber gar nicht vorgelebt wird, beispielsweise auf Streit keine Versöhnung folgt, Eltern selbst depressiv oder cholerisch sind und es ihnen schwerfällt, sich nicht dauernd zu bekriegen, können Kinder auch schlecht am Modell lernen.
- Das Kind wird in belastenden Situationen von den Eltern oder Bezugspersonen abgewertet. Die negativen Gefühle wie Wut, Schmerz oder Trauer stellen sich für die Eltern als so unaushaltbar dar, dass sie versuchen, durch Schimpfen und Abwertung das Gezeter schnellstmöglich abzustellen. Jede Regung, die nicht pflegeleicht ist, wird mit harscher Kritik bekämpft.

Je öfter und ausgeprägter diese drei Formen der ausbleibenden emotionalen Regulation durch Eltern und enge Bezugspersonen stattfinden, desto schwerer wird es für das Kind, Selbstregulationsfähigkeiten aufzubauen. Kommt zu solch emotionsbeeinträchtigenden Beziehungen noch ein irritierbares Temperament des Kindes, spitzt sich die Lage in den Interaktionen weiter zu und es kann zu dauerhaften, starken Stressreaktionen im Körper kommen.

Von der Dysregulation zur psychischen Erkrankung

Wie kann es nun zu psychischen Erkrankungen, wie beispielsweise einer Emotional-Instabilen Persönlichkeitsstörung vom Borderline-Typ kommen, bei der Menschen sich sogar selbst verletzen, um die innere Anspannung ertragen zu können? Frühere unkontrollierbare und nicht regulierte innere Stresszustände können dazu geführt haben, dass im physischen System des Kindes ein bestimmter Überlebensmodus aktiviert wurde. Das bedeutet, dass in bestimmten Situationen im späteren Leben, die ähnliche Emotionen auslösen könnten, ein altes Vermeidungsverhalten aktiviert wird. Häufig sind es Stresssituationen und zwischenmenschliche Interaktionen, die als so bedrohlich erlebt werden, dass dem alten Gefühl von drohendem Kontrollverlust unbedingt entgegengewirkt werden muss.

Nach der Konsistenztheorie von Psychotherapieforscher Klaus Grawe stellen unangenehme Emotionen das Kernelement von Vermeidungsschemata dar. Sie signalisieren eine drohende Gefahr oder Frustration, die nicht ausreichend bewältigt werden kann.[22] Folgende Verhaltensweisen lassen sich dann häufig beobachten:

- **Situationsvermeidung:** Wir lassen uns auf bestimmte Situationen gar nicht mehr ein, was dazu führt, dass wir bestimmte Ziele nicht mehr erreicht können. Bewerbungen werden z. B. nicht abgeschickt und zu Prüfungen wird gar nicht erst angetreten, weil die Angst vor Ablehnung zu groß ist. Das Vermeidungsverhalten kann so weit gehen, dass Menschen ein völlig anderes Berufs- und Beziehungsleben führen, als sie es sich eigentlich wünschen würden.
- **Emotionsverdrängung:** Wir blenden negative Gefühle aus, sodass wir sie nicht mehr wahrnehmen können. Das Problem daran ist, dass wir sie damit nicht verarbeiten können. Außerdem

kann es zu inneren Erregungszuständen und körperlichen Beschwerden kommen wie Rückenschmerzen, Herzrasen, Magen-Darm-Problemen oder Migräneanfällen. Das Ausbleiben passender emotionaler Reaktionen kann Beziehungen belasten, da es auf andere Menschen irritierend wirkt, wenn bestimmte Farben auf der Emotionspalette fehlen.
- **Aktivierung ablenkender mentaler Prozesse:** Diese Form der Vermeidung bedeutet, dass Menschen, um bestimmte Emotionen nicht fühlen zu müssen, ihre Gedanken mit anderen Inhalten füllen. Statt Hilflosigkeit ertragen zu müssen, kommt es z. B. zu nächtelangen Grübel- und Sorgenschleifen, statt Trauer und Wut zu fühlen, wird sich lieber auf vermeintliche körperliche Missempfindungen fokussiert. Oder es werden Substanzen konsumiert, um die Stimmung kurzfristig zu heben.

Es gibt noch viele weitere Vermeidungsstrategien, alle haben sie gemeinsam, dass sie es uns schwerer machen, die eigenen Emotionsregulationsfähigkeiten zu verbessern. Darunter liegende Konflikte können nicht gelöst werden, sondern schwelen weiter.

Dauerhafte Beziehungsprobleme, das Leiden an tiefer Traurigkeit, Einsamkeit, Antriebslosigkeit, Scham- und Schuldgefühlen, starker innerer Anspannung oder Ängsten bringt Betroffene dazu, sich innerhalb einer Therapie mit ihren dysfunktionalen Strategien auseinanderzusetzen. Diese können u. a. sein:

- Unproduktives Grübeln statt Akzeptanz oder Lösung von Problemen
- Verstärkte Fokussierung auf negative Emotionen
- Geringe Toleranz für negative wie positive Emotionen
- Erleben von undifferenzierten Emotionen
- Selbstschädigendes Verhalten (z. B. Suchtverhalten, selbstverletzendes Verhalten, emotionales Essen oder Aggression)

Wenn wir erkennen, dass wir Emotionsregulationsdefizite aus unserer Kindheit mit uns herumtragen, die uns in unserem jetzigen Leben stark beeinträchtigen, kann eine therapeutische Unterstützung sinnvoll sein. Und wir können im Alltag beginnen, unseren Emotionen Aufmerksamkeit zu schenken.

Kleine Lösungen für leichteres Fühlen

Das nächste Mal, wenn wir in rasende Wut, tiefe Traurigkeit oder große Angst geraten, können wir uns fragen, ob dieses Gefühl in seinem Ausmaß zum Anlass passt. Sehr viele von uns geraten schon bei geringem Stress in große Aufregung und springen reflexhaft auf jeden Alarm auf. Oft schießen wir dabei übers Ziel hinaus. Aber wir können üben, unseren Gefühlen Raum zu geben, ohne uns ständig von ihnen mitreißen zu lassen.

Zu starke Gefühle

Der Verhaltenstherapeut Serge Sulz schlägt verschiedene Möglichkeiten vor, um die eigenen Emotionen besser zu verstehen:

- **Gefühlsbeobachtung:** Hierbei geht es darum, ein aufkommendes Gefühl achtsam zu begrüßen, d.h. es wertfrei zu beachten und wahrzunehmen. Das aufkommende, problematische Gefühl, das aber noch nicht rasend ist, kann in die Mitte des Raumes imaginiert werden. Da steht es nun. Wer oder welche Situation hat es ausgelöst? Nach dieser kurzen Analyse gehen wir in die Wahrnehmung zurück und beobachten, wie das Gefühl zu- oder abnimmt und möglicherweise nach einiger Zeit den Raum verlässt.
- **Gefühlserfahrung:** Kein Gefühl bleibt ewig, auch wenn wir das im Auge des Sturms manchmal glauben. Wir versuchen hierbei, ein aufkommendes Gefühl weder abzublocken noch fest-

zuhalten oder zu verstärken. Wir beobachten einzig und allein, dass es kommt und geht: »Ich bin nicht mein Gefühl, ich bin ein Mensch, der ein Gefühl hat«, »Mein Gefühl kann mich zu nichts zwingen«, »Ich habe auch schon anders gefühlt und ich werde es wieder tun.«

- **Gefühlsänderung durch Nicht-Nachgeben**: Wir können Gefühle ändern, indem wir ihnen nicht nachgeben. Beispiel: Schuldgefühle. Es kommt auf die Art des Schuldgefühls an, wie wir am besten damit umgehen. Um welches Schuldgefühl es sich handelt, können wir z. B. herausfinden, indem wir uns auf eine imaginierte Anklagebank setzen. Haben wir wirklich etwas versemmelt und jemand anderem geschadet, sind wir also objektiv betrachtet »schuldig«? Dann geht es um Wiedergutmachung, wir sollten dem Gefühl der Schuld nachgehen und uns entschuldigen, den Schaden wiedergutmachen und wenn das nicht geht, jemand anderem helfen. Handelt es sich aber um eine subjektiv empfundene Schuld für etwas, für das wir eigentlich nicht verantwortlich sind, wie das Unglück unserer Eltern, geben wir dem Schuldgefühl nicht nach, sondern tun das Gegenteil von dem, was uns das Schuldgefühl als Handlungsimpuls aufträgt. Wir tun uns selbst etwas Gutes. Nur so kann es kleiner werden.[23]

Generell wirkt sich Körperarbeit wie Progressive Muskelrelaxation, Autogenes Training, Yoga o. Ä. auf unsere Wahrnehmungsfähigkeiten aus und genau die müssen wir für das Identifizieren schwieriger Emotionen schulen. Im Selbstfürsorge-Kapitel findest du dazu konkrete Beispiele.

Außerdem bietet die von der Psychologin Marsha M. Linehan entwickelte Dialektisch-Behaviorale Therapie (DBT) Anknüpfungspunkte für ein besseres Selbstverständnis bei starken und unkontrollierbar erscheinenden Emotionen. Sie wird bei der Therapie der emotionalen Instabilität eingesetzt, ist aber in Bezug auf Emotionsregulationsfähigkeiten für jede:n lehrreich. Hier eine einfache Ansicht, um die eigene Anspannungsintensität zu beurteilen und rechtzeitig Gegenmaßnahmen ergreifen zu können bzw. das richtige Gegenmittel zu wählen, je nachdem, in welchem Bereich unser Stresslevel ist:

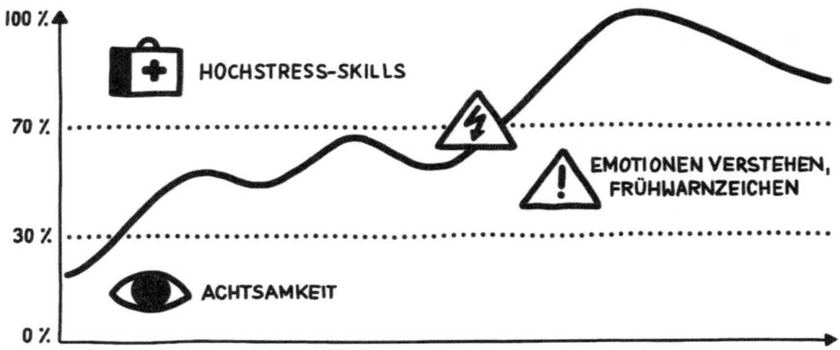

Die drei Spannungsdimensionen in der DBT-Therapie

Wie bei meinem inneren Wutbarometer am Anfang des Kapitels, geht es darum, die innere Anspannung in ihrer Intensität zu erfassen.

Ist die Anspannung noch unter 30 Prozent, also im Niederstressbereich, helfen Achtsamkeitsübungen, also das wertfreie Wahrnehmen der Emotion, um ihr Platz zu geben. Den Fokus auf tiefes Ausatmen zu lenken, kann helfen, da dadurch das parasympathische Nervensystem, unser »Ruhesystem«, aktiviert wird. Außerdem helfen Gespräche mit vertrauten Personen und Gedanken darüber, was die aufkommende Emotion mit unserem Selbstwert zu tun haben könnte. Auch das präventive Einüben sogenannter Hochstress-Skills, um die es gleich geht, ist im Niederstressbereich sinnvoll.

Im mittleren Anspannungsbereich von 30 bis 70 Prozent geht es um Emotionsarbeit. Wir sind in diesem Bereich noch handlungsfähig, können Entscheidungen treffen und über unsere Gefühle und Gedanken reflektieren. Hier können wir die einzelnen Komponenten des emotionalen Netzes abklappern, z. B.: Wie fühlt sich mein Körper an? Welche Gedanken habe ich? Was möchte ich jetzt tun? Warum sollte ich das nicht tun und was könnte meine Situation gerade verbessern? *Akzeptanz* ist hier bedeutsam. Die Akzeptanz einer Emotion bedeutet nicht, dass wir uns ergeben, sondern dass wir sie grundsätzlich akzeptieren, auch wenn wir sie ändern wollen. *Radikale Akzeptanz* hilft dagegen übrigens als Haltung bei Situationen, die wir nicht verändern können. Ich denke darüber nach, was noch zu meinen starken Gefühlen beitragen könnte: Wie gestresst bin ich gerade bei der Arbeit? Habe ich ausreichend geschlafen, sind meine körperlichen Bedürfnisse befriedigt?

Im Bereich von 70 bis 100 Prozent sind wir im sogenannten Hochstress, dem Fight-or-Flight- oder Freeze-Modus. In diesem Notfallmodus ist unser Handeln, Planen und Entscheiden stark eingeschränkt. Bei Menschen mit emotionaler Instabilität tritt der Hochstress regelmäßig ein, bei Menschen ohne psychische Erkrankung nur in Extremsituationen oder unter starker Überforderung und chronischem Stress. In diesem Zustand kommt es zu unerträglichen Emotionen, von denen sich mit sogenannten Hochstress-Skills abgelenkt werden kann. Das hat nichts mit der weiter oben beschriebenen Emotionsvermeidung zu tun. Bei dem Erlernen dieser Skills im Sinne des Ablenkens geht es darum, selbstschädigendes Verhalten oder spontane, destruktive Handlungen, wie Dinge zu zerstören oder uns im Affekt von unserem Partner zu trennen, durch andere Handlungen zu ersetzen. Dafür wird ein Notfallprogramm eingeübt.

Ziel ist es aber, sich schon vorher erfolgreich abzulenken, um gar nicht erst in den Notfallmodus zu geraten. Dafür wird eine Reihe von Skills gelernt, die sich von Person zu Person unterscheiden. Es ist individuell, bei wem was am besten wirkt. Es geht dabei um Reize, die die Aufmerksamkeit von der Emotion weglenken und die innere Anspannung auf ein erträgliches Maß reduzieren. Wenn ein einzelner Skill nicht ausreicht, kann es hilfreich sein, mehrere aufeinanderfolgende Skills einzuüben. Es gibt hunderte möglicher Skills, dazu gehören sensorische Reize, wie einen Eiswürfel zu zerkauen oder auf eine Chilischote zu beißen. Wichtig ist: Ein Skill ist niemals gesundheitsschädigend, also zu kalte oder zu heiße Reize sind tabu, rauchen inklusive, auch wenn viele Patient:innen behaupten, dass das ihr bester Skill sei. Vielen hilft körperliche Anstrengung, aber auch Putzen, Puzzeln, Papierzerknüllen oder Gaming. Die Liste von möglichen Skills ist unendlich lang. Mach dich auf die Suche nach den Tätigkeiten, die dir ganz persönlich beim Aufkommen starker und schwieriger Emotionen helfen und übe im Alltag immer wieder, wenn du noch im handlungsfähigen Bereich bist, sie anzuwenden.

Zu schwache Gefühle

Wenn wir in unserer Kindheit gelernt haben, dass unsere Gefühle falsch sind, hören wir auf, sie zu zeigen – bis wir sie dann irgendwann auch nicht mehr fühlen. Um diese unterdrückten Gefühle wiederzuentdecken und uns in ihrer Wahrnehmung zu schulen, schlägt Serge Sulz ebenfalls ein paar Übungen vor:

- Situationsanalyse: Wenn wir z. B. mal wieder eingesteckt haben, ohne uns zu wehren bzw. ohne unserem Ärger Luft zu machen, ist unsere Verzweiflung darüber im Nachgang groß. Dann lohnt es sich, die vergangene Situation zu reflektieren. Was am Verhalten des anderen hat mich so verärgert? Welche Beeinträchtigung oder Verletzung ruft dieses Verhalten bei mir hervor? Wie fühlt sich das an? Und wie fühlt sich mein Körper an – wo genau sitzt die Wut? Im Bauch oder in der Brust? Welches Gefühl stellt sich ein?
- Gefühlskommunikation: Haben wir eine Situation analysiert, können wir versuchen, mit unserem Gegenüber über unser Ge-

fühl zu sprechen. Dabei geht es in Ich-Perspektive darum, zu benennen, welcher Aspekt des Verhaltens des anderen bei mir welches Gefühl ausgelöst hat. Dann spreche ich darüber, was ich mir von der Beziehung zur anderen Person wünsche und was ich mir in der Situation von der anderen Person wünsche. Ich spreche auch über meine Befürchtungen, die ich im Vorfeld des Gesprächs hatte.

- **Gefühlsausdruck:** Wir zeigen das Gefühl, so wie es ist, in unserer Mimik, mit unserer Stimme, unserem Tonfall und unserer Körperhaltung. Gerne einfach allein daheim, vor dem Spiegel oder während wir durch die Wohnung schreiten. Wir gestikulieren wild herum! Wenn wir unsere Gefühle nie gezeigt haben, wird uns eine »normale« Gefühlsäußerung schnell übertrieben vorkommen. Das ist genau richtig, um unseren schwachen Gefühlen mehr Ausdruck zu verleihen.
- **Gefühlshandlung:** Sich selbst als wütender, ärgerlicher, trauriger, ängstlicher, fröhlicher, alberner oder ausgelassener Mensch kennenzulernen, ist nicht nur eine Reise zum eigenen Ursprung, sondern gibt unseren Gefühlen ihre ursprüngliche Funktion zurück: uns zum Handeln zu bewegen.[24] Es ist normal, dass lange tabuisierte Gefühle, wenn sie mal an die Oberfläche kommen dürfen, das mit ziemlichem Rums tun. Anstatt unserem Partner auf Augenhöhe zu erklären, dass es uns stört, wenn er mit erdigen Schuhsohlen durch die Wohnung läuft, geht vielleicht erst mal eine Kaffeetasse zu Bruch. Wollen wir unserem Chef mitteilen, dass wir über seine Entscheidung enttäuscht sind, stehen uns vielleicht Tränen in den Augen. Und wenn wir übermütig einen Witz erzählen, nehmen wir das Gesagte vielleicht erst mal wieder zurück, von wegen »war nicht so gemeint«. Schritt für Schritt erweitern wir aber mit diesen Gefühlshandlungen die Lebendigkeit und Ausdrucksstärke unserer Emotionen.

Selbstfürsorge

»Von mir ist nichts mehr übrig.«[1]

Eine meiner engsten Freundinnen wollte ihren runden Geburtstag in einer Jurte im Wald feiern, was lang geplant und ihr wirklich ein großes Anliegen war. »Back to basics« hieß die WhatsApp-Gruppe, die aus ihr, mir und noch einer weiteren Freundin bestand. Wir wohnen alle drei in unterschiedlichen Ländern und sehen uns viel zu selten. Das Ziel: in der Rush Hour des Lebens ein paar Tage spüren, worauf es wirklich ankommt, und ja, auch ein bis drölf Biere dabei trinken. Ich fühlte erst mal nur Panik, weil ich wusste, dass ich zu diesem Zeitpunkt definitiv am Schreibtisch und nicht auf einem Baumstamm sitzen sollte – ich hatte eine wichtige Abgabe. Außerdem war dieser Wald nicht in der Nähe, sondern zwanzig Minuten von der südenglischen Küste entfernt, in der Nähe von Portsmouth.

Was, wenn es in Strömen regnen würde, im britischen April? Ich würde mit Sicherheit krank werden und im Anschluss meine Arbeit nicht erledigt bekommen. Wir konnten dort zwar einheizen, aber wie ging das überhaupt mit dem Feuermachen? Gab es ein Fenster in der Jurte oder würde es nachts stockdunkel sein? Der Dauerstress, den ich seit Monaten hatte, machte aus den Wildschweinen, die es dort geben sollte, Mammuts mit meterlangen Stoßzähnen und ließ mich eine professionelle Taschenlampe mit Wild-Schreck-Funktion im Internet bestellen. Warum konnten wir nicht einfach in ein Bed and Breakfast gehen und im Café Kuchen essen? Das Leben war doch stressig genug!

Um es abzukürzen: Es war der schönste verwunschene Wald, in dem ich je gewandelt bin. Wildschweinen begegneten wird nicht, dafür Rehen! Und ja, ich hatte den Moment, den sich meine Freundin für uns ausgedacht hatte. Da es in der Tat kalt war, hatte man uns geraten, in der Jurte den Ofen anzuschmeißen, bevor es ganz dunkel wurde. Wir saßen also in unserer Waldküche und grillten Stockbrot, als es schon dämmerte und der Rauch aus dem Jurtenkamin verdächtig schwach zu werden schien. Vielleicht war das Feuer schon wieder ausgegangen? Ich ging hinein und stocherte ein wenig in der Glut, legte noch mal Papier und Holz nach und wartete diesmal, bis das Feuer wieder richtig in Gang kam. Legte noch mal nach und starrte in die Flammen. Ich war ein Mensch und ich konnte Feuer machen. Also zumindest, wenn man mir davor ein paar Scheite kleingehackt hatte. Es war der Moment, der in meinem Alltag nicht mehr vorkam: am Feuer sitzen und mich verlieren.

Wem das nun zu viel Jurtenromantik war und zu sehr »Gestresste Städterin findet in der Natur ihr Glück«-Klischee, kann ich beruhigen. Wir müssen nicht weit reisen, um uns selbst wieder ein bisschen zu spüren, auch wenn Reisen eine wunderbare Sache ist. Wir müssen auch nicht auf die Alm aussteigen und Gras sensen, um mit unserem Leben zurechtzukommen. Und das ist eigentlich eine gute Nachricht. Es gibt viele Ansatzpunkte und Interventionsmöglichkeiten, mit denen wir im Alltag Selbstfürsorge betreiben und uns in Balance halten können.

Die schlechte Nachricht: Es scheint uns im Alltag sehr viel davon abzuhalten, mit beiden Händen in den großen Kasten an Selbstfürsorge-Werkzeugen zu greifen und einfach mit einer Sache anzufangen, die uns guttut. Vor allem die Notwendigkeit, Geld zu verdienen, die Art, wie wir unser Zusammenleben organisieren und die Zeitknappheit erschweren es uns, Selbstfürsorge in unser Leben zu integrieren. Auch innere erlernte Überzeugungen können eine Rolle spielen und uns daran hindern, uns ganz regelmäßig etwas Gutes zu tun, bevor wir aus dem letzten Loch pfeifen.

In selbstfürsorglichem Verhalten zeigen sich grundlegende Fähigkeiten, um unsere psychische wie körperliche Gesundheit zu schützen und zu stärken, was erst mal wenig mit Wellness, Gesichtsbehandlungen oder ausgedehnten Shoppingtouren zu tun hat, auch wenn das alles Freude bereiten kann. Gerade Dinge, die uns entspannen sollen und viel kosten, wie spektakuläre Urlaube, ungenutzte Fitnessstudioabos und teure Saunalandschaften, halten uns konstant im Kreislauf des Ausgebens und Wieder-Erwirtschaftens und sind dabei häufig nicht nachhaltig.

Als wichtigste Präventionsmaßnahme, die wir im Alltag betreiben können und die uns in echte Verbindung mit uns selbst sowie anderen Menschen bringt, steht Selbstfürsorge deshalb am Ende dieses Buches. Sie ist nicht wahnsinnig kompliziert und fällt doch vielen Menschen unglaublich schwer. Wir brauchen unser erwachsenes Selbst dafür, um die Verantwortung für unser Wohlbefinden zu übernehmen, und zwar gerade dann, wenn alle Zeichen dagegenstehen.[2] In diesem Kapitel geht es darum, wie wir überhaupt lernen, die Signale unseres Körpers zu lesen und unser Verhalten daran anzupassen. Wie leer oder voll ist das Glas, aus dem wir uns mit Selbstverständlichkeit bedienen? Ich möchte zeigen, warum es uns gerade im größten Stress so schwerfällt, schlechte Angewohnheiten zu lassen und gesunde Gewohnheiten zu etablieren, und warum es fast unmöglich erscheint, »intakt zu bleiben in einer belastenden Umwelt«.[3] Sonst würden wir das alle schließlich längst machen: im Morgengrauen Sport, wenig bis gar kein Kaffee, nur moderater Stress und eine regelmäßige Bettzeit, die unserem Chronotyp entspricht. Warum sagen wir so oft Ja, wenn wir Nein meinen und weshalb bescheren uns Auszeiten oft mehr Stress statt Lagerfeuermomente? Dafür schauen wir uns auch die Konzepte von Selbstaufmerksamkeit und Selbstmitgefühl an, um aufzuhören, mit der Peitsche zu knallen und anzufangen mit einem: »Du bist okay. Geh schlafen und träum was Schönes.«

Was uns von Selbstfürsorge abhält

Vielen Menschen fehlt prinzipiell die Bereitschaft, sich um sich selbst zu kümmern.[4] Es lässt sich nur mutmaßen, warum das so ist. Wenn der Selbstwert sehr stark an Leistung gekoppelt ist, hält uns der ständige Drang, produktiv sein zu müssen, möglicherweise davon ab, uns Gedanken darüber zu machen, was uns wirklich guttut. Es ist auch möglich, dass perfektionistische Ansprüche so weit gehen, dass freie Zeit immer mit einer besonderen Aktion verknüpft sein muss. Und nur wenn diese Aktionen in einer gewissen Art und Weise ausgeführt werden, können sie als zufriedenstellend wahrgenommen werden.

Dann gibt es diese Stoßzeiten im Leben, in denen wir wie mit Scheuklappen auf dem Speedboot brettern und unser Körper zum reinen Vehikel wird, der uns von A nach B transportiert. Wir spüren uns in diesem Zustand sowieso schlecht, weil unsere Aufmerksamkeit dauerhaft nach außen gerichtet ist. Die Signale unseres Körpers nehmen wir erst wahr, wenn wir krank werden oder einen Unfall haben.[5]

Und dann gibt es natürlich auch die Menschen, die immer wieder davon sprechen, sich jetzt endlich um sich kümmern zu wollen, aber nicht wissen, welche To-dos auf ihrer Liste hintanstehen dürfen. Sie tun sich also damit schwer, Selbstfürsorge zu priorisieren.

Strukturelle Hindernisse

Es handelt sich aber auch um ein strukturelles Problem. Ausreichend Geld erleichtert das Kaufen von freier Zeit, Wochenendtrips, unsichtbarem Personal, das währenddessen ungeliebte, zeitfressende Aufgaben erledigt. Wer allein lebt, muss auch alles allein managen. Aber auch wer »nie allein« und für andere verantwortlich ist, kommt leicht an die Grenzen der Belastbarkeit.

Um das Konzept der Selbstfürsorge zu erklären, wird häufig auf den Ursprung des Begriffs (engl. *self care)* in der US-amerikanischen Frauenbewegung der 1960er-Jahre verwiesen. Eine der bedeutendsten afro-amerikanischen Autor:innen und Bürgerrechtler:innen des 20. Jahrhunderts, Audre Lorde, bezeichnete Selbstfürsorge als »Selbsterhalt« und damit als einen »Akt politischer Kriegsführung.«[6] Lorde betonte immer wieder die Notwendigkeit der Selbstfürsorge, gerade für marginalisierte Gruppen, denen der Zugang zur Gesundheitsversorgung in vielen Fällen verwehrt blieb.

In den 1970er-Jahren wurde die Bedeutung von Selbstfürsorge für Menschen entdeckt, die sich in ihren Berufen in hohem Maß um andere kümmern. Das trifft auf alle sozialen Berufe in der Pflege und Sozialarbeit zu, aber auch auf Notfallsanitäter:innen oder Psychotherapeut:innen, also auf Berufe, die regelmäßig »Mitgefühlstress«[7] auslösen. Je mehr sich Menschen um andere kümmern, desto mehr müssen sie auch auf sich selbst schauen. Doch wie soll das gehen, wenn wir uns z. B. als junge Eltern in der Dreifachbelastung zwischen Kinderbetreuung, Arbeit und Pflege der alten Eltern aufreiben? Und dann auch noch gesellschaftlich von uns erwartet wird, diesen Schlamassel ohne Murren, Burnout und bedürfnisorientiert zu schaukeln?

Die Autorin Svenja Gräfen spricht in diesem Zusammenhang von Selbstfürsorge als »feministischem Akt«[8] und fordert, sich gerade als Frau mit den eigenen Bedürfnissen zu befassen und ihnen Raum zu geben, da die Gesellschaft dies nicht tut. Häufig haben Frauen zudem kein Modell der mütterlichen Selbstfürsorge erlebt, vor allem im Spannungsfeld zwischen den Familienaufgaben und den eigenen Bedürfnissen. Die eigene Mutter hat sich vielleicht in einem traditionellen Rollenmodell für die Familie aufgeopfert oder besondere Disziplin in ihrer Berufstätigkeit bewiesen. War sie alleinerziehend, hat sie unter Umständen vermittelt, dass krank zu sein, vor allem wochentags, für niemanden in der Familie eine Option ist. Genauso haben auch Männer selten Väter als Vorbilder gehabt, die hälftig die Sorgearbeit übernommen und sich gleichzeitig um sich selbst gekümmert haben. Nach wie vor ist das Stereotyp, dass Männer und auch Menschen in Machtpositionen stark sein müssen, gängig. Hier ist ebenfalls das Vorleben von Selbstfürsorge, also z. B. nicht immer erreichbar zu sein, ein wichtiger Schlüssel hin zur Entwicklung von Milde und Mitgefühl.[9]

Frühkindliche Prägungen

Der Grundstein zur Selbstfürsorge wird in der Kindheit gelegt. Als Babys und Kleinkinder sind wir vollkommen auf verstehende Erwachsene angewiesen, die unseren Affekten Bedeutung verleihen. Im achtteiligen Stufenmodell der Psychoanalytikers Erik und seiner Partnerin Joan Erikson wird jeder Kindheitsphase ein bestimmter Satz zugeordnet. Für die Identitätsentwicklung im Alter von null bis zwei Jahren ist das: »Ich bin, was man mir gibt.« Hier manifestiert sich das Gefühl von Urvertrauen oder – wenn diese erste Krise der Kindheit nicht mithilfe des erwachsenen Gegenübers bewältigt werden kann – ein Gefühl des Verlassenseins.[10]

Die Entwicklung von Vertrauen ist mit dieser Phase natürlich noch nicht abgeschlossen. Erfahren wir in der frühen Kindheit in ausreichendem Maß prompte Reaktionen und die Linderung innerer Anspannung und unangenehmer Gefühle, entwickeln wir ein Verständnis dafür, welche Bedürfnisse sich gerade melden, ob wir z. B. etwas essen oder trinken müssen, ob wir uns hinlegen sollten oder etwas Warmes anziehen. Mithilfe der Co-Regulation durch unsere engsten Bezugspersonen bilden sich Selbstregulationsfähigkeiten heraus, unser innerer fürsorglicher Anteil. Bestimmte Forderungen durch diese Bezugspersonen, ihre Beziehungsbotschaften und Zuschreibungen, können aber auch bewirken, dass wir eigene Bedürfnisse lieber unterdrücken und lernen, sie nicht mehr zu zeigen. Im Erwachsenenalter kann sich diese Entwicklung dann z. B. darin zeigen, dass wir in den banalsten Situationen nicht in der Lage sind, uns abzugrenzen, weil wir gar nicht spüren, wo unsere

Grenze liegt. Es fällt uns schwer, Bedürfnisse zu benennen, unsere Wahrnehmung scheint eher nach außen als nach innen gerichtet zu sein. Das Wort »Selbstfürsorge« befindet sich nicht in unserem Wortschatz. Es können sich Strategien entwickelt haben, die uns in der frühen Kindheit, z. B. vor weiterer Zurückweisung, geschützt haben. Mit ihnen konnten wir besser in einem bestimmten Umfeld »überleben«.

Im späteren Leben bereiten uns aber genau diese Strategien womöglich Probleme, da wir sie nicht einfach abstellen können. Für eine Veränderung braucht es dann viel Reflexion, Übung und womöglich therapeutische Unterstützung. Für bestimmte Jobs oder Arbeitsumfelder können uns diese, eigentlich schädlichen, Überlebensstrategien aber auch besonders geeignet machen. Eine Freundin sagte mir einmal über ihr Unternehmen: »Weiter kommt hier, wer am leidensfähigsten ist.« Gerade Unternehmen, die eine Überanpassung verlangen und die Bereitschaft, sich selbst als Objekt zu behandeln,[11] haben genau solche sich selbst ausbeutenden Mitarbeitenden. Für diese fleißigen Bienchen ist es sehr schwer, Selbstfürsorge ins eigene Leben zu implementieren und gleichzeitig im System der Überanpassung zu bleiben.

Die vielen stressbedingten Erkrankungen zeigen, dass nur gute Rahmenbedingungen Menschen länger erwerbstätig halten und dass der schnelle Verschleiß der eigenen Leistungsfähigkeit keine Lösung sein kann. Gesellschaftlich scheint dies mittlerweile an vielen Orten angekommen zu sein. So wünschen sich z. B. über 80 Prozent aller Vollzeitbeschäftigten die Vier-Tage-Woche, die meisten von ihnen auch mit einem Lohnausgleich.[12] Seitens einiger politischer Parteien wie zum Beispiel der FDP sowie Stimmen aus der Wirtschaft wird dagegen gemahnt, es müsse dringend mehr gearbeitet werden. Dabei belegt eine Studie des Deutschen Instituts für Wirtschaftsforschung (DIW), dass im Jahr 2023 mehr Stunden gearbeitet wurden als jemals seit der Wiedervereinigung.[13]

Es geht also wieder darum, in die Eigenverantwortung zu kommen, auch wenn wir glauben, erst verschnaufen zu dürfen, wenn der Machu Picchu erklommen ist. Womöglich sind wir dann aber schon kurz vor der Rente.

A wie Achtsamkeit

Wo also anfangen, fragen wir uns vielleicht, während wir geistesabwesend auf dem Smartphone scrollen. Ich selbst habe das Prinzip der Achtsamkeit dank vieler Vorurteile lange ignoriert, da ich dabei an Instagramcoaches denken musste, die einem auf ihren sandfarbenen Kacheln milde lächelnd entgegenfabulieren: Bringst du den Mut auf, deinem inneren Kind in die Augen zu schauen? Kurz gruseln und dann schnell weiterscrollen. Für das Erlernen von Achtsamkeit braucht es weder ein besonderes Interior Design noch esoterischen Guru-Sprech. Das ist häufig viel Bohei, mit Achtsamkeit hat es erst mal nichts zu tun.

Wenn Achtsamkeit als Haltung beschrieben wird, geht es um die bewusste Entscheidung, sich auf das Hier und Jetzt zu konzentrieren, sich also auf den Moment einzulassen und ihn wahrzunehmen.[14] In einem zweiten Schritt, wenn Achtsamkeit auch als Fähigkeit begriffen wird, geht es darum, die im Hier und Jetzt aufkommenden Gedanken, Gefühle und körperlichen Empfindungen innerlich zu beschreiben.[15] Die Schwierigkeit besteht darin, dass wir in der Regel allen Dingen sofort Zuschreibungen geben, sie interpretieren, deuten und eben bewerten.

Ich bin viel mit dem Rad unterwegs und habe das eine Zeit lang versucht: Immer, wenn ich an einer Ampel halten musste, habe ich bewusst in den Himmel geschaut und beobachtet, was da oben los war. Wie war der Wolkenstand, flogen Vögel, gab es ein Abendrot? Wie schnell ging der Wind? Wie roch die Luft? Noch nie habe ich so viele Regenbögen entdeckt und so viele unterschiedliche Wolkenformationen. Ich habe auch versucht, nicht über das kommende Wetter nachzudenken, also dass es bald regnen könnte oder ob mir das, was ich am Himmel sehe, heute besonders gut gefällt. Und ich habe dabei nicht über meine Arbeit nachgedacht. Das ist sicher keine klassische Meditationspraxis, aber es ist der Versuch, Achtsamkeit als Haltung zu trainieren.

Kritisiert wird nach wie vor, dass es keine einheitliche Begriffsdefinition von Achtsamkeit gibt und auch keine validen Methoden, die messen, ab welchem Grad sich Menschen in diesem Zustand befinden.[16] Vom spirituellen Glauben losgelöste Achtsamkeitsübungen sind dennoch seit der sogenannten dritten Welle der Verhaltenstherapie fester Bestandteil vieler therapeutischer Interventionen, vor allem in psychosomatischen Kliniken.

Das Prinzip stammt ursprünglich aus der buddhistischen Lehre und ist eine geistige Haltung und Seinsweise, die in der Meditationspraxis eingeübt wird. Ende der 1970er-Jahre entwickelte der US-amerikanische Molekularbiologe Jon Kabat-Zinn das achtwöchige Programm der Mindfulness-Based Stress Reduction (MBSR) und begann parallel die Wirksamkeit der Interventionen in Bezug auf Stresserkrankungen und chronische Schmerzen zu erforschen. Die große Euphorie, die zwischenzeitlich bestand und Achtsamkeit quasi als Wundermittel für ein besseres Leben anpries, ist inzwischen wieder verpufft, da vor allem die frühen Studien genauer geprüft wurden und die Ergebnisse weniger durchschlagend sind als gedacht.

Aber: Auch in neueren Metastudien konnten Effekte nachgewiesen werden. Eine Studie aus dem Jahr 2021 weist eine leichte Verbesserung der Selbstkontrolle beim Erledigen von Aufgaben und der Aufmerksamkeit nach.[17] Eine ungefähr zeitgleich erschienene Übersichtsarbeit mit 11 000 Teilnehmenden und einer Analyse von 136 Studien kam zu dem Ergebnis, dass achtsamkeitsbasiere Übungen Stress und Angst vermindern sowie negative Stimmungen verbessern können. Vereinfacht ausgedrückt kommen wir durch eine regelmäßige Meditationspraxis vom Kopf in den Körper.[18] Wie der Neurowissenschaftler Fadel Zeidan in seiner Forschung festgestellt hat, können gezielte Achtsamkeitstrainings schmerzlindernd sein, wobei sich die Wirkung, anders als z. B. Schmerzmittel, nicht auf die sensorische, sondern die emotionale Dimension von Schmerzen bezieht.[19]

Mittlerweile gibt es viele Apps, mit denen man Achtsamkeitsübungen selbst durchführen kann. Empfehlenswert sind z. B. die Apps »Headspace: Meditation und Schlaf« und »7Mind Meditation und Achtsamkeit«. Sie können eine gute Ergänzung sein. Von Fachleuten wird – gerade für den Einstieg – aber eine professionelle Anleitung, zum Beispiel im Rahmen eines Gruppenkurses empfohlen, um Missverständnissen gleich zu Beginn zu begegnen. Wie etwa der Annahme, dass Achtsamkeit etwas mit Entspannung zu tun haben muss. Das kann ein angenehmer Nebeneffekt sein, für viele Menschen, die zum ersten Mal meditieren, ist dies aber gar nicht angenehm, sondern z. B. schmerzhaft, weil sich alle Verspannungen im Rücken melden. Auch die vielen Gedanken, die in der Stille sehr laut werden können, sind nicht zwangsläufig erholsam, sie sind aber normal.

Um Achtsamkeit als Haltung sensorisch zu erfahren, eignet sich das »Genusstraining« von Sina Haghiri. Dabei verzehrt man eine Rosine, aber in Zeitlupe. Also erst mal nur betrachten (1), dann in der Hand halten und berühren (2), danach darf man sie riechen (3), anschließend auf die Zunge legen und schmecken (4) und dann auch langsam kauen und endlich essen (5), aber jeder Schritt muss mindestens eine Minute lang dauern. Es geht dabei darum, alle Sinne einzusetzen, und jedes Detail des Vorgangs genau wahrzunehmen.[20]

Die Konzentration und Wahrnehmung in die Gegenwart zu verlagern, ist ein erster wichtiger Schritt. Achtsamkeit wird aber erst dann hilfreich für Situationen unseres Alltags, in denen wir Stress ausgesetzt sind, wenn wir Achtsamkeit regelmäßig als Fähigkeit trainieren. Das geht z.B. mit der Bodyscan-Übung, bei der wir uns auf einen Stuhl setzen oder auf eine Matte auf den Boden legen und mit geschlossenen Augen auf unseren Atem konzentrieren. Auch hier geht es darum, das Atmen nicht zu bewerten, sondern es ausschließlich wahrzunehmen. Danach beginnen wir von den Füßen aufwärts in jeden Körperteil, also auch in jeden Zeh der Reihe nach hineinzuspüren, bis wir am Scheitel des Kopfes angekommen sind.

Es geht auch hier nur darum, wahrzunehmen und innerlich zu beschreiben, wie sich der Körperteil anfühlt. Ein häufiges Missverständnis bei allen Achtsamkeitsübungen ist, dass wir glauben, besonders »gut« oder »achtsam« zu sein, wenn wir die Übung von A bis Z mitmachen können, ohne innerlich abzuschweifen, uns auf einmal zu ärgern, den Faden zu verlieren oder Langeweile zu empfinden. Wir trainieren unseren Achtsamkeitsmuskel jedoch genau dann, wenn wir bemerken, dass wir innerlich nicht mehr bei der Sache sind, und indem wir dann zurückkehren und weitermachen. Es geht also nicht darum, die ganze Zeit den schnurgeraden Weg zu gehen, sondern bei allen Abzweigungen, die wir geistig nehmen, immer wieder auf unseren Pfad der Achtsamkeit zurückzukehren.

Die einfachste Übung, die wir auch wunderbar auf einer Busfahrt machen können, ist zu zählen. Sich den Timer des Telefons auf zwei Minuten zu stellen und einfach von eins an loszuzählen. Immer, wenn wir abschweifen, fangen wir von vorne an. Wenn der Timer klingelt, können wir festhalten, bis zu welcher Zahl wir es diesmal geschafft haben. Aber natürlich kommt es bei dieser Übung nicht wirklich darauf an, bei 100 anzukommen, sondern darauf, für all die Gedanken aufmerksamer zu werden, die in uns schwirren. Und uns dann eben – ohne Bewertung – von ihnen zu lösen und wieder bei eins anzufangen.

Üben wir Achtsamkeit regelmäßig, werden wir irgendwann die Effekte merken, z. B. wenn wir sehr wütend sind und uns auf einmal vom inneren Groll distanzieren können. Wir betrachten uns dann aus der Vogelperspektive und können dabei zusehen, wie unser Ärger langsam weniger wird. Oder wenn wir mit Sorgen im Bett liegen und auf einmal zu uns selbst sagen können: »Ah, ich liege hier und zermartere mir mal wieder den Kopf, ich mache jetzt etwas anderes.« Oder wenn wir mal wieder starke Rückenschmerzen und Probleme beim Schuhezubinden haben: »Ah, da sind die Schmerzen wieder, die ich schon kenne, ich nehme sie wahr und verlasse nun trotzdem das Haus.«

Und umgekehrt nehmen wir damit auch die angenehmen Dinge, die wir erleben, deutlicher wahr: das mit voller Aufmerksamkeit und Hingabe zubereitete Essen, die blühende Kastanie vor unserer Haustür, das kalte Glas Schorle im Hochsommer. Alle diese einfachen Dinge können zu kleinen Alltagsbelohnungen für uns werden.

Vorsicht ist allerdings gefragt, wenn Achtsamkeit zur Hyperfokussierung auf sich selbst führt, Menschen aber gleichzeitig Schwierigkeiten haben, ihre Emotionen zu regulieren, also z. B. eigenständig aus einer niedergedrückten, aggressiven oder wütenden Stimmung herauszukommen, so die Achtsamkeitsforscherin und Psychologin Willoughby B. Britton. Im schlimmsten Fall können sich Ängste verstärken. Bei Menschen mit Depressionen und Traumaerfahrungen kann Meditation zur Verschlechterung ihrer psychischen Verfassung führen.[21] Die Fähigkeit, wahrzunehmen, was ist, und sich dann in Akzeptanz zu üben, ist wertvoll. Wir brauchen aber auch Strategien, um Situationen in unserem Sinn zu verbessern. Darum geht es im Folgenden.

Der Psycho-TÜV: Psychische Warnsignale erkennen

Mein erstes eigenes Auto war ein alter Volvo, den ich mir mit meinem damaligen Nachbarn teilte. Ich erinnere mich noch gut, wie stolz wir waren, als wir den »Schnurri« für schlanke 1000 Euro bei seinen Vorbesitzern abholten. Da wussten wir noch nicht, wie oft dieses Auto einfach stehenbleiben würde und dass man ihm bald nach jeder Fahrt so was wie Pferdehaar aus dem Auspuff ziehen konnte.

Stellen wir uns vor, unser Körper ist dieses knuffige, aber schon etwas heruntergekommene Auto, mit dem wir versuchen, über die Autobahn zu heizen. Wieder mal beginnt so ein fieses Werkstattlämpchen im Armaturenbrett zu leuchten und da wir es mit der Selbstaufmerksamkeit und dem Selbstmitgefühl nicht so genau nehmen, ignorieren wir das Lämpchen auf den nächsten Kilometern. Das Fahrzeugbuch samt Erklärung, was die einzelnen Lämpchen bedeuten, liegt auf der Rückbank, aber wir haben es so eilig, dass wir nicht anhalten. Ja, wir sollten in die Werkstatt und nachschauen lassen, was los ist, aber zu diesem wichtigen Termin, zu dem wir fahren, wird es die alte Kiste schon noch schaffen.

Nun kann es sein, dass wir Glück haben, das Auto durchhält und am nächsten Tag Zeit für die Reparatur ist. Mir ist in genau so einer Situation, in der ich die seltsamen Geräusche eine Fahrt lang verschleppt habe, der Keilriemen auf der Autobahn gerissen. Zum Glück bin ich auf dem Standstreifen stehen geblieben. Der ADAC hat mich abgeschleppt, der Keilriemen wurde ausgetauscht und der Schnurri lebte noch eine weitere Runde. Leider hatten mein Nachbar und ich eine entscheidende Sache vergessen, die uns die Vorbesitzer mitgegeben hatten. Wir sollten nach jeder längeren Fahrt den Ölstand überprüfen und im Zweifel nachfüllen. Und so kam es, dass kurze Zeit nach dem Keilriemenriss mal wieder eine Lampe leuchtete und diesmal etwas kaputt ging, was sich nicht mehr so leicht austauschen ließ: Wir hatten einen Motorschaden.

Beschwerden auf körperlicher Ebene

Auch in unserem Körper und unserer Psyche gibt es im übertragenen Sinn Lämpchen, die zu blinken beginnen, wenn etwas nicht stimmt. Häufig ignorieren wir diese Signale so lange, bis die Beschwerden sehr stark werden – und wir sie nicht mehr ignorieren können. Manchmal nehmen wir sie aber auch als etwas anderes wahr, also missinterpretieren Symptome, die eigentlich psychosomatischer Natur sind, Zahnschmerzen können z. B. vom nächtlichen Knirschen kommen. Ob Herz-Rhythmus-Störungen, Kopf- und chronische Rückenschmerzen, Tinnitus oder eine erhöhte Infektanfälligkeit – all das können körperliche Warnsignale sein, dass wir dringend einen Gang runterschalten oder ganz grundsätzlich etwas verändern sollten.

Dabei ist sehr individuell, wie wir auf körperlicher Ebene angefunkt werden und bei wem welches Beschwerdebild auftritt. In der Regel tendieren wir zu den immer gleichen Beschwerden, wenn wir dauerhaft über unsere Grenzen gehen. Sich darin zu beobachten, hat übrigens nichts mit der Unsitte zu tun, die selbst Therapeut:innen ereilt: jegliche Form von physischer Erkrankung zu psychologisieren. So könnte man im Grunde jedem Menschen eine »Krebsbiografie« andichten, d. h. in seinem bisherigen Leben irgendwelche psychischen Gründe für die jetzt aufgetretene Erkrankung finden. Das ist Unsinn, diskriminierend und zudem gefährlich. Erkrankungen entstehen in der Regel nicht aus einem einzelnen Grund, sondern sind multifaktorieller Natur.

Außerdem gibt es handfeste Auslöser für die am häufigsten vorkommenden Krankheiten, nämlich Infektionskrankheiten, und das sind vor allem Viren und Bakterien. Dann stammt das nächtliche Schwitzen nicht vom Stress, sondern zeigt, dass der Körper z. B.

noch mit einem Virus beschäftigt ist. Ein Tinnitus kann schlicht von zu lauter Musik ausgelöst worden sein und die chronische Nasennebenhöhlenentzündung von einem schweren Infekt, der nicht ausgeheilt wurde.

Aber natürlich zeigt sich Stress nicht nur in der Ausschüttung bestimmter Hormone, sondern auch in unseren Lebensgewohnheiten, die unter Druck dazu tendieren, ungesünder zu werden und uns auf Dauer krank machen.

Beschwerden auf psychischer Ebene

Neben den Warnsignalen auf körperlicher Ebene, erhalten wir auch auf psychischer Ebene Mitteilungen, die unter beständiger Belastung entstehen, z.B. die Neigung zu vermehrten Selbstgesprächen, nächtliches Grübeln, Stimmungsschwankungen oder Eskapismus-Fantasien, also dem tagtraumartigen Wunsch, alles von heute auf morgen hinter sich zu lassen.

Für das Entwickeln von Selbstfürsorge ist es also zunächst wichtig, unsere persönlichen körperlichen und psychischen Warnsignale zu erkennen. In einem weiteren Schritt müssen wir uns dann buchstäblich vor Augen führen, welche Verhaltensweisen uns zu schaden scheinen, und welche Verhaltensweisen uns guttun. Wir schreiben uns also die gute alte Liste. Hier ein Beispiel:

Körperliche Warnsignale	**Psychische Warnsignale**	**Dinge, die mir schaden**	**Dinge, die mir guttun**
Rückenschmerzen	im Bett liegen bleiben wollen	lange im Bett liegend lesen	lesen, Bewegung

Wichtig ist, dass wir tatsächlich Verhaltensweisen aufschreiben, die uns schaden oder helfen und es sich dabei um *unsere* Verhaltensweisen handelt. Dass z. B. zu viele Menschen anrufen und etwas von uns wollen, ist etwas, das wir nicht ändern können, weil es *andere* Menschen tun. Wir können aber versuchen zu verändern, wie wir darauf reagieren, z. B. nicht jedem Anliegen Folge zu leisten. Natürlich gibt es Verhaltensweisen anderer Menschen, wie z. B. diskriminierende Sprache oder Grenzverletzungen, bei denen wir zu Recht die Frage stellen können: Wer soll hier bitte schön sein Verhalten ändern? Doch nicht ich, sondern die diskriminierende Person! Völlig zu Recht können wir von anderen Menschen sensiblere Verhaltensweisen und auch ein Umdenken in ihrem Weltbild einfordern. Dennoch werden wir darauf immer weniger Einfluss haben als auf unsere eigenen Reaktionen.

Deshalb ist es auch bei diesen strukturell begründeten Warnsignalen von Bedeutung, dass ich die körperlichen und psychischen Auswirkungen lesen lerne und dann auf meine Verhaltensweisen achte. Erlebe ich aufgrund meiner Herkunft, meines Erscheinungsbilds oder meines Abweichens von der vermeintlichen Norm Diskriminierung im Alltag, haben diese anhaltenden Mikro-Aggressionen körperliche und psychische Auswirkungen. Auch dann ist es wichtig zu schauen: Was tut mir gerade gut und was macht es noch schlimmer? Auch da ist die Antwort individuell und abhängig von der Tagesform. Ich kann mich z. B. im Fall der Grenzüberschreitung wehren und in einen Konflikt gehen, um mich weniger ohnmächtig zu fühlen. Ich kann mich aber auch entscheiden, die Grenzüberschreitung des anderen stehen zu lassen und bewusst keine Energie hineinfließen zu lassen.

Beim Aufschreiben wird außerdem sichtbar, wenn Verhaltensweisen beides beinhalten, also Dinge, die uns guttun und uns gleichzeitig schaden. Am Beispiel aus der Tabelle: Mich belasten Dinge, die dazu führen, dass ich morgens schwer aus dem Bett komme. Am liebsten lese ich dann Romane, da mich die Geschichten anderer Menschen von meinen eigenen Sorgen ablenken. Das mache ich zum Teil stundenlang im Bett, in einer unergonomischen Haltung, was dazu führt, dass meine chronischen Verspannungsschmerzen zunehmen. Lesen ist eine Verhaltensweise, die mir guttut, aber in einer bestimmten Art und Weise schadet. Wie kann ich also lesen, ohne mir den Nacken zu verspannen? Ich brauche einen anderen Ort, der gemütlich ist, aber geeigneter als das Bett. Und hierzu darf ich mir durchaus Gedanken machen und es wichtig nehmen, wo und wie ich mir diesen Ort einrichte.

Genauso verhält es sich mit dem abendlichen Belohnungsessen vor dem Fernseher. Gerade Eltern kennen das große Bedürfnis, abends noch ein bis zwei Stunden einfach allein Zeit zu haben, sind aber häufig schon zu müde dafür. Dann wird Hochkalorisches gegessen, um wachzubleiben. Wirklich erfüllend fühlt sich diese Zeit allerdings selten an. Einerseits befriedigt mein Verhalten ein ganz kleines bisschen das Bedürfnis nach selbstgestalteter Zeit. Andererseits verbringe ich sie ausschließlich mit Essen, das ich gar nicht zu mir nehmen wollte, mir beim Einschlafen Schwierigkeiten macht. Wäre es also nicht sinnvoller, der Müdigkeit nachzugeben und mir lieber bewusst am Morgen eine eigene Stunde einzuräumen?

Das sind alles Überlegungen, keine fixen Lösungen, sie bringen uns aber zu unserer Psycho-TÜV-Hauptuntersuchung. Haben wir unsere Liste mit Warnsignalen sowie Dingen, die uns guttun und die uns schaden, geschrieben, können wir sie an den Kühlschrank hängen oder auch verschämt in die Schublade legen und dann herausholen, wenn wir merken, dass es wieder ein Stück bergab geht. Noch sinnvoller ist es, sie alle paar Wochen prophylaktisch anzuschauen und uns zu fragen: Wie sprechen Körper und Psyche gerade zu mir? Und was mache ich derzeit, was mir guttut und welche schädlichen Verhaltensweisen haben sich vielleicht doch wieder eingeschlichen? Dann gilt es, auf der einen Seite ein bisschen zu reduzieren und auf der anderen Seite eine Schippe draufzupacken.

»Ich möchte lieber nicht«[22]

Auch für die größten Ja-Sager:innen unter uns kommt irgendwann der Punkt, an dem aus einem »Ich kann nicht mehr« ein »Ich will nicht mehr« wird. Offensichtlich waren es zu viele Zugeständnisse und Grenzüberschreitungen bis zu diesem Punkt. Wer ernsthaft Selbstfürsorge betreiben will, braucht die Fähigkeit, sich abzugrenzen, was vielen von uns aus unterschiedlichen Gründen schwerfällt. Vielleicht haben wir das Gefühl, ein Nein würde mit Sanktionen belegt. Aus meiner Arbeitserfahrung heraus kann ich bestätigen, dass im beruflichen Kontext ein Ja immer einfach zu wiegen scheint – egal, was es einen kostet und wie sehr es uns das Wochenende versaut. Ein Nein dagegen wiegt immer doppelt, also so, als ob man dem Kollegen oder der Vorgesetzten gleich zwei Körbe in die Hand gedrückt hätte.

Das ist leider so, ändert aber trotzdem nichts daran, dass es sehr wichtig für unsere Gesundheit ist, aber auch für die Qualität und Stabilität unserer Beziehungen, rechtzeitig unsere Grenzen aufzuzeigen, bevor wir uns so ärgern, dass wir alle Brücken abbrechen wollen. Hätte ich nur mehr Selbstwertgefühl, dann könnte ich öfter Nein sagen, ist eine gängige Annahme. Leider können wir nicht so lange warten, bis unser Selbstwertgefühl strotzend vor der Tür steht und »Hallo, hier bin ich!« ruft. Indem wir unsere eigenen Grenzen spüren, respektieren und kommunizieren, erleben wir Selbstwirksamkeit und damit einen dauerhaften Anstieg unseres Selbstwertgefühls. Machen wir aber trotzdem einen kurzen Ausflug in die Ursuppe.

Die Überlebensregel

Dass wir unter Umständen in der Kindheit innere Glaubenssätze entwickeln, die uns zum damaligen Zeitpunkt geholfen haben, aber im späteren Leben Probleme bereiten, ist schon angeklungen. An dieser Stelle will ich noch einmal darauf zurückkommen. Wenn ein bestimmtes Verhalten im Kindesalter von unserem sozialen Umfeld häufig bestraft oder belohnt wurde, entwickeln wir Muster dafür, wie wir uns in Zukunft in bestimmten Situationen verhalten. Diese sogenannte Überlebensregel kann man folgendermaßen aufschreiben:

- Nur wenn ich immer … (hier steht das Verhalten, das verstärkt worden ist, z. B. wenn ich immer lieb und zurückhaltend bin)
- Und wenn ich niemals … (hier kommt das Verhalten, das bestraft worden ist, z. B. wenn ich niemals wütend und schwierig bin)
- Bewahre ich mir … (an dieser Stelle kommt das zentrale Bedürfnis, z. B. bewahre ich mir Zuneigung und Zugehörigkeit)
- Und verhindere, dass … (hier kommt die zentrale Angst, z. B. dass ich abgewertet und ausgestoßen werde)

Wenn wir ein solch automatisiertes Verhalten ändern wollen, geht das nicht von jetzt auf gleich, es braucht Übung und viel Geduld mit uns selbst. Es kann in diesem Fall helfen, erst mal über einen Umweg Nein zu sagen. Bekommen wir z. B. im Job eine Anfrage, sagen wir grundsätzlich weder sofort Ja noch Nein (außer natürlich wir wissen schon, dass an diesem Tag unsere Hochzeit stattfindet oder wir aus sonstigen offensichtlichen Gründen keine Zeit haben werden), sondern bedanken uns für die Anfrage und vertagen die Entscheidung, indem wir angeben, zunächst unsere Verfügbarkeit klären zu müssen. Dieses Vertagen der Entscheidung schützt uns vor einem reflexartigen Ja.

Es kann auch passieren, dass unsere ersten Neins zu heftig, zu plötzlich, zu unwirsch oder zu unpassend aus uns herausplatzen. Zu sich selbst zu stehen, kann sich am Anfang explosiv anfühlen, auch wenn es sich dabei um »Kleinigkeiten« handelt, die wir ausfechten. Für Menschen, die schwer Nein sagen können, steht innerlich vermeintlich viel auf dem Spiel. Mit der zunehmenden Erfahrung, dass ein Nein nicht das Ende von Freundschaften bedeutet, es die Verwandtschaft überlebt, wenn man ein Treffen ausfallen lässt und wir auch nicht sofort unseren Job verlieren, nur weil wir nicht immer mitmachen, wird es leichter.

Uns mit Selbstmitgefühl zu begegnen, wenn wir uns trotz reiflicher Überlegung zum Ja-Sagen entschieden haben und am Ende damit falsch lagen, ist dann die nächste Übung.

Kleine Lösungen für mehr Selbstfürsorge

Ein bisschen weniger schädliche Dinge tun, ein bisschen mehr die guten – wenn das so einfach wäre. Joggen ist definitiv nicht mein Sport, vielleicht ist es aber deiner und du hast nur noch nicht die richtige Routine gefunden, regelmäßig laufen zu gehen. Um gesunde Gewohnheiten zu entwickeln, also Verhaltensweisen, die uns guttun, bedarf es mehrerer Schritte, denn es geht dabei um eine ziemlich schwierige Angelegenheit: unser Verhalten zu *ändern*.

Gute Gewohnheiten etablieren

Das machen wir als Gewohnheitstiere gar nicht so gerne. Denn es strengt unser Gehirn an, das energiesparend und effizient arbeiten möchte, was bedeutet, es möchte tun, was es kennt, vor allem dann, wenn wir angespannt sind. Uns neue gute Routinen anzugewöhnen, ist aber möglich, und das Beste dabei ist, dass wir dafür eben nicht mit der Peitsche knallen und besonders hart zu uns sein müssen, sondern: Wir müssen es uns so leicht wie möglich machen und dabei so gut zu uns selbst sein, wie es nur geht.

Zunächst ist es sinnvoll, wenn wir beim Beispiel »mehr Sport machen« bleiben, uns zu überlegen, welche Sportart uns nicht die größte Überwindung kostet und wobei die Chance besteht, dass wir es gerne tun. Außerdem sollten wir uns fragen, welche Uhrzeit am Tag dafür die beste ist, das ist nämlich sehr typabhängig. Ich muss nicht joggen, wenn ich rhythmische Sportgymnastik vorziehe und ich muss auch nicht Rennrad fahren, wenn ich lieber Hanteln stemme oder Flamenco tanze.

Bei dem Wunsch, sich körperlich mehr zu betätigen, ist es erst mal vollkommen egal, was wir machen. Hauptsache, wir fangen mit etwas an. Dafür ist es wichtig, uns innerlich ein Ziel vor Augen zu führen. Was möchte ich mit meiner neuen guten Gewohnheit erreichen? Will ich mich wieder fitter fühlen, wohler in meinem Körper oder schmerzfreier sein? Das Wichtige ist, dass wir uns dieses Ziel selbst setzen und dass es konkret und realistisch ist.

Dann kommen wir zum Anfangen und warum das so schwer ist. Es braucht, wie schon erwähnt, eine gewisse Portion Anschubenergie, wenn wir etwas anders machen wollen als bisher. Und je gestresster wir sind, desto weniger Energie scheint dafür übrig zu sein, auch wenn diese neue Gewohnheit unseren Stress langfristig redu-

zieren würde. Erst mal müssen wir unseren Alltag nach schon bestehenden Routinen scannen. Was machen wir jeden Tag ziemlich verlässlich, also z. B. im Bad Zähne putzen oder morgens einen Kaffee in der Küche trinken?

In einem zweiten Schritt überlegen wir uns, wie wir unsere neue gute Gewohnheit an die schon bestehende Gewohnheit knüpfen, also erst Kaffee und dann Joggen ergibt wenig Sinn, besser: Der Kaffee wird zur festen Belohnung danach. Davor trinken wir ein Glas Wasser, vielleicht mit einem Spritzer Zitrone als Wachmacher und Kontextreiz, wir konditionieren uns also mit dieser angenehmen Abfolge darauf, laufen zu gehen. Diese vermeintlichen Kleinigkeiten sind wichtig, um uns auch emotional an unsere neue Routine zu binden. Schon der Wechsel vom Pyjama in die Sportklamotten kann als unüberwindbares Hindernis erscheinen. Lege ich das Sportzeug also direkt vor mein Bett oder in die Küche, wo schon mein Wasser mit Zitrone bereitsteht? Das Prinzip ist klar, ich versuche nicht, den inneren Widerstand mit Härte zu bekämpfen, sondern ihn so klein wie möglich werden zu lassen.

Deshalb beginnt mein erster Joggingmorgen auch nicht im strömenden Regen, sondern bei moderaten Temperaturen und ein paar Sonnenstrahlen, damit ich von dieser ersten Runde mitnehme, dass das einfach und angenehm genug ist, um es wieder zu tun. Das bedeutet im Fall von Sportmachen auch, dass wir uns körperlich nicht komplett verausgaben und wirklich wesentlich kürzer laufen, als wir es uns eigentlich vornehmen würden, also rund die Hälfte weniger, als wir von unserem stählernen Körper in spe erwarten würden. Manchen hilft es, eine Sportpartnerschaft einzugehen und gemeinsam Trainingseinheiten zu machen oder sich einer freien Zirkelgruppe anzuschließen. Wenn wir uns den Einstieg aber selbst so leicht wie möglich machen, brauchen wir in der Regel keinen Druck von außen. Wenn wir es nicht schaffen anzufangen, war der Anfang noch zu kompliziert.

Anschließend, wenn das Erlebnis positiv genug war, um es wiederholen zu wollen, müssen wir genau das tun: unsere neue gute Gewohnheit so lange wiederholen, bis sie eine feste Routine geworden ist. Gerade bei Sport geht das relativ schnell, da unser Körper schon nach kurzer Zeit von sich aus Ja sagt. Und wenn wir uns doch mal nicht aufraffen konnten, heißt es: uns verzeihen, um danach einfach weiterzumachen.

Schädliche Gewohnheiten loswerden

Am einfachsten machen wir es uns, wenn wir mit *einer* Sache beginnen, also *eine* gute neue Gewohnheit etablieren oder uns *eine* schlechte Gewohnheit abgewöhnen. Das ganze Leben ändern wollen, führt in der Regel zu Frust, der uns demotiviert, statt am Ball zu bleiben. Bei schlechten Angewohnheiten wie Rauchen, Social Media suchten oder Familienpackungen Süßkram essen, kommt hinzu, dass sie leider – genauso wie eine erfolgreich absolvierte Joggingrunde – zur Ausschüttung von Glückshormonen führen, oftmals sogar schneller und intensiver. So fühlen sich diese kleinen, süchtig machenden Verhaltensweisen einfach gut an, sie entlasten uns und spenden Trost. Geraten wir in innere Anspannung oder Langeweile, greifen wir viel eher auf die schnellen Dopamin- und Serotoninspender zurück, als eine gute Gewohnheit zu etablieren.

Beim Abgewöhnen schädlicher Angewohnheiten müssen wir nun umgekehrt vorgehen. Wir müssen es uns so schwer wie möglich machen. Fürs Smartphone heißt das: Schlafzimmerverbot, sich damit auch nicht mehr wecken, sondern nur noch mit einem »richtigen« Wecker. Und es generell bei allen Tätigkeiten, die ungestörte Aufmerksamkeit verlangen, so weit weg wie möglich legen. Wer abends nichts mehr Süßes essen will, hat nichts zu Hause im Schrank und überlegt sich im Vorfeld auch gut, was stattdessen konsumiert werden darf, z. B. eine Tasse Tee (mit einem Spritzer Zitrone). Und es lohnt sich auch zu schauen, welches Abendessen wirklich satt macht, Ernährungsmediziner:innen empfehlen dafür eiweißreiche Kost. Ich will hier keine Abnehmtipps geben, sondern vielmehr aufzeigen, dass wir, wenn es um Verhaltensänderungen geht, mit reiner Willensstärke meistens nicht weiterkommen. Gerade wenn es um die Veränderung von Essgewohnheiten geht, besteht zudem immer die Gefahr, in eine Essstörung, wie die Anorexia Nervosa, zu rutschen. Jede Diät ist dafür ein Risiko sowie hohe perfektionistische Ansprüche und ein niedriger Selbstwert.

Die häufigste Essstörung in Deutschland ist allerdings das sogenannte Binge-Eating, die Essanfälle beginnen meist im späteren Jugend- und frühen Erwachsenenalter.[23] Es handelt sich dabei um eine multifaktorielle, behandlungsbedürftige Essstörung, bei der Depressionen, Ängste, familiäre Belastungen und ein niedriger Selbstwert eine Rolle spielen können.

Auch viele Menschen, die nicht im krankheitswertigen Ausmaß von emotionalem Essen betroffen sind, erleben ihr Essverhalten als Kontrollverlust und wünschen sich dringend eine Verhaltensänderung. Grundsätzlich gilt: Selbstfürsorge kann uns dabei helfen, ein besseres Körpergefühl zu entwickeln, es geht aber um das Gegenteil von starrer Kontrolle. Auch wenn wir es ein paar Abende geschafft haben, uns nicht zu überessen, wird es wieder passieren – und genau dann dürfen wir uns beruhigen und uns gut zureden. Es geht nicht darum, für immer in perfekter Askese zu leben, sondern einfach ein bisschen besser auf sich aufzupassen.

Zum Abschluss noch eine wichtige Anmerkung: Der Erwerb von Selbstfürsorge-Methoden sollte nicht in erster Linie dazu dienen, ein noch flotterer Hamster im Hamsterrad zu werden. Hier müssen wir kurz einen Schritt zurücktreten und ehrlich mit uns sein: Um was geht es hier eigentlich und was ist mein persönliches Hamsterrad?

Mangelnde Selbstfürsorge wirkt zudem oft nur auf den ersten Blick selbstlos – für unsere Familie und unsere Freundschaften wäre es manchmal besser, wir würden uns rausnehmen und uns eine Stunde um uns selbst kümmern. Wichtig sind dabei Kontrasterfahrungen, also dass wir in dieser bewussten Auszeit nicht dasselbe tun, was wir schon im Alltag erleben. Wann haben wir zuletzt in den Himmel geschaut und uns dabei gedacht, wie gut wir uns gerade fühlen, an diesem Ort, mit diesen Menschen oder auch in einem Moment der Stille?

Die Frage, ob es für uns Menschen zu Lebzeiten so etwas wie eine Er-Lösung geben kann, stelle ich mir, seitdem ich den inzwischen verstorbenen Münchner Kultregisseur Klaus Lemke interviewt habe. »Es ist immer derselbe Tag, den wir erleben. Die Menschen lernen nichts dazu, sie retten sich immer nur von einer in die nächstgrößere Katastrophe«,[24] hatte er mir mit voller Überzeugung erklärt. Das ist schon viele Jahre her, ich war damals Mitte 20 und das Leben fühlte sich meist genau danach an. Lemke zeichnete in seinen Filmen das Dasein als einzige Tragödie oder Komödie – je nachdem, von welcher Seite aus er es gerade betrachten wollte. Und so sehr ich die fatalistische Lemke-Sicht an vielen Tagen teile und eigentlich immer, wenn ich Nachrichten höre, so sehr glaube ich an guten Tagen nicht an seine Worte. Wir Menschen können dazulernen. Sonst hätte ich nicht dieses Buch geschrieben.

Dank

Mein größter Dank gilt Lena Schiestel, ohne die es nie dazu gekommen wäre, dass ich meine journalistische Arbeit schon seit Jahren psychologischen Themen widme. Du hast mir wahnsinnig viel beigebracht, deine Expertise, Genauigkeit und dein Mitgefühl suchen ihresgleichen. Danke, dass du damals Ja gesagt hast, es war mehr als ein Match.

Ich danke allen, die mir für »Die Lösung« so offen und unerschrocken ihre Geschichte erzählt haben, auch, um anderen damit zu helfen. Ich habe von jedem und jeder von euch unglaublich viel gelernt. Ihr habt meine Welt größer gemacht.

Danke an Sina Haghiri, der mit mir »Die Lösung« mutig weitergeführt und mir den Schubs zu diesem Buch gegeben hat. Danke für deinen Perspektivwechsel.

Danke an Maren Wiechers, die mich nun mit ihrem fundierten Wissen und ihrer großen Empathie im Podcast begleitet. Danke für deinen offenen Blick.

Danke an Ilka Knigge für den gemeinsamen Start ins Ungewisse vor mittlerweile einem halben Jahrzehnt und an Alexander Loos für die jahrelange, einfühlsame Betreuung am Steuer. Danke an die Redaktion, die sofort an »Die Lösung« geglaubt hat: Nadine Ulrich, Marion Lichtenauer und Florian Meyer-Hawranek von PULS.

Danke an die psychologischen und therapeutischen Expert:innen, mit denen ich mich in den vergangenen Jahren austauschen durfte: Lisa Auffenberg, Gisela Geist, Ursula Gruber, Judith Henkys, Agathe Israel, Nicolas Klemer, Ferdinand Kosak, Sophie Oberender, Johannes Schauer, Manuel Stoiber und Maximilian Widmann.

Herzlichen Dank an die Psychotherapeutinnen Simone Bertrand, Imme Garbrecht, Philine v. Seckendorff und Maren Wiechers sowie der Heilpädagogin Charlotte Laule, die mich für dieses Buch unterstützt haben.

Danke an Doro Bühler von Beltz fürs Mutzusprechen und Dampfmachen, als ich aufgeben wollte, und an meine Lektorin Julia Matthias für ihre große Unterstützung und ihr Talent, meine Gedanken doch noch auf den Punkt zu bringen.

Danke an Martin Burgdorff fürs spontane An-Bord-Sein. Es geht nichts über Camping. Das machen wir wieder.

Für immer Dank an Gisela Eife.

Ich danke meinen Lebensmenschen, dass die Zeit uns nichts anhaben kann. Ihr wisst, wer ihr seid. Diese Seiten wären ohne unsere gemeinsamen Geschichten leer geblieben, sie sind auch für euch.

Danke, Dominik, dass du diesen Prozess mit mir ausgehalten hast. Für deine Zeit, Zuversicht und Geduld mit mir. Ich hoffe, wir werden alt.

Anmerkungen

Deine Psyche ist politisch

1. Zitat von Klaus Lemke im Interview mit Verena Fiebiger, https://www.deutschlandfunkkultur.de/vollkommene-filmverruecktheit-100.html
2. Fuchs, S. (2019): *Die Kindheit ist politisch! Kriege, Terror, Extremismus, Diktaturen und Gewalt als Folge destruktiver Kindheitserfahrungen.* Mattes Verlag Heidelberg.
3. Bücker, T. (2022): *Alle_Zeit. Eine Frage von Macht und Freiheit.* Ullstein.

Dauerstress

1. Edgar im Podcast »Die Lösung« (Bayerischer Rundfunk), Folge »Burnout – Warum die toxische Hustle Culture uns krank macht«.
2. Psychotherapeutin Maren Wiechers im Podcast »Die Lösung« (Bayerischer Rundfunk), Folge »Dauerstress (mit Louisa Dellert) – Wie wir uns vor Burnout schützen«.
3. https://de.statista.com/statistik/daten/studie/239869/umfrage/arbeitsunfaehigkeitstage-aufgrund-von-burn-out-erkrankungen
4. https://www.pronovabkk.de/unternehmen/presse/studien/arbeiten-2023.html
5. Die drei Dimensionen des Burnouts nach Maslach, C. et al. (2001): Job burnout. In: *Annual review of psychology*, Nr. 52(1), S. 397–422.
6. https://www.who.int/standards/classifications/frequently-asked-questions/burn-out-an-occupational-phenomenon
7. *Purpose* bedeutet so viel wie »Bestimmung« und auf die Arbeitswelt bezogen »Unternehmenszweck«. In modernen Unternehmen geht es nicht mehr um reine Gewinnmaximierung oder darum, was produziert wird, sondern auch um das »Warum«.
8. Umgekehrt haben chronische Langeweile und Unterforderung am Arbeitsplatz ebenfalls negative Auswirkungen, medial gern als »Boreout« bezeichnet.

9. Catalina, R. et al. (2017): Dominant Drivers of business students. In: *Proceedings of the International Conference on Business Excellence*, Nr. 11(1), S. 381–389.
10. Markowetz, A. (2015): *Digitaler Burnout: Warum unsere permanente Smartphone-Nutzung gefährlich ist.* Droemer.
11. Teigen, K.H. (2008): Is a sigh »just a sigh?« Sighs as emotional signals and responses to a difficult task. In: *Scandinavian Journal of Psychology*, Nr. 49(1), S. 49–57.
12. Honma, M. et al. (2022): Reading on a smartphone affects sigh generation, brain activity, and comprehension. In: *Scientific Reports*, Nr. 12:1589; https://www.spektrum.de/news/mit-der-richtigen-atmung-und-weitem-blick-stress-abbauen/1813064
13. https://lt.org/publication/there-common-molecular-link-drives-stress-risk-disease
14. Adam, E.K. (2017): Diurnal cortisol slopes and mental and physical health outcomes: A systematic review and meta-analysis. In: *Psychoneuroendocrinology,* Vol. 83, S. 25–41.
15. Ahnert, Lieselotte (2020): *Wieviel Mutter braucht ein Kind? Über Bindung, Bildung und Betreuung in den ersten Lebensjahren.* Beltz, S.197.
16. NICHD Early Child Care Research Network (2006): Child care effect sizes for the NICHD Study of Early Child Care and Youth Development. In: *American Psychologist*, Nr. 61(2), S. 99–116.
17. https://www.ash-berlin.eu/fileadmin/Daten/Forschung/5_Projekte/StimtS/ifaf_stimts_ergebnisse_web.pdf
18. Nystad, K. et al. (2022): Change in toddlers' cortisol activity during a year in childcare. Associations with childcare quality, child temperament, well-being and maternal education. In: *Stress*, Nr. 25(11), S. 156–165.
19. Vermeer, H.J. & van Ijzendoorn, M.H. (2006): Children's elevated cortisol levels at daycare: A review and metaanalysis. In: Early Childhood Research Quarterly, Nr. 21, S. 390–401.
20. Baker, M. et al. (2019): The Long-Run Impacts of a Universal Child Care Program. In: *American Economic Journal: Economic Policy,* Nr. 11(3), S. 1–26.
21. De Vet, S.M. (2023): Young children's cortisol levels at out-of-home child care: A meta analysis, In: *Early Childhood Research Quarterly*, Nr. 63, S. 204–218.
22. https://www.ash-berlin.eu/fileadmin/Daten/Forschung/5_Projekte/StimtS/ifaf_stimts_ergebnisse_web.pdf
23. https://jugendhilfeportal.de/artikel/verwahrlosung-stress-und-erschoepfung-in-kitas

24. https://correctiv.org/aktuelles/bildung/2023/11/14/kitanotstand-wie-das-system-versagt-personalmangel-erzieher/
25. https://www.nifbe.de/infoservice/aktuelles/2195-das-kita-system-steht-vor-dem-kollaps
26. Strüber, Nicole (2016): *Risiko Kindheit. Die Entwicklung des Gehirns verstehen und Resilienz fördern*. Klett-Cotta S. 213ff.
27. https://www.laendermonitor.de/fileadmin/files/laendermonitor/fachkraefte_radar/2023/Fachkraefte_Radar_BY_2023.pdf
28. Retz, E. & Bongertz, C. S. (2021): *Wild Child. Entwicklung verstehen, Kleinkinder gelassen erziehen, Konflikte liebevoll lösen*. Piper.
29. Sumner, M. M. et al. (2010): Young Children's Full-Day Patterns of Cortisol Production on Child Care Days. In: *Arch Pediatr Adolesc Med,* Nr. 164(6), S. 567–751.
30. https://www.elternsein.info/fruehe-hilfen/was-sind-fruehe-hilfen
31. Bücker, T. (2022): *Alle_Zeit. Eine Frage von Macht und Freiheit.* Ullstein.
32. Wedewardt, L. (2023): Der Kitapodcast, Nr. 29 »Aufruf zur Wende der Frühbetreuung – ein Interview mit Dr. Agathe Israel«, https://www.youtube.com/watch?v=NL3zXSDR1eQ
33. Lazarus, R. & Folkman, S. (1984): *Stress, Appraisal, and Coping*. Springer Publishing Company.
34. Sharif, M. A. et al. (2021): Having too little or too much time is linked to lower subjective well-being. In: *Journal of Personality and Social Psychology: Personality Processes and Individual Differences.* Nr. 121(4), S. 933–947.

Perfektionismus

1. Selina (Name geändert) im Podcast »Die Lösung« (Bayerischer Rundfunk), Folge »Perfektionismus«.
2. Spitzer, N. (2015): Perfektionismus therapeutisch verändern und die Dritte Welle der Verhaltenstherapie – eine interessante Liaison? In: *Verhaltenstherapie und psychosoziale Praxis.* 47. Jg. (1), S. 63.
3. Curran, T. & Hill, A. P. (2019): Perfectionism is increasing over time: A Meta-Analysis of Birth Cohort Differences from 1989 to 2016. In: *Psychological Bulletin,* Vol. 145, Nr. 4, S. 410–129.
4. Spitzer, N. (2016): *Perfektionismus und seine vielfältigen psychologischen Folgen.* Springer, S. 122.
5. https://www.bpb.de/shop/zeitschriften/apuz/269298/das-anthropozaen-erzaehlen-fuenf-narrative/

6. Reckwitz, A. & Rosa, H. (2021): *Spätmoderne in der Krise. Was leistet die Gesellschaftstheorie?* Suhrkamp.
7. https://www.ndr.de/ratgeber/gesundheit/visitepdf1454.pdf
8. Shafran, R., Cooper, Z. und Fairburn, C. G. (2002): Clinical Perfectionism. A cognitive–behavioural analysis. In: *Behaviour Research and Therapy*, 40(7), S. 773–791.
9. Spitzer, N. (2016): *Perfektionismus und seine vielfältigen psychologischen Folgen.* Springer, S. 4 f.
10. Aus: *Ghost Dog: The Way of the Samurai.*
11. Spitzer, N. (2015): Perfektionismus therapeutisch verändern und die Dritte Welle der Verhaltenstherapie – eine interessante Liaison? In: *Verhaltenstherapie und psychosoziale Praxis.* 47. Jg. (1), S. 63.
12. Außerdem gehören zu den Big Five: *Extraversion* (die Tendenz, gesellig und gesprächig zu sein und aus sozialen Situationen eher Energie zu ziehen als das introvertierte Menschen tun), *Offenheit* (die Bereitschaft, neue Ideen zu erkunden und intellektuell neugierig zu sein) und *Verträglichkeit* (die Neigung, kooperativ, mitfühlend und freundlich zu sein).
13. https://www.spektrum.de/lexikon/psychologie/stimuluskontrolle/14891
14. Einer der weltweit bekanntesten Tests zur Erfassung von Persönlichkeitsmerkmalen ist der sog. MMPI, zu Deutsch: *Multiphasisches Persönlichkeitsinventar Minnesota.*
15. Zwir, Igor et al. (2020): Uncovering the complex genetics of human character. In: Nature: Molecular Psychiatry, Nr. 25, S. 2295–2312.
16. Curran, T. (2023): *Nie gut genug. Die fatalen Folgen des Perfektionismus – und wie wir uns vom Selbstoptimierungsdruck befreien können.* Rowohlt. S. 35.
17. Fromm, E. (1944): Individual and social origins of neurosis. In: *American Sociological Review*, 9(4), S. 380–384.
18. Curran, T. & Hill, A. P. (2019): Perfectionism is increasing over time: A Meta-Analysis of Birth Cohort Differences from 1989 to 2016. In: *Psychological Bulletin,* Vol. 145, Nr. 4, S. 410–129.
19. Curran, T. (2023): *Nie gut genug. Die fatalen Folgen des Perfektionismus – und wie wir uns vom Selbstoptimierungsdruck befreien können.* Rowohlt. S. 210 f.
20. https://www.zeit.de/arbeit/2023-11/perfektionismus-schwaeche-staerke-psychologie-tipps
21. Retz, E. & Bongertz, C. S. (2021): *Wild Child. Entwicklung verstehen, Kleinkinder gelassen erziehen, Konflikte liebevoll lösen.* Piper.

22. Fatt, S. & Fardouly, J. (2023): Digital social evaluation: Relationships between receiving likes, comments, and follows on social media and adolescents' body image concerns. In: *Body Image*, Nr. 47, 101621.
23. Altstötter-Gleich, C. & Geisler, F. C. M. (2018): *Perfektionismus. Mit hohen Ansprüchen selbstbestimmt leben.* Balance Ratgeber.
24. Spitzer, N. (2016): *Perfektionismus und seine vielfältigen psychologischen Folgen.* Springer, S. 15 f.
25. Hewitt, P. L. & Flett, G. L. (2013): When does consciousness become perfectionism? In: *Current Psychiatry*, Vol. 6 (7), S. 49–60.
26. Stoeber, J. & Otto, K. (2006): Positive conceptions of perfectionism: Approaches, evidence, challenges. In: *Personality and social psychology review*, Vol. 10 (4), S. 295–319.
27. Ebenda.
28. Ebenda.
29. Altstötter-Gleich, C. & Geisler, F. C.M. (2018): *Perfektionismus. Mit hohen Ansprüchen selbstbestimmt leben.* Balance Ratgeber, S. 47 f.
30. Spitzer, N. (2009): Die therapeutische Verringerung einer modernen Tugend? Perfektionismus kognitiv umstrukturieren. In: *Verhaltenstherapie und psychosoziale Praxis.* 41. Jg. (2), S. 359.
31. Hewitt, P. L. & Flatt, G. L. (1991): Perfektionism in the Self and Social Contexts: Conzeptulization, Assessment, and Association With Psychopathology, In: Journal of Personality and Social Psychology, Vol. 60 (3), S. 456–470.
32. Curran, T. (2023): *Nie gut genug. Die fatalen Folgen des Perfektionismus – und wie wir uns vom Selbstoptimierungsdruck befreien können.* Rowohlt, S. 47.
33. Engberding, M. et al (2011): Arbeitszeitrestriktion als Methode der Behandlung von Prokrastination, In: *Verhaltenstherapie*, Vol. 21 (4), S. 256.
34. Steel, P. (2007): The nature of procrastination: a meta-analytic and theoretical review of quintessential self-regulatory failure. In: *Psychological Bulletin*, Vol. 133, S. 76.
35. Diese Konzepte wurden in den 1950er-Jahren vom US-amerikanischen Sozialwissenschaftler Herbert A. Simon eingeführt.
36. Reichenbach, R. (2012). Der Mensch – ein dilettantisches Subjekt. Ein inkompetenztheoretischer Blick auf das vermeintlich eigene Leben, S. 305–328 (306). In: Sieben, A. et al.: *Menschen machen. Die hellen und die dunklen Seiten humanwissenschaftlicher Optimierungsprogramme.* transcript.
37. Spitzer, N. (2014): Perfektionismus und seine vielfältigen Folgen. *28. DGVT-Kongress für Klinische Psychologie, Psychotherapie und Beratung.* Berlin.

Grübeln

1. Herrmann im Podcast »Die Lösung« (Bayerischer Rundfunk), Folge »Grübeln – Wie man das Gedankenkarussell stoppen kann«.
2. Ebenda.
3. Hawlik et al. (2016): Das psychopathologische Phänomen Grübeln. Aus: *Nervenheilkunde*, Vol. 9, S. 591 ff.
4. Teismann, T. & Ehring, T. (2019): *Pathologisches Grübeln*. Hogrefe. S. 10.
5. Ebenda.
6. Hoyer, J. (2000a): *Dysfunktionale Selbstaufmerksamkeit. Klinisch-psychologische und gesundheitspsychologische Untersuchungen*. Asanger.
7. Teismann, T. & Ehring, T. (2019): *Pathologisches Grübeln*. Hogrefe. S. 19.
8. Callesen P. (2020): *Lebe mehr, grüble weniger. Mit klarem Kopf Niedergeschlagenheit und Depression loswerden*. Beltz. S. 65.
9. Ebenda. S. 72 f.
10. Teismann, T. & Ehring, T. (2019): *Pathologisches Grübeln*. Hogrefe. S. 9.
11. Addis, M. E. & Martell, C. R. (2004): *Overcoming depression one step at a time: The new behavioral activation approach to getting your life back*. New Harbinger Press.
12. Hawlik et al. (2016): Das psychopathologische Phänomen Grübeln. In: *Nervenheilkunde*, Vol. 9, S. 592.
13. Teismann, T. & Ehring, T. (2019): *Pathologisches Grübeln*. Hogrefe. S. 20.
14. Nolen-Hoeksema, S. & Wisco, B. E. & Lyubomirsky, S. (2008): *Rethinking Rumination. Perspectives on Psychological Science*, 3, 400–424.
15. Teismann, T. & Ehring, T. (2019): *Pathologisches Grübeln*. Hogrefe. S. 27.
16. Wells, A. (2011): *Metakognitive Therapie bei Angststörungen und Depression*. Beltz.
17. Callesen, P. (2020): *Lebe mehr, grüble weniger. Mit klarem Kopf Niedergeschlagenheit und Depression loswerden*. Beltz. S. 40 ff.
18. Engl. *Cognitive Attentional Syndrome* (CAS) von Wells und Matthews
19. Uhmann, S. & Hoyer, J. (2011): Metakognitive Therapie der Depression. In: *Psychotherapie*, Nr. 16, S. 306–313.
20. Teismann, T. & Ehring, T. (2019): *Pathologisches Grübeln*. Hogrefe. S. 29.
21. Harvey, A. G. & Greenall, E. (2003b). Catastrophic worry in primary insomnia. In: *Journal of Behavior Therapy and Experimental Psychiatry*, Nr. 34 (1), S. 11–23.
22. Aus dem Englischen: *doom* = Verderben, Verdammnis; *scrollen* = »den Bildschirminhalt verschieben«.

23. Anmerk. d. Autorin: Nora heißt eigentlich anders, wir haben ihren Namen in der Podcast-Folge »Doomscrolling – Wie wir aufhören, in schlechten Nachrichten zu versinken« (Die Lösung, BR) geändert.
24. Plag, J. et al. (2011): Association between COVID-19 related media consumption and symptoms of anxiety, depression and COVID-19 related fear in the general population in Germany. In: *European Archives of Psychiatry and Clinical Neuroscience*, Nr. 271 (2), S. 283–291.
25. https://www.tagesschau.de/ausland/europa/who-corona-anstieg-psychische-krankheiten-101.html
26. Jackson, J. (2019): *You are what you read – Why changing your media diet can change the world.* Unbound. S. 65.
27. Wurmb-Seibel, R. (2022): *Wie wir die Welt sehen – Vom Umgang mit der Informationsflut.* Kösel.

Vergleichen

1. Katharina im Podcast »Die Lösung« (Bayerischer Rundfunk), Folge »Vergleichen – Wie wir aufhören, andere zu unserem Maßstab zu machen.«
2. Baldwin, M. & Mussweiler, T. (2018): The culture of social comparison. In: *Psychological and Cognitive Sciences* Vol. 115 (39), S. 9067–9074.
3. Festinger, L. (1954): A Theory of Social Comparison Processes. In: *Human Relations – The first 10 years*, Nr. 7(2).
4. Ebenda. S. 9067.
5. Balwin, M. & Mussweiler, T. (2017): The culture of social comparison. In: *PNAS*, Nr. 115 (39).
6. Wheeler, L. & Suls, J. (2000): Handbook of Social Comparison. Theory and Research. The Springer Series in Social Clinical Psychology.
7. Nach Maren Wiechers im Podcast »Die Lösung« (Bayerischer Rundfunk), Folge »Social Media«.
8. Smith, O. et al. (2024): Out of the loop: Taking a one week break from social media leads to better self-esteem and body image among young women. In: *Body Image*, Nr. 49 (191715).
9. Gerber, J. P. et al. (2018): A social comparison theory Meta-Analysis 60+ Years on, In: *Psychological Bulletin*, Nr. 144(2), S. 177–197.
10. McCarthy, P. A. et al. (2020): Exploring the association of social comparison with depression and anxiety: A systematic review and meta-analysis, In: *Clinical Psychology and Psychotherapy*, Nr. 27(5), S. 640–671.

11. Gibbons, F.X. & Buunk, B.P. (1999): Individual Differences in Social Comparison: Development of a Scale of Social Comparison Orientation. In: *Journal of Personality and Social Psychology*, Nr. 76(1), S. 129–142.
12. Die schrittweise Analyse einer Vergleichssituation nach Lena Schiestel im Podcast »Die Lösung« (Bayerischer Rundfunk), Folge »Konkurrenz – Wenn wir nicht gönnen können.«
13. Kast, V. (2015): *Über sich hinauswachsen. Neid und Eifersucht als Chancen für die persönliche Entwicklung*. Patmos. S. 96.

Selbstwert

1. Jan im Podcast »Die Lösung« (Bayerischer Rundfunk), Folge »Selbstwert – Wie wir lernen, uns selbst mehr zu schätzen«
2. Das Malen von sogenannten Kopffüßlern zeigt einen wichtigen Entwicklungsschritt ab ca. dem dritten Lebensjahr an; es ist die erste Darstellung von Menschen, wobei bewusst beliebig viele Arme und/oder Beine direkt an ein kreisförmiges Gebilde – den Kopf – gemalt werden. Manchmal werden die Gliedmaßen auch separat in eine andere Ecke des Blatts gezeichnet.
3. https://editionf.com/interview-taniesha-burke-elterncoach-feedback-kinder/
4. Portreck-Rose, F. & Jacob, G. (2003): *Selbstzuwendung, Selbstakzeptanz, Selbstvertrauen. Psychotherapeutische Interventionen zum Aufbau von Selbstwertgefühl*. Klett-Cotta. S. 11.
5. Potreck-Rose, F. (2014): Von der Freude, den Selbstwert zu stärken. Klett-Cotta. S. 9 f.
6. Ebenda. S. 12 f.
7. Ebenda. S. 10 f.
8. Dorsch, F. et al. (Hg.) (2013): *Dorsch. Lexikon der Psychologie* (16. Auflage). Huber.
9. Shafran, R. et al. (2002): Clinical perfectionism. A cognitive–behavioural analysis. In: *Behaviour Research and Therapy*, 40 (7), S. 773–791.
10. Bloom, V. & Johnson, M. (2007): Development and validation of two measures of contingent self-esteem. In: *Individual Differences Research* 5(4), S. 300–328.
11. Eife, G. (2016): *Analytische Individualpsychologie in der therapeutischen Praxis. Das Konzept Alfred Adlers aus existentieller Perspektive*. Kohlhammer.
12. Altstötter-Gleich, C. & Geisler, F.C. M. (2018): *Perfektionismus. Mit hohen Ansprüchen selbstbestimmt leben*. Balance Ratgeber. S. 50.
13. Hildenbrand, B. (2011): *Einführung in die Genogramm-Arbeit*. Carl-Auer.
14. https://www.ardaudiothek.de/sendung/eltern-ohne-filter/68705722/

15. Im Alter von ca. drei bis vier Jahren entwickeln Kinder eine rudimentäre *Theory of Mind* (ToM). Dann können sie erkennen, dass Menschen unterschiedliche Wünsche und Absichten haben. Sie beginnen auch zu verstehen, dass das, was sie denken, nicht unbedingt das Gleiche ist wie das, was andere denken. Mit 4 bis 5 Jahren entwickelt sich eine ausgeprägtere ToM, Kinder können dann besser zwischen Wissen, Glauben und Absichten unterscheiden. Sie beginnen, sich in die Gedanken anderer Menschen hineinzuversetzen und zu verstehen, dass diese Gedanken von ihren eigenen abweichen können. Beginnt ein Kind bewusst zu schwindeln, ist das kognitiv betrachtet ein riesiger Entwicklungsschritt!
16. Portreck-Rose, F. & Jacob, G. (2003): *Selbstzuwendung, Selbstakzeptanz, Selbstvertrauen. Psychotherapeutische Interventionen zum Aufbau von Selbstwertgefühl.* Klett-Cotta. S. 51.
17. Ballmann, A. E. (2022): *Worte wie Pfeile. Über emotionale Gewalt an unseren Kindern und wie wir sie verhindern.* Kösel.
18. Juul, J. (2018): *Das Kind in mir ist immer da. Mein Leben für die Gleichwürdigkeit.* Beltz.
19. Portreck-Rose, F. (2023): *Von der Freude, den Selbstwert zu stärken.* Klett-Cotta. S. 94 ff.
20. Ebenda.
21. Ebenda.
22. Rubenstein, L. M. et al (2016): Cognitive Attributions in Depression: Bridging the Gap between Research and Clinical Practice. In: *Journal of Psychotherapy Integration*, Nr. 26(2), S. 103–115.
23. Neff, K. D. (2023): Self-Compassion: Theory, Method, Research and, Intervention. In: *Annual Review of Psychology*, Nr. 74, S. 193–218.
24. Chmielewski, F. & Hanning, S. (2021): *Therapie-Tools Selbstwert.* Beltz, S. 51–63.

Schlafen

1. Saskia im Podcast »Die Lösung« (Bayerischer Rundfunk), Folge »Schlafen«.
2. https://www.sueddeutsche.de/gesundheit/deutschland-schlaf-baby-kleinkinder-geburt-schlafmangel-1.4345578
3. Müller, T. (2021): Langzeitstudie: Wenig Schlaf, erhöhtes Alzheimerrisiko. In: *InFo Neurologie + Psychiatrie*, Nr. 23, S. 58.
4. https://www.barmer.de/presse/presseinformationen/pressearchiv/barmer-analyse-schlafstoerungen-nehmen-weiter-zu--1243652

5. Spiegel, K. & Leproult, R. & Van Cauter, R. (1999): Impact of sleep debt on metabolic and endocrine function. In: *Lancet*, 354 (9188): 1435–9; Van Cauter, E., Spiegel, K., Tasali, E. & Leproult, R. (2008): Metabolic consequences of sleep and sleep loss. In: *Sleep Med.* 9 (01), S. 23–28.
6. Besedovsky, L., Lange, T. & Haack, M. (2019): *The Sleep-Immune Crosstalk in Health and Disease.* 99(3): 1325–1380.
7. Prather A. A. et al. (2012): Sleep and antibody response to hepatitis B vaccination. In: *Sleep Med.* 35(8): 1063–9.
8. Cohen, S. et al. (2009): Sleep Habits and Susceptibility to the Common Cold. In: *Arch Intern Med.* 169(1): 62–67.
9. Séverine, S. et al. (2021): Association of sleep duration in middle and old age with incidence of dementia. In: *Nature Communications*, Vol. 12, Nr. 2289.
10. Mazza, S. et al. (2016): Relearn Faster and Retain Longer: Along With Practice. In: Sleep Makes Perfect. Vol. 27, Nr. 10; Klinzing, J. G. et al. (2019): Mechanisms of systems memory consolidation during sleep. In: *Nature Neuroscience*, Vol. 22, 1598–1610.
11. Rasch, Björn & Born, Jan (2013): About Sleep's Role in Memory. In: *Physiol Rev.* 93(2): 681–766.
12. Stickgold, R. & Walker, M. P. (2007): Sleep-Dependent Memory Consolidation and Reconsolidation. In: *Sleep Med.* 8(4): 331–343.
13. Maquet, P. et al. (2003): Sleep-related consolidation of a visuomotor skill: brain mechanisms as assessed by functional magnetic resonance imaging. In: *J Neurosci.* 23(4): 1432–40.
14. Gorgoni, M. et al. (2013): Is Sleep Essential for Neural Plasticity in Humans, and How Does It Affect Motor and Cognitive Recovery? In: *Neural Plast.* 103949.
15. https://learn.aasm.org/Listing/a1341000002XmRvAAK
16. Pollmächer, T. & Wetter, T. C. (2018): *Schlafstörungen und psychische Erkrankungen. Eine Einführung für Ärzte und Psychologen.* Kohlhammer. S. 11.
17. Dorn, A. & Schwenkhagen, A. & Rohde, A. (2022): *PMDS als Herausforderung. Die prämenstruelle dysphorische Störung als schwerste Form des PMS.* Kohlhammer.
18. Baker, F. C. & Driver, H. S. (2007): Circadian rhythms, sleep, and the menstrual cycle. In: *Sleep Med.* 8(6): 613–22.
19. *Schlaf. Das unbekannte Drittel unseres Lebens.* In: Philosophie Magazin, Sonderausgabe 26, Herbst 2023.
20. Boivin, D. B. et al. (2022): Disturbance of the Circadian System in Shift Work and Its Health Impact. In: *Biol. Rhythms* 37(1): 3–28.
21. Nach https://smartsleep.com/blogs/schlafmagazin/wolfsstunde-schlaflos

22. Walker, M. (2018): *Das große Buch vom Schlaf.* Goldmann. S. 38 f.
23. https://www.aok.de/pk/magazin/wohlbefinden/schlaf/stoert-blaues-licht-tatsaechlich-den-schlaf/
24. Green, A. et al. (2017): Evening light exposure to computer screens disrupts human sleep, biological rhythms, and attention abilities. In: *Chronobiol Int.* 34(7): 855–865.
25. Crispim, C. A. et al. (2021): Relationship between food intake and sleep pattern in healthy individuals. In: *Nature Communications.* Nr. 2289.
26. Reichert, C. F. et al. (2022): Adenosine, caffeine, and sleep–wake regulation: state of the science and perspectives. In: *Journal of Sleep Research* (4): 13597.
27. https://www.efsa.europa.eu/sites/default/files/corporate_publications/files/efsaexplainscaffeine150527de.pdf
28. Randler, C. & Frech, D. (2006): *Correlation between morningness – eveningness and final school leaving exams,* Nr. 37, Ausgabe 3.
29. Arlinghaus, A. & Nachreiner, F. (2016): *Unusual and unsocial? Effects of shift work and other unusual working times on social participation.* In: I. Iskra-Golec, J. Barnes-Farrell und P. Bohle (Hg.): *Social and family issues in shift work and non standard working hours.* Springer. S. 39–57.
30. Presser, H. (2005): *Working in a 24/7 economy – Challenges for American families.* Russel Sage Foundation.
31. https://www.tk.de/firmenkunden/service/gesund-arbeiten/betriebliche-gesundheitsfoerderung/gesundheit-in-der-schichtarbeit-2132574
32. Arlinghaus, A. & Lott, Y. (2018): *Schichtarbeit gesund und sozialverträglich gestalten.* Aus: Report Nr. 3 Forschungsförderung. Hans-Böckler-Stiftung, S. 3.
33. https://academic.oup.com/occmed/article/60/1/10/1439565
34. Langhoff, T. & Satzer, R. (2017b): *Schicht- und Nachtarbeit in der Produktion: Gesundheitsrisiken – Gestaltungsanforderungen – Praxishinweise.* In: L. Schröder und H.-J. Urban (Hg.): Gute Arbeit. Streit um Zeit – Arbeitszeit und Gesundheit. BundVerlag, S. 147–162.
35. Arlinghaus, A. & Lott, Y. (2018): *Schichtarbeit gesund und sozialverträglich gestalten.* Aus: Report Nr. 3 Forschungsförderung. Hans-Böckler-Stiftung, S. 10.
36. Ebenda. S. 12.
37. REM steht für *Rapid Eye Movement.*
38. https://www.mdr.de/wissen/schlaf-repariert-gehirn-kleine-schlafen-mehr-100.html
39. Pollmächer, T. & Wetter, T. C. (2018): *Schlafstörungen und psychische Erkrankungen. Eine Einführung für Ärzte und Psychologen.* Kohlhammer. S. 11.

Emotionen

1. Lotte im Podcast »Die Lösung« (Bayerischer Rundfunk), Folge »Ängste – Warum sie uns einholen und was uns prägt«.
2. Diese Situation ist im Wesentlichen so geschehen. Zum Persönlichkeitsschutz habe ich das Setting verändert, damit die teilhabende Person nicht mehr erkennbar ist.
3. Eismann, G. & Lammers C.-H. (2017): *Therapie-Tools Emotionsregulation.* Beltz. S. 12.
4. Damasio, A. R. (2004): *Descartes' Error: Emotion, Reason, and the Human Brain.* Penguin Books.
5. Ebenda.
6. Lammers, C.-H. (2015): *Emotionsfokussierte Methoden. Techniken der Verhaltenstherapie* (hrsg. von Peter Neudeck). Beltz. S. 16.
7. Parrott, W. G. (2014): *The positive side of negative emotions.* Guilford.
8. Tamir, A. (2009). What do people want to feel and why? In: *Current Directions in Psychological Science*, Nr.18, S. 101–105.
9. Lammers, C.-H. (2015): *Emotionsfokussierte Methoden. Techniken der Verhaltenstherapie* (hrsg. von Peter Neudeck). Beltz. S. 16.
10. Feldman-Barrett, L. (2023): *Wie Gefühle entstehen. Eine neue Sicht auf unsere Emotionen.* Rowohlt.
11. Sulz, Serge K. D.: Cip Medien. S. 73.
12. https://emotioncompass.org/information/primary-secondary-emotions/
13. Ebenda.
14. Ebenda.
15. Ekman, P. (1999): Basic Emotions. In: Dalgleish & Power, M. (Eds.): *Handbook of Cognition and Emotion.* Wiley, S. 45–60.
16. Frei nach: Lammers, C.-H. (2015): *Emotionsfokussierte Methoden. Techniken der Verhaltenstherapie* (hrsg. von Peter Neudeck). Weinheim: Beltz, S. 14 ff.
17. Aus dem Manual »Fertigkeitengruppe« (Adaption für Jugendliche), Schön Klinik Roseneck, S. 24 f.
18. Lammers, C.-H. (2015): *Emotionsfokussierte Methoden. Techniken der Verhaltenstherapie* (hrsg. von Peter Neudeck). Beltz. S. 21.
19. Berking, M. (2008): *Training emotionaler Kompetenzen.* Springer. S. 17.
20. Ebenda. S. 18.
21. Grawe, K. (2004): *Neuropsychotherapie.* Hogrefe. S. 19 f.
22. Ebenda.
23. Sulz, Serge K. D.: Cip Medien. S. 74 f.
24. Ebenda. S. 76 f.

Selbstfürsorge

1. Aus dem Podcast »Die Lösung« (Bayerischer Rundfunk), Folge »Selbstfürsorge« mit Lena Schiestel, Mai 2020.
2. Brechbühl, G. & Pfeifer-Burri, S. (2012): Mir selbst auf Augenhöhe begegnen. Warum Selbstfürsorge so wichtig ist und uns trotzdem so schwerfällt. In: *IBP Institut Magazin*, Nr. 3.
3. Himpsl, F. (2024): Mehr als Wellness. In: *Psychologie Heute Compact*, Nr 75, S. 24.
4. Ebenda. S. 25.
5. Brechbühl, G. & Pfeifer-Burri, S. (2012): Mir selbst auf Augenhöhe begegnen. Warum Selbstfürsorge so wichtig ist und uns trotzdem so schwerfällt. In: *IBP Institut Magazin*, Nr. 3.
6. Lorde, A. (1988): *A burst of light. Essays by Audre Lorde*. Firebrand Books.
7. Zito, D. & Martin, E. (2021): *Selbstfürsorge und Schutz vor eigenen Belastungen für Soziale Berufe*. Beltz Juventa. S. 27–29.
8. Gräfen, S. (2021): *Radikale Selbstfürsorge Jetzt! Eine feministische Perspektive.* Eden Books.
9. Jabari, D. (2022): Selbstfürsorge ist politisch. In: *Perspective Daily – für einen Journalismus, der fragt: Wie kann es weitergehen?*
10. Erikson, E. H. & Erikson J. M. (1998): *Life Cycle Completed.* W. W. Norton.
11. Brechbühl, G. & Pfeifer-Burri, S. (2012): Mir selbst auf Augenhöhe begegnen. Warum Selbstfürsorge so wichtig ist und uns trotzdem so schwerfällt. In: *IBP Institut Magazin*, Nr. 3.
12. https://www.boeckler.de/de/pressemitteilungen-2675-rund-81-prozent-der-vollzeitbeschaftigten-wollen-vier-tage-woche-49242.htm
13. https://www.zdf.de/nachrichten/wirtschaft/arbeitszeit-deutschland-studie-diw-100.html
14. Haghiri, S. (2023): *Achtsamkeitstraining für Einsteiger*. Selbstverlag. S. 7.
15. Kabat-Zinn, J. (2010): *Gesund durch Meditation. Das große Buch der Selbstheilung.* Fischer.
16. https://www.spektrum.de/news/meditation-wie-achtsamkeit-wirkt/1940368
17. Galante, J. et al. (2021): Mindfulness-based programmes for mental health promotion in adults in nonclinical settings: A systematic review and metaanalysis of randomized controlled trials. In: *PLOS Medicine.*
18. https://www.spektrum.de/news/meditation-wie-achtsamkeit-wirkt/1940368
19. https://www.zeidanlab.com/uploads/1/3/8/9/138959746/khatib_npp_2023.pdf
20. Haghiri, S. (2023): *Achtsamkeitstraining für Einsteiger*. S. 7. Selbstverlag.

21. Willoughby, B. B. (2019): Can Mindfulness be too much of a good thing? The value of a middle way. In: *Current Opinion in Psychology*, Nr. 28, S. 159–165.
22. Schouwink, T. (2023): Dossier: Ich möchte lieber nicht. Die Kraft des Neinsagens. In: *Philosophie Magazin*, Nr. 4, S. 45 f.
23. https://www.bzga-essstoerungen.de/was-sind-essstoerungen/wie-haeufig-sind-essstoerungen/
24. Zitat von Klaus Lemke im Interview mit Verena Fiebiger, https://www.deutschlandfunkkultur.de/vollkommene-filmverruecktheit-100.html

Von der Kunst, es sich selbst recht zu machen

People Pleaser können oft nicht aus ihrer Haut. Sie sagen Ja, auch wenn sie eigentlich Nein meinen. Sie fühlen sich für das Wohlergehen anderer verantwortlich und spüren erst viel zu spät, dass sie sich selbst dabei völlig vergessen haben. Oft passen sie sich lieber an, als bei anderen anzuecken. Betroffene sind meist sehr feinfühlige und empathische Menschen, die Gefahr laufen, auszubrennen, wenn sie ihre eigenen Bedürfnisse und Wünsche übergehen.

Die Psychologin Ulrike Bossmann beschreibt anhand neuester Forschungserkenntnisse und Fallbeispiele die Auslöser und Auswirkungen von People Pleasing und zeigt, wie man ohne schlechtes Gewissen Grenzen zieht und Konflikte austrägt, statt um der Harmonie willen zu schweigen. Zahlreiche Reflexionen und Übungen unterstützen dabei, mit sich selbst ebenso fürsorglich umzugehen wie mit anderen.

Ulrike Bossmann
People Pleasing
Raus aus der Harmoniefalle und weg mit dem schlechten Gewissen
Klappenbroschur, ca. 272 Seiten
ISBN 978-3-407-86781-0

www.beltz.de **BELTZ**